역사, 선비의 서재에 들다

고전에서 찾아낸
뜻밖의 옛 이야기

역사,
선비의
서재에
들다

배 한 철 지음

생각정거장

고전의 눈으로 본 새로운 역사

전작 《얼굴, 사람과 역사를 기록하다》의 집필 과정에서 신숙주의 일화를 조사하다가, 그가 세조에게 단종복위운동 사건 직후 단종비 정순왕후를 자신의 첩으로 달라고 했다는 문헌을 발견했다. 선조 대 문신 윤근수가 쓴 《월정만필》에서다. 책에는 "단종비는 적몰되어 관비로 있었는데, 신숙주가 공신에게 내려지는 여자종으로 단종비를 달라고 왕에게 청했으나 세조가 그의 청을 들어주지 않았다"고 서술돼 있었다. 물론 실록 등의 정사에서는 찾아볼 수 없는 내용이다. 세종과 문종의 지극한 총애를 받았던 신숙주는 한때지만 단종을 주군으로 모시기도 했다. 필자는 주군을 배반한 것으로도 모자라 주군의 부인을 첩으로 달라고 한 신숙주의 파렴치함에 깜짝 놀랐다.

과연 우리는 우리 역사를 얼마나 알고 있을까. 조선의 정궁이던 경복궁은 임진왜란 때 완전히 불타 없어졌다. 우리는 한양에 쳐들어온 왜군들이 경복궁을 약탈하고 불태웠다고 믿으면서 그들의 만행에 강한 분노를 표출해왔다. 그러나 조선 중기의 문신 이기가 쓴《송와잡설》은 전혀 다른 이야기를 하고 있다. 이기는 선조가 한양을 버리고 도망가자 백성들이 몰려나와 경복궁에 불을 질렀다고 증언한다. 그는 아비규환의 현장에 있었던 인물이다. 그는 "왜적이 도성에 들어오기도 전에 성안 사람들이 도성의 창고를 탈취하고 궁궐과 관청에 불을 질렀다"며 "백성의 마음이 흉적의 칼날보다 더 참혹하다"고 전한다. 이기는 엄격한 신분제에 억눌려 살던 조선 백성의 해방구로 변해버린 당시 한양의 실태를 낱낱이 고발했다.

실록은 누가 뭐라 해도 현전現傳하는 사료들 가운데 가장 객관적이라는 평가를 받는다. 그러나 한계도 분명하다. 몇 명의 사관들이 저술하다 보니 다뤄지는 범위가 왕과 그 주변 관료들을 주인공으로 한 경연과 주요 정치사건 등에 국한되는 단점이 있다. 또한 사관 개인의 견해나 그가 속한 당파의 입장이 반영되고 반대파의 주장은 배제될 여지도 적지 않다. 실록 밖에도 역사의 원천은 무수하게 존재한다. 성리학의 도입과 함께 학문이 비약적으로 발전하면서 사대부들은 개인 문집 등 방대한 저작물을 양산해냈다. 시와 수필, 상소, 행장, 비문 등 형식이 다양할 뿐만 아니라 사상과 정치, 제도, 과학, 역사, 인물, 세태, 풍속 등 다루는 분야도 실로 광범위하다. 이들 저작에는 실록에서 다루지 않은 사건들도 다수 포함되어 있고, 더러는 내용이 전혀 다른 경우도 많다. 양반 사대부만 기록을 남긴 것도 아니다. 조선 후기에 접어들면서 경제가 발전하고 이에 따라 신분제도가 완화되면서 일부지만 여성은 물론, 중인 이하의 하층민들도 기록물을 생산하여 우리의 기록 문화를 더욱 풍성하게 했다.

필자는 〈매일경제〉와 매경닷컴, 네이버 등 매체에 역사를 소재로 한 고정칼럼을 지속적으로 써오고 있다. 우리 역사에 대한 관심이 높아지면서 이들 연작이 꽤 많은 인기를 끌고 있다. 역사 칼럼을 쓰면서 실록을 주로 참고하지만 당대 쓰인 개인 저작물도 많이 인용한다. 여기에 우리가 몰랐던 역사적 사실들이 무수히 숨겨져 있기 때문이다.

왕조시대에는 왕의 부정적 인상이나 그릇된 언행을 기록으로 남기는 것을 금기시하는 경향이 있었다. 그러나 죽천 이덕형의 수필집 《죽창한화》에는 폭군 연산군을 호위한 군사가 목격한 왕의 모습이 사실적으로 언급되어 있다. 그의 책은 "(연산은) 얼굴빛이 희고 수염은 적으며 키가 크고 눈에는 붉은 기운에 있었다"고 묘사해 연산군의 어두운 인상을 구체적으로 기술하고 있다. 그런가 하면 이긍익의 역사서 《연려실기술》에는 중종의 외모가 묘사되어 있는데, "이마에 사마귀가 있었다. 뒤통수가 평편하고 깎은 듯하여 갓 쓰기에 불편했다"고 씌어 있다. 율곡 이이는 자신의 책 《석담일기》에서 선조의 다른 모습을 보여준다. 선조는 스스로 유학자를 자처해 불교 배척에 앞장섰던 왕이지만, 총애하던 후궁 인빈 김 씨에게 불상을 만들어주기 위해 다량의 황랍과 수은을 궐내로 반입했다는 비화도 《석담일기》에 가감 없이 소개되어 있다.

조선 전기의 문호 서거정의 《필원잡기》는 고구려를 세운 동명왕의 어머니이자 황제의 딸이었던 유화가 남편 없이 아이를 가졌는데, 그 아이가 자라서 동명왕이 되었다는 설화와 상이한 이야기를 전하는가 하면, 익재 이제현은 그의 저서 《역옹패설》에서 왕건이 고려 태조의 실제 이름이 아니라는 구체적 근거를 제시하면서 그의 조부 이상 세계世系가 불명확하다는 의견을 내놓기도 한다. 이들 고전이 왕의 이야기만을 담고 있는 것은 아니다. 임진왜란에 활약했던 의병 정경운이 펴낸 《고대일록》은 경상도 함양의 몰락한 시골 향반이 온몸으로 겪었던 전란의 참상과 지배층의 도덕적 해이를 그 어느 문헌보다 생생하고도 적나라하게 수록하고 있다. 또 유희춘이 쓴 《미암일기》는 기생을 가까이 하는 남편을 당당하게 질책하는, 명민하면서 서사에도 능한 조선 여인상을 새로운 관점에서 조명하고 있다.

물론 이런 개인 저작들은 야담이 많고 구전된 이야기도 다수 포함되어 있어 이를 모두 역사적 사실로 단정 짓기는 어렵다. 그렇지만 동일한 사실이라도 실록과는 전혀 다른 각도에서 접근하기도 하고 정사正史에서 언급되지 않는 당대의 인물평, 사회 풍속, 정치 해석 등을 가감 없이 기술하고 있어 그 가치를 결코 가볍게 볼 수 없다.

필자는 50여 종에 달하는 저작물들을 두루 섭렵해 새로운 역사를 소개하고 재해석을 시도했다. 책이 아무리 좋아도 서재에 꽂혀만 있으면 무슨 소용인가. 역사서는 일단 재미있어야 한다는 게 필자의 평소 지론이다. 대중역사서가 끊임없이 시중에 나오고 있지만 우리 역사와 대중 간의 간극은 쉽게 좁혀지지 않는다. 흥미로운 역사를 발굴해 일반인들의 역사에 대한 인식과 관심을 조금이라도 높이는 데 이 책이 기여했으면 한다.

편집은 제2의 창작이다. 이 책이 나오기까지 많은 수고를 아끼지 않은 생각정거장 출판사 식구들에게 심심한 감사를 드린다. 늘 성실하고 맑게 성장해주고 있는 두 아들에게도 이곳을 빌려 고맙다는 말을 하고 싶다.

2019년 이른 봄

배 한 철

1장

지존至尊의 삶

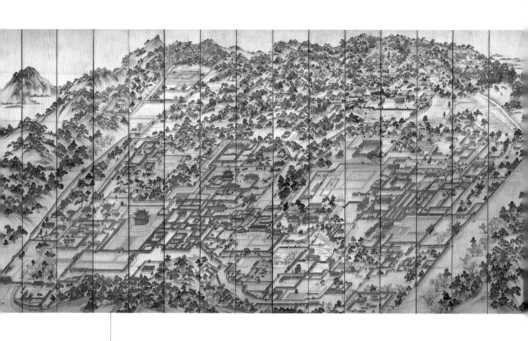

〈**동궐도**東闕圖〉
가로 576cm, 세로 273cm, 종이에 채색
국보 제249-1호, 동아대학교 소장.

경복궁 동쪽에 있는 창덕궁과 창경궁을 그린 것으로
'동궐'이라 불리던 궁궐의 그림이다.

왕들의 모습과 생애

"연산의 얼굴을 쳐다보니 낯빛은 희고 수염은 적으며, 키가 크고 눈에는 붉은 기운이 있었다."

조선 제10대 왕 연산군을 직접 봤던 이는 폭군의 얼굴을 이렇게 묘사했다. 어진이나 각종 기록을 살펴봤을 때 조선의 임금들은 대체로 수염이 풍성하지 않았는데, 연산군 또한 그런 특징을 갖고 있었던 것으로 보인다. 반면 다른 왕들은 영양 상태가 좋고 운동량이 적어 비만형이 많았지만, 연산군은 상대적으로 키가 크다고 느낄 만큼 마른 체형이었다.

죽천 이덕형李德泂, 1566~1645의 수필집《죽창한화》에 나오는 이야기다. 죽천은 임진왜란이 발발한 이듬해인 선조 26년(1593) 난리를 피해 전라도 진안에 머물고 있었다. 그곳에서 97세 노인과 만났다. 노인은 일곱 살 때부터 군역이 부과돼 한양에서 향군鄕軍으로 근무하면서 연산군을 만났다고 했다. 노인은 조금도 떠듬거리지 않고 당시 상황을 정확히 떠올리며 연산군의 인상을 이야기했다.

"연산이 전교(서울 중랑천 살곶이다리)에 거동할 때 역군으로 따라갔다. 화양정(서울 성동구 살곶이목장 내에 있던 정자) 앞에 목책을 세우고 각 읍에 예치했던 암말 수백 마리를 가둔 다음 연산이 정자에 자리를 잡았다. 수많은 기생만이 앞에 가득했고 신하들은 모두 물리쳤다. 마관馬官이 수말 수백 마리를 이 목책 안으로 몰아넣어서 그들의 교접하는 것을 구경했다. 여러 말이 발로 차고 이로 물면서 서로 쫓아다니는 소리가 산골짜기에 진동했다. 그해 가을, 반정이 일어났다."

《조선왕조실록》도 연산군의 외모를 일부 나열한다. 연산군 10년(1504) 음력 2월 7일, 실록에 따르면 전라도 부안현 소속 군사인 김수명이 잠시 한양에 올라와 있으면서 연산군을 봤다. 그는 이웃에게 "인정전(창덕궁 정전)에서 호위하며 명나라 사신 접견식을 보니 사신은 우뚝 서서 잠시 읍만 하고 주상은 몸을 굽혀 예를 표하는데 허리와 몸이 매우 가늘어 그다지 웅장하고 위엄 있어 보이지 않더라"고 함부로 입을 놀리다가 고발당했다. 역시 죽천이 만났던 노인의 주장과 다르지 않다. 이를 종합했을 때 연산군의 모습은 살색이 희고 키가 크며 호리호리한 미남형이었을 것으로 추측된다.

고전에서는 이처럼 정사가 다루지 않는 왕의 모습과 생애를 살펴볼 수 있다. 실록은 연산군이 중종반정으로 왕좌에서 쫓겨난 뒤 강화도 교동에 안치돼 있다가 두 달 만에 역병疫病에 걸려 사망했다고 기록한다. 그러나 조선 후기의 문신 김택영이 쓴 역사서 《한사경》에 나타난 연산군의 사망 원인은 이와 다르다. "조정에서 사람을 보내 연산군을 자살하게 하고 왕자의 예로서 장사 지냈다. 후환을 뿌리 뽑기 위해 반정의 주모자들이 연산군을 제거했다"고 쓰고 있다. 질병으로 죽은 게 아니라 살해당했다는 것이다.

조선 3대 왕, 태종 이방원은 형제들을 죽이고 왕위에 올랐으며 그의 손자 세조는 어린 조카에게서 왕좌를 찬탈했다. 윤근수는 자신의 저서 《월정만필》에서 태종이 일으킨 1차 왕자의 난 당시 핵심 공신이었던 이숙번이 세조가 할아버지 태종을 쏙 빼닮은 모습을 보고 격정했다고 쓰고 있다.

"안성부원군 이숙번은 어린 광묘光廟(세조의 사후 별칭)를 보고 '어린 애의 눈동자가 너무도 그의 할아버지를 닮았구나. 모쪼록 형제끼리 우애 있게 지내고 너의 할아버지만은 본받지 말기 바란다'고 했다. 이숙번이 말한 '할아버지'는 바로 태종이다."

이숙번은 어린 세조의 얼굴에서 권력을 위해서는 혈육도 가차 없이 처단했던 태종의 비정함을 읽었던 것이다. 이 같은 선견지명을 지녔던 이숙번이지만, 자신의 공이 많다는 것만 믿고 오만방자하게 굴다가 탄핵을 받아 태종 17년(1417) 경상도 함양에 유배됐다가 그곳에서 죽었다.

김은호, 〈세조어진 초본〉, 1935
국립고궁박물관 소장.

태종의 공신 이숙번은 어린 시절 세조를 보면서
"눈동자가 할아버지를 닮았다"면서 "형제간 우
의 있게 지내라"고 당부했다.

어진 왕의 외모,
병약했던 왕의 외모

18대 현종 치세는 조선을 통틀어 왕권이 가장 약했던 시기다. 현종의 성격은 너무 여렸다. 이긍익의 《연려실기술》에 따르면, 현종이 어렸을 때 대궐 문 밖에 나갔다가 야위고 낯빛이 검은 군졸을 보고는 불쌍히 여겨 옷과 밥을 지어주게 했다. 또 한 번은 할아버지 인조가 표범 가죽을 진상받았는데 질이 나빠 못마땅해 하고 있었다. 그런데 곁에 있던 현종이 "표범을 잡느라 많은 사람이 상했을 것"이라고 하자 왕이 손자의 마음을 가상히 여겨 물리치지 않았다.

또 아버지 효종 때는 새끼곰을 바친 사람이 있었다. 곰이 성장하면서 사나워지자 죽이자는 의견이 많았다. 다음은 《연려실기술》의 내용이다. "세자(훗날 현종)는 '아직 해를 입은 이가 없는데 죽이는 것은 옳지 않다. 깊은 산에 놓아주어야 한다'고 했다. 이에 효종은 '네가 임금이 되면 억울하게 죽임을 당하는 자가 없겠다'며 기뻐했다."

현종은 즉위 후 청나라 사신을 전송하는 자리에서 군졸과 부딪히는 사고를 당했다. 명령을 전달하는 군졸이 빨리 걷다가 임금을 미처 발견하지 못하고 부딪힌 것이다. 현종이 넘어질 만큼 세게 충돌한 것이었다. 모든 사람이 아연실색해 당장 군졸을 처벌해야 한다고 주청했다. 그러나 현종은 "모르고 한 일을 벌까지 주어야겠느냐"며 웃어넘겼다.

중종의 무덤 정릉
서울시 강남구 선릉로. 문화재청.

아버지 성종의 무덤(선릉) 옆에 조성되었다. 선릉과 정릉은 임진왜란 때 왜군에 의해 훼손되었는데 선릉은 시체가 모두 사라진 반면, 정릉은 시체가 남아 있었지만 그것이 중종의 시신인지 논란이 되었다.

《연려실기술》에는 임진년(1592) 9월 왜병들이 파헤친 선릉(9대 성종과 계비 정현왕후 윤 씨 무덤)과 정릉(11대 중종 무덤)의 조사과정도 상세하게 적혀 있다. 조선 조정은 사건 발생 6개월 만에 도감을 설치하고 피해 실태를 조사했다. 그 결과 선릉과 정릉 모두 관이 불탔으며 선릉에서는 두 구의 시체가 모두 사라졌고 중종릉에만 시체가 남아 있음을 확인했다.

조정에서는 시신을 훼손한 것으로 미루어 보아 단순히 보물을 탈

취하기 위한 도굴이 아니라, 왕조에 위해를 가하기 위한 일본의 계획적인 만행으로 판단했다. 게다가 조사관들은 정릉에서 발견된 시신에도 의구심을 표했다. 중종이 승하한 지 50년이 다 됐는데 시신은 그렇게 오래된 것이 아니었기 때문이다. 또 관이 모두 불탔는데 시체만 남아 있는 것 또한 이치에 맞지 않는다는 주장과 함께 왜적이 다른 무덤에서 시체를 파서 갖다 놓았을 것이라는 분석도 제기됐다. 이 과정에서 조사관들이 중종 시신의 특징을 설명하면서 내시나 상궁 등 과거 중종의 주변 인물들이 왕을 묘사한 기록을 제시한 부분이 흥미롭다. 이들 기록에 의하면, 중종은 중간 키 이상이며 수염은 붉으면서 많지는 않았다. 그리고 이마 위에 녹두보다 약간 작은 사마귀가 있었다. 몸집도 중간 정도며 얼굴은 길쭉하고 코끝이 높았다. 뒤통수가 깎은 듯 평편해서 갓 쓰기가 불편할 정도라고도 했다. 몸에 항상 부스럼이 있었고, 평소 침을 많이 맞아 흉터도 많았다고 《연려실기술》은 밝힌다.

조선시대에 단명한 임금들은 뜻밖에도 여색을 멀리하고 책에 파묻혀 산 공부벌레들이었다. 《연려실기술》에 따르면 5대 문종은 어릴 때부터 대궐에서 공부만 했다. 아버지 세종이 "세자가 늘 궁에만 있고 한 번도 밖에 나가지 않으니 건강을 잃을까 염려 된다"고 말했을 정도다. 문종은 금욕주의자이기도 했다. 문종은 "임금이 향락을 탐닉하면 천 년을 살아도 만족하지 못 한다"며 "부귀한 집의 자제는 남녀의 정욕과 식욕으로 몸을 망치는 자가 많다. 늘 여러 아우를 보면 훈계하고 타이르지만 내 말을 따르는지는 모르겠다"고 주위에 하소연했다. 《연려실기술》은 문종의 용모에 대해서도 단서를 남겼다. "문종의 외모는 수염이 길어 모습이 범상치 않았다." 어진이 남아 있는 증조부 태조나 친동생 세조는 수염이 빈약하게 그려져 있는 것과 비교되는 부분이다.

왕의 복색,
면류관과 곤룡포

25대 철종 어진(보물 제1492호)은 군복 차림이다. 조선 말기 문신 이유원의 《임하필기林下筆記》에 따르면 원래 조선의 임금들은 군복을 입지 않았다. 어려서부터 병서를 탐닉하고 군대놀이를 좋아했던 사도세자가 군복을 즐겨 입었고, 정조 역시 아버지의 묘가 있는 화성에 행차할 때 사도세자를 추모하기 위해 군복을 착용했다. 정조가 군복을 처음 입었을 때 재상 김재익이 "전하께선 이 어인 복장이냐"고 비아냥댔다. 이에 대해 정조는 임금이 말을 탈 때는 소매통이 좁은 옷, 즉 군복을 입어도 된다고 되받았다. 이로부터 임금이 말을 타고 행차할 때는 으레 군복을 착용하게 됐다고 《임하필기》는 기술했다.

조선 16대 왕 인조는 반정 전 여러 명의 추대 후보 중 하나에 불과했다. 김만중의 《서포만필》에 따르면, 그는 한 여인의 도움으로

〈군복 차림의 철종 어진〉
비단에 채색. 세로 202.3cm 가로 107.2cm,
보물 제1492호, 국립고궁박물관 소장.

조선 왕이 군복을 공식적으로 입기
시작한 것은 정조이다.

운 좋게 왕위에 올랐다. 인조반정 세력들은 광해군이 1617년 선조의 계비이자 영창대군의 어머니 인목대비 김 씨를 폐위하자 광해군을 쫓아내기로 최종 결론지었지만, 누구를 차기 왕에 옹립할지는 의견이 엇갈렸다. 놀랍게도 왕은 반정의 주역이었던 김류金鎏, 1571~1648의 부인에 의해 낙점됐다. "하루는 장릉(능양군, 훗날 인조)이 김류의 사저를 찾았다. 능양군이 막 문을 나서자 김류의 부인이 나와 '지난 밤 꿈에 어가가 집을 나가는 것을 보았는데 곤룡포를 입은 분이 아까 오셨던 젊은 분'이라고 귀띔했다. 김류는 크게 놀라면서 추대 논의를 마침내 마무리했다. … (중략) … 부인은 손님의 정체를 알고 있었다. 김류의 판단이 계속 미뤄지자 부인은 꿈을 핑계로 김류의 마음을 움직인 것이다."

이렇게 해서 능양군은 가까스로 왕(인조)이 됐다. 반정 성공 후 인조는 외사촌인 능천부원군 구인후를 시켜 어머니 인헌왕후에게 소식을 전하게 했다. "능천부원군이 명을 받들고 내려가보니 성모(인헌왕후)는 방에 앉아 있고 인평대군(인조의 셋째 아들)이 인열왕후(인조비) 품 안에서 젖을 먹고 있었다."

큰 행사가 있으면 임금은 정복인 곤룡포를 입고 옥을 늘어뜨린 면류관을 쓴다. 정동유의 만필집 《주영편》에 따르면, 고려 공민왕 때까지만 해도 우리나라는 곤룡포와 면류관을 제대로 만들 줄 몰랐다. 원나라 말 혼란기에 명옥진이 서촉西蜀 지방에 나라를 세우고 국호를 '대하大夏'라 하여 스스로 황제에 올랐다. 이에 명나라 태조 주원장은 대하를 토벌하고 명옥진의 아들 명승을 고려로 귀양보낸다. 명승은 명옥진의 곤룡포와 면류관, 영정을 보관하고 있었다. 《주영편》에 "조선 태조가 신묘에 제향을 올릴 때 면류관과 곤룡포를 착용했다는 기록으로 볼 때 명승 집안의 것을 본뜬 것이 분명하다"고 기술돼 있다.

성군의 황당한 돌출행동

　한글을 창제하고 과학기술을 발전시키고 유교 정치의 기틀을 마련한 세종대왕은 우리 역사상 독보적 성군으로 꼽힌다. 그런 세종대왕이 밖으로 돌아다니기 좋아해 한 달 이상 대궐을 비우기 일쑤였고 대궐 밖에서는 사람을 알아보지 못할 정도로 술에 취하는 날이 많았다는 게 사실일까. 고전은 왕들의 전혀 다른 모습도 전한다.

　선조 때 문신인 박동량朴東亮. 1569~1635이 쓴 야사집 《기재잡기》는 다음과 같이 전한다. "내(박동량) 일찍이 세종 때 주서(승정원의 정7품 벼슬)의 사초(실록 편찬의 자료가 되는 기록)를 보니, 상감께서 친히 양성(안성), 진위(평택), 용인, 여주, 이천, 광주까지 사냥을 다녔는데 때로는 한 달이 지나서야 돌아오셨다가 이튿날 또 떠나곤 했다. 길가의 시골 백성들이 더러는 푸른 참외를 드리기도 하고 더러는 보리밥을 드리기도 하였다. 그러면 (상감께서는) 반드시 술과 음식으로 답례하였다."

세종대왕 일행은 흥에 취해서 자주 과음했다. "사초 앞에 여섯 사람의 대언代言·승지과 두 사람의 주서는 이름을 쓰지 않고 성만 써놓았다. 좌대언左代言·좌승지 밑에 진한 먹으로 '종일토록 취해 누워서 인사불성이니 우습도다'라는 글씨를 크게 써 놓았다." 또 《기재잡기》는 그러면서 "푸른 참외와 보리밥이라면 (농번기인) 봄가을인데 정상적으로 사냥할 때가 아니며, 중요한 정무를 맡은 승지가 취해서 일을 폐해서는 안 된다. 아무리 태평성대라지만 군신 간에 서로 지킬 것은 지켜야 할 것"이라고 비판했다.

더 당황스러운 일도 있다. 죽천 이덕형은 《죽창한화》에서 세종대왕이 형 효령대군의 증손녀를 지방의 한미한 집안 선비와 강제로 결혼시킨 비화를 거론한다. 세종대왕은 여러 대군, 왕자들과 함께 제천정(한남동에 있던 정자)에서 잔치를 벌였다. 마침 선비들이 과거를 보기 위해 한강을 건너느라 강어귀가 꽉 찼다. 세종은 그들 중 유독 의관이 남루하고 얼굴이 수척한 한 유생을 골라 불러오게 했다. 세종은 예를 다해 선비를 맞고 이름을 물었다. 선비는 "영남의 현석규"라고 답했다. 세종은 주위를 둘러보며 "여기 누가 혼기를 맞은 여식이 있소"라고 물었다. 형인 효령대군이 나서 "제 손자 서원군에게 혼기가 찬 딸이 있다"고 답했다. 그러자 세종은 "만일 사위를 얻으려면 이 사람보다 나은 사람이 없을 것"이라고 했다. 이에 효령대군은 "가문이 대등하지 못하다"고 거절했지만 세종은 "영웅이나 호걸인 선비

들이 초야에서 많이 나왔으니, 이 선비집 아들과 정혼하도록 하시
죠"라고 고집을 피워 결국 혼인이 성사됐다.

다행스럽게 효령대군 손자의 사위 현석규는 세조 6년(1460) 별시
문과에 을과(3등급 중 2등급)로 급제해 훗날 벼슬이 정2품 우참찬에 이
르렀다. 성품이 강직하고 청렴했으며 공사처리가 명석했다. 《죽창
한화》는 다음과 같이 말했다. "세종은 백 보 밖에서 우연히 한번 바
라본 것만으로도 통달한 사람과 귀한 손님을 알아봤으니, 대성인의
식견이란 남보다 훨씬 뛰어난 법이다. 효령은 바로 나의 외가의 선
조이다." 명문가에도 훌륭한 자제들이 많았을 텐데 굳이 시골뜨기를
사위로 삼게 했는지 세종대왕의 진짜 속셈은 알 길이 없다.

김택영의 역사서 《한사경》은 성군인 세종대왕이 고루한 유교만 떠
받들었을 뿐, 내세울 업적이 없다고 폄훼한다. "하지만 (태종이 시행한)
서얼금지법을 풀지 못했고 군포법을 부활시킬 수도 없었다. 문무를
함께 양성하고 농상農商을 일으키지도 못했다. 지금 세종이 남긴 업
적은 유술儒術을 숭상하고 빈유貧儒를 편안히 한 것에 불과할 따름이
다. 이것은 모두 고루하고 고식적인 황희와 허조 같은 무리가 잘못
한 까닭이다. 황희와 허조는 혁혁한 사업이 없고 옛 제도만 삼가 지
켰을 뿐이다."

작자 미상, 〈효령대군 영정〉
모시에 채색, 세로 98cm 세로 71cm,
경기도 과천 연주암 소장.

효령대군은 동생 세종대왕의 고집 때문에 마지못해
시골뜨기를 사위로 맞아야만 했다.

인재를 아끼는 임금
은거하는 선비를 알아보다

제5공화국 때 일시적으로 석사장교라는 제도가 생겼다. 전두환 전 대통령과 노태우 전 대통령의 아들들이 모두 석사장교로 복무해 두 전 대통령의 아들들에게 특혜를 줄 목적으로 만들어졌다는 논란이 불거졌다. 그런데 왕조국가였던 조선에서는 이런 일이 비일비재했다. 박동량의 《기재잡기》에 따르면, 조선의 13대 왕 명종이 잠저에 있을 때 신희복愼希復, 1493~1565에게서 글을 배웠다. 명종은 신희복을 스승의 예로 깍듯하게 모셨다. 신희복이 예순의 늦은 나이에 과거에 응시하자 스승을 합격시키기 위해 점수를 대폭 낮춰 유례없이 많은 수의 과거 합격자가 나왔다. "무오년(1558)의 별시에서 신희복이 전시에 응시하였다. 시관이 채점을 마치고 합격한 시권(답안지)을 올리는데 희복의 이름이 없었다. 특명을 내려 차중次中, 중간 이상의 사람을 모두 넣어 급제를 주게 하니 신희복이 비로소 방에 끼게 되었다."

이처럼 무리수를 두다 보니 시중에는 별의별 말이 다 돌았다. "그때 노老, 미微, 약弱과 공사천公私賤이 모두 합격하였다는 말이 있었으니, 신희복은 나이가 예순이 넘어 노요, 유조순은 문벌이 드러나지 않았으니 미요, 윤근수는 나이가 스물둘이니 약이며, 강문우는 갓 양민이 된 사람이니 천이었다." 가까스로 과거를 통과한 신희복은 대제학에 이어 경기도관찰사, 정2품 우참찬 등 요직을 두루 거쳤다.

사대부들로부터 성군으로 추앙받던 조선 제9대 왕 성종도 궐 밖으로 자주 행차하여 입방아에 올랐다. 차천로의 《오산설림초고》에 따르면, 성종은 궐 밖에 나갔다가 아름다운 경치를 만나면 가마에서 내리는 것은 물론, 심지어 땅에 주저앉아 경치를 감상했다고 전해진다. 어떤 때는 악사에게 악기를 연주하게 하고 춤을 추기도 했다. 대간들은 궁궐 밖 나들이를 중단하라는 상소를 올렸지만 귀를 틀어막았다. 임금은 바깥행차에서 만난 선비 여럿을 과거에 합격시켜주기도 했다. "성종이 밤에 밖에서 놀다가 삼각산(북악산)에 불빛이 있는 것을 보고 사람을 시켜 확인해보니 한 서생이 등불을 켜고 글을 읽고 있었다. 서생에게 소원이 무엇인지 물어보니 '과거에 급제하고 싶다'고 했다. 임금이 불러 절구 짓기를 명한 뒤 급제시켰다."

성종은 인재를 소중히 여겼다. 손순효孫舜孝, 1427~1497는 단종 1년(1453) 증광문과시 을과(3등급 중 2등급)에 급제하여 성종 치세에 대사헌과 우찬성, 종1품 판중추부사 등의 벼슬을 지냈다. 그는 임금에 대한 충성이 여러 신하 중에서도 각별했다. 맛있는 것이 하나라도 생기면 임금부터 생각했다. 《기재잡기》는 "손공은 임금을 사랑하는 정성이 쇠와 돌을 꿰뚫을 정도였다. 그가 경기관찰사로 여러 고을을 순행할 때, 채소나 과실 한 가지라도 입에 맞는, 맛있는 것이 있으면 바로 가져다가 임금께 바쳤다"고 적었다. 성종도 그의 정성에 보답했다. "어느 날 상감께서 느지막이 두 명의 내시를 거느리고 경회루에 올라 멀리 바라보니, 남산 기슭에 두어 사람이 수풀 사이에 둘러앉아 있는 모습이 보였다. (성종은) 손공임을 직감하고 바로 사람을 시켜 가보라고 하였다. 과연 손공이 손님 두 명과 함께 막걸리를 마시고 있는데, 쟁반 위에 누런 오이 한 개가 놓여 있을 뿐이었다. 이야기를 전해 들은 상감께서 바로 말 한 필에다가 술과 고기를 잔뜩 실어다 주었다. 손공과 손님들이 머리를 조아려 감격하고 배불리 먹고 취하게 마셨다." 《기재잡기》는 손순효의 옛 집터가 명례방동(명동) 위쪽에 있었다고 했다.

이익은 《성호사설》에서 성종이 출신을 가리지 않고 재주와 기량을 갖췄다면 요직에 등용했다고 했다. 구종직丘從直, 1404~1477도 시골의 미천한 집안 출신이었지만, 성종이 미행할 때 우연히 만나 발탁됐다. 임금이 그에게 무엇을 배웠느냐고 묻자 《춘추》를 익혔다고 답했다. 구종직이 막힘없이 줄줄 외워 내려가니 임금이 이를 기특하게 여겨 바로 교리(홍문관의 종5품 벼슬)에 임명했다.

사헌부와 사간원의 간원들이 부당한 인사라며 일제히 반대하고 나섰다. 이에 임금은 간원들을 불러 춘추를 외우게 했지만 모두 신통찮았다. 오로지 구종직만이 막힘이 없었다. 이후 조정에서 이의를 제기하는 자가 없었다. 이런 일은 허다했다. "누구인지 이름은 잊었지만 그가 고을을 잘 다스리자 성종은 곧바로 그를 불러들여 이조 참의에 제수했다. 대간들이 드세게 일어나자 이번에는 이조판서로 높여 임명했다. 그러자 대간들은 조용해졌다"고 《성호사설》은 썼다.

숙종과 영조에 대한
김택영의 평가

중종은 자신을 왕위에 올려준 반정군을 두려워했다. 김택영의
《한사경》에 따르면, 중종반정 당시 군을 총괄 지휘했던 박원종朴元
宗, 1467~1510은 중종 4년(1509) 영의정에 오른다. 중종은 자신을 왕위에
올려준 박원종을 어려워했다. 박원종이 아뢸 때마다 왕은 선 채로
보고를 받았으며 그가 보고를 마치고 전殿에서 내려가기를 기다렸다
가 자리에 앉았다. 박원종은 이에 "내가 일개 무부武夫로서 이와 같이
왕을 두렵게 만드니 고이 죽을 수 있겠는가"라고 탄식하면서 조정에
서 물러나 음악과 여색으로 여생을 보냈다.

조선시대를 통틀어 가장 번영했던 시기로 숙종 치세를 꼽는다.
많은 고전소설이 "숙종 호시절에"라는 상투적 문구로 시작되는 것
도 그런 이유다. 그런데 김택영의 《한사경》은 "숙종 치세에 오히려
사회가 퇴보했다"고 규정한다. 숙종이 다양한 학문 발전을 가로막
은 '사문난적斯文亂賊, 교리에 어긋나는 언동으로 성리학의 질서와 학문을 어지럽히는 도적
금법'을 만든 장본인이라고 본 것이다. 김택영은 "조선은 인재가 매
우 적게 태어난다. 숙종이 사문난적 금법을 시행한 이래 학문적으로
크게 퇴보했기 때문이다. 일마다 중국을 배웠지만 일마다 반드시 중
국보다 심했다. 주자의 성리에 관해 들으면 다른 사상가는 다 폐하
였고 주자도 혹 틀린 것이 있고 다른 사상가들도 혹 옳음이 있다는

● 《한사경》의 저자, 김택영

김택영은 숙종이 사문난적 금법을
시행해 학문을 퇴보시켰고 영조는
노론국가로 만들었다고 비판했다.

것을 알지 못했다. 부녀의 수절에 관한 말을 들으면 가혹하게 개가
를 금지했고, 귀천에 관한 말을 들으면 크게 벌열閥閱, 엘리트을 숭상했
다. 진실로 견문이 협소하고 비루하다"고 질타했다.

　김택영은 마찬가지로 21대 왕 영조도 비판한다. "영조 때부터 노
론이 국가의 골육이 됐고, 정조 이후로는 왕실이 오직 노론과만 혼
인을 맺었다. 이때를 전후해 노론이 국가의 운명을 틀어쥐었고 그것
이 200년간 이어졌다."

반전의 종결자, 선조

조선 14대 왕 선조는 전례 없는 대환란이었던 임진왜란을 자초해 무능한 임금의 대명사처럼 통한다. 그러나 여러 고전에서 선조의 뜻밖의 면모를 보여주는 숨은 일화들을 찾을 수 있다. 그리고 선조의 시대만큼 인재가 넘쳐났던 때도 드물다. 퇴계 이황, 율곡 이이, 고봉 기대승, 남명 조식, 우계 성혼, 사계 김장생, 월사 이정구, 서애 류성룡 등 대학자들이 무수히 배출됐다. 또 선조는 실수를 하더라도 내치지 않고 보듬었던 군주다. 심노숭의 《자저실기》에 따르면, 명나라에서 '동방문사東方文士'라고 칭송받던 차천로가 젊은 시절 과거시험 감독으로 참여해, 자신의 고향 사람에게 대신 답안을 써줬다가 들통이 나는 사건이 발생했다. 게다가 차천로의 답안을 베껴 쓴 사람이 장원으로 뽑혀 상황이 심각했다. 임금이 크게 노해 차천

조식, 《남명선생문집》
종이에 먹, 세로 29.7cm 가로 20.5cm,
천안박물관 소장.

남명 조식은 자신을 도와달라는 선조의 요청을 끝내
거절했지만 선조는 그를 미워하지 않았다. 조식이
병들자 임금은 어의를 보냈고 사후에는 대사간에
추증했다.

로를 함경도 변방으로 쫓아냈다. 뒤에 선조는 북병사(함경도 경성의 북
병영에 두었던 병마절도사)에게 "차천로의 죄는 무겁지만 재주가 아까우
니 잘 대우하라"고 따로 명했다. 이에 북병사는 날마다 연회를 베풀
면서 차천로를 융숭하게 대접했다. 차천로가 이상하게 여겨 사양하
자 "하물며 정승, 판서의 부탁도 감히 어기지 못하는데 이것이 어떤
명령인가"라며 그 까닭을 이야기했다. 차천로는 이야기를 전해 듣고
목 놓아 통곡했다고 《자저실기》는 전한다. 영남 우도의 명현, 남명
조식曺植. 1501~1572은 끝내 선조의 부름을 거부했다. 그러나 선조는 그
를 버리지 않았다. 이익의 《성호사설》에 따르면, 선조는 그의 병이

깊어졌다는 소식을 듣고 어의와 약을 보내 간호하게 했다. 얼마 후 조식이 세상을 뜨자 특별히 대사간에 추증했다.

선조는 석봉 한호韓濩, 1543~1605와도 각별한 인연을 이어갔다. 《성호사설》에 따르면, 석봉은 양반이기는 했으나 한미한 가문 출신이었다. 25세 되던 선조 1년(1567) 진사시에 합격하지만 공부가 충분하지 못했는지, 대과에는 끝내 급제하지 못했다. 생애 대부분을 글씨를 쓰는 사자관寫字官으로 지냈다. 조선에서는 제대로 된 평가를 받지 못했지만, 그는 오히려 중국에서 크게 이름을 떨쳤다. 임진왜란 때 조선을 돕기 위해 온 명나라 이여송, 마귀, 등계달과 유구국 사신 양찬 등이 앞 다퉈 석봉의 글씨를 구해갔다. 명나라 문인 왕세정은 "동국에 한석봉이라는 이가 있는데 그의 글씨는 성난 사자가 돌을 깨뜨리는 것과 같다"고 했다.

명나라 서화가 주지번은 "그의 글씨는 왕희지(진나라 서예가), 안진경(당나라 서예가)과 우열을 다툰다"고 했을 정도로 그의 글씨를 높게 쳤다. 이에 선조는 한석봉이 최고의 기량을 뽐낼 수 있도록 배려했다. 한가한 곳에서 서예를 익히게 특별히 가평군수에 제수했다. 그러면서 교서를 내려 "게을리 하지도 말고 급하게 하지도 말라. 피곤할 때는 억지로 쓰지 말라"고 하교했다. 그러나 한호가 죽은 후 사대부들은 "조그만 기예에 불과하다"고 폄훼하면서 그의 이름을 기억에서 지워버린다. 그러나 《성호사설》은 "이는 이 나라 풍속이 재주 있는 자를 천하게 보기 때문"이라며 "석봉의 이름이 후대에 전해질 수

선조, 〈선조어제탁본〉
종이에 먹, 세로 196.5㎝ 가로 86.4cm,
국립중앙박물관 소장.

〈선조어필〉 병풍
종이에 먹, 가로 134.7cm 세로 53.6cm,
국립고궁박물관 소장.

선조는 조선의 임금 중 가장 빼어난 명필이었으며 학문을 즐겼던 호학군주였다.

한호, 《석봉한호선생서첩》
종이에 먹, 세로 48.2cm 가로 34.9cm, 국립중앙박물관 소장.

석봉 한호는 중국에서 왕희지와 동급의
서예가로 추앙받았다.

있도록 채록해 기록한다"고 적었다.

이익은 "인재를 양성하는 데는 북돋워주고 보호하는 기술이 필요한데, 이제는 그러한 도가 멀어져 한미한 자는 벼슬에 오를 길 자체가 없어져버렸다"며 안타까워했다. 선조는 공부 잘하는 우등생이기도 했다. 율곡 이이는 "(선조가) 어려서부터 자질이 뛰어나고 외모가 깨끗하고 빼어나다"고 묘사했다. 《석담일기》에 따르면 선조는 학문을 즐겨 웬만한 학자들보다 학식이 높았다. 명종도 하성군(선조의 왕자 시절)을 볼 때마다 "덕흥(선조의 친부, 명종의 이복형)은 복이 있도다"라고 말하며 부러움을 감추지 않았다. 선조는 '도학군주'를 자처하면서 경연에 나오기를 즐겼다. 경연에서 던지는 질문이 날카롭고 깊이가 있어 강관들도 강의를 하는 것을 두려워했다. 박순朴淳, 1523~1589은 시강하고 나오면서 "임금은 정말 영명한 군주"라며 놀라움을 감추지 못했다고 《석담일기》는 서술했다.

검소하고 백성을 아끼는 임금,
그러나 여성 편력이 심했던 선조

선조는 도량도 넓었다. 왕조시대에는 신하를 왕과 비교하는 것 자체가 큰 불충이었다. 《성호사설》에 따르면, 임진왜란 때 대규모 원병을 거느리고 우리나라에 온 명나라 장수 이여송은 자신을 맞으러 온 한음 이덕형李德馨, 1561~1613의 인품에 감동해 "용모가 왕의 상"
이라고 치켜세웠다. 아무리 이여송이 농담한 것이었다고 하더라도
이덕형은 마음속으로 불편함을 감출 수 없었다. 한참이 지난 후 백
사 이항복이 선조와의 경연 자리에서 이 일을 끄집어냈다. 이항복은
"근세에 웃기는 사람이 있는데 바로 이덕형"이라며 그가 왕의 물망
에 오른 자초지종을 선조에게 아뢰었다. 그러면서 "성상(왕)의 크고
깊은 덕이 아니면 제 놈(이덕형)이 어찌 감히 천지간에 용납되오리까"
라고 했다. 선조는 선뜻 "내 어찌 가슴속에 담아 두겠는가"라고 말하
고는 이덕형을 대궐로 불러들였다. 그리고 술을 가져오라 명하고 이
항복, 이덕형과 함께 실컷 취하도록 마셨다.

　백성도 아낄 줄 알았다. 이이의 《석담일기》는 선조 11년(1578) 8월
임금이 출행하다가 어린아이가 출행 행렬에 끼어있는 것을 보고 괴
이하게 여겨 물으니 군사라는 답이 올라왔다고 적고 있다. 선조는
"엄마 품이 그리울 나이인데 어찌하여 군역을 담당하고 있는가. 아
이를 보고서는 심기가 불편해 밤잠을 못 잔다. 내가 불민한 사람으
로 임금 자리에 있게 돼 이런 일이 생겼으니 한탄할 일"이라고 탄식
했다. 선조는 그러면서 "내가 수천 군사를 잃을지언정 어린아이를
복역시킬 수는 없다. 군사를 점검해 나이가 차지 않은 아이가 있으
면 모두 돌려보내라"고 명했다. 그러나 아이러니하게도 이 명령은
지켜지지 않았다. 고을에 돌아간 뒤 다시 고역을 겪을까 두려워 어
린 군졸들이 돌아가지 않았던 것이다.

조선 왕 중에서 누가 가장 검소했을까. 옷을 기워 입고 나물 반찬을 즐겨 장수한 영조도 소박했지만 선조도 무척 검소했다. 《연려실기술》에 따르면, 선조는 평생 비단옷을 입지 않았으며 수라에도 두 가지 고기 반찬을 올리는 법이 없었다. 평소 물에 만 밥 한 그릇과 마른 생선, 생강 조린 것, 김치와 간장이 고작이었다.

선조는 3녀 정숙옹주(1587~1627, 동양위 신익성의 부인)를 가난한 집에 시집보냈다. 정숙옹주가 "이웃집과 너무 가까워 말소리가 들리고 처마도 얇아 집 안이 외부로 다 드러난다"고 하소연하자 선조는 "사람의 거처는 무릎만 들여놓으면 그만"이라며 집 안을 가릴 수 있는 굵은 발 두 개만을 하사했다. 전란을 겪은 후에는 더욱 허리띠를 졸라매 밥알 하나라도 땅에 흘리면 불호령이 떨어지기 일쑤였다. 나인들이 불고기를 먹는 것을 보고는 "농사짓는 소를 어찌하여 임의로 잡느냐"며 도살을 금하기도 했다.

이렇듯 검소했던 선조가 여성 편력은 심했다. 조선의 여러 왕들 중에서 성종과 연산군, 숙종이 여색을 밝혔던 왕으로 널리 알려져 있다. 그러나 8명의 부인과 14남 11녀의 자녀를 둔 선조도 여색을 밝히는 편이었다. 금욕주의를 추구했던 이이는 선조의 이런 성향을 매우 못마땅하게 여겼다.

이이는 《석담일기》에서 선조의 일거수일투족을 가감 없이 싣고 있는데 선조 7년(1574) 3월의 일기에서, 임금이 의영고(궁중에서 쓰이는 기름, 꿀, 과일 등의 물품을 관리하던 관청)에 있는 황랍(밀납) 500근(300킬로그램)

과 수은을 대궐 안으로 들이라 명한 것이 논란이 됐다고 적고 있다. 선조가 후궁에게 불상을 만들어주기 위해 황랍을 사용하려고 한다는 소문이 궐내에 파다하게 퍼졌다. 물론 유학자를 자처하던 선조는 불교를 멀리했다. 선조는 이 즈음 귀인 김 씨를 여러 후궁 중 가장 총애했다. 귀인 김 씨는 훗날 인빈 김 씨에 책봉되며 의안군, 신성군, 정안군, 의창군 등 4남 7녀를 낳는다. 이들 가운데 정안군은 인조의 생부다. 따라서 귀인 김 씨는 인조의 할머니가 된다. 그 귀인 김 씨가 아들을 위해 불상을 만들겠다고 선조를 졸랐던 것이다. 여기서 아들은 선조가 총애한 의안군인지, 아니면 그 이전에 태어났으나 어린 시절 사망한 왕자인지는 파악되지 않는다. 선조는 자꾸 반대하면 국문을 열겠다고 협박했지만, 거듭되는 반대에 결국 황랍을 도로 돌려보내면서 사건도 마무리된다.

선조 7년(1574) 2월의 《석담일기》는 "임금이 지나친 방사房事로 잔병치레가 잦았다"고 썼다. 여러 신하들이 "여색을 경계하라"고 간했지만 임금은 들은 체 만 체했다. 선조는 오히려 "마음을 닦고 기운을 길러 장수를 하는 것이 왕도라고 할 수만은 없다. 목숨은 하늘에 있는 것이니 순리대로 받아들여야 한다"고 오히려 신하들을 타일렀다. 선조 13년(1580)에는 하원군(선조의 맏형)이 역관의 딸 중 예쁜 사람이 있다고 천거하자 임금은 그녀를 궁중으로 불러들였다. 이이는 일기에서 "이때부터 (임금이 역관의 딸에 빠져) 햇빛이 광채를 잃은 날이 여러 날 이어졌다"고 개탄했다.

선조의 후궁 인빈 김 씨의 무덤 수강원 선조는 인빈 김 씨를 가장 총애했다. 인빈 김 씨는 정안군
경기 남양주시 진접읍 내각로. 의 어머니이자 인조의 할머니다.

선조는 경복궁의 건축금지구역에 침범한 민가를 일거에 철거해
원성을 사기도 했다. 원래 《경국대전》은 경복궁에서 1000척(300미터)
내에는 민가를 못 짓도록 금지했다. 그러나 실제로는 이를 금지하
지 않아 경복궁의 지척에 민가가 즐비했으며 심지어 100년이 넘은
고택도 많았다. 선조가 어느 날 이를 보고 크게 노하여 100척(30미터)
내의 집을 당장 허물라고 명했다. 많은 신하들이 "이로 인해 도성 내
민심이 흉흉해지고 때마침 명나라 사신이 조선으로 들어오는데 백
성들의 동요가 바람직하지 않으니 다른 해를 골라 시행해야 할 것"
이라고 주청했다. 대간들도 번갈아 글을 올려 중지할 것을 청했다.

이이는 "임금이 더욱 노해 당장 모두 헐라고 재촉하니 백성 중에 울부짖는 자들이 부지기수였다"고 안타까워했다.

가족에게 엄격했던 인조,
손수 빨래했던 헌종

병자호란을 초래해 조선 반도를 또다시 전쟁의 소용돌이에 몰아넣은 인조도 선조와 함께 최악의 군주로 꼽힌다. 흔히 임금의 후궁 등 측근들이 권력을 남용하는 사례가 무수히 발생했지만 인조는 이를 허용하지 않았다. 심노숭의 《자저실기》에 따르면, 인조의 총애를 받던 귀인 조 씨가 전라 감영에 하인을 보내 청탁을 했는데, 당시 전라 감사였던 허적許積, 1610~1680은 이를 들어주지 않았다. 그러자 귀인 조 씨의 하인이 "내 말을 듣지 않고 영감이 견디겠느냐"고 경고했다. 성격이 난폭한 허적은 그 자리에서 하인을 죽여버리고 시체를 길가에 버렸다.

귀인 조 씨는 이 사실을 듣고 주위의 입을 단속하면서 "주상께서 이 사실을 안다면 반드시 문책이 내게까지 미칠 것이니 함부로 발설하지 말라"며 두려워했다.

후사도 없이 스물셋의 나이에 단명한 조선 24대 왕 헌종은 기억에 남는 업적이 거의 없어 우리 역사에서 존재감이 미미하다. 그런

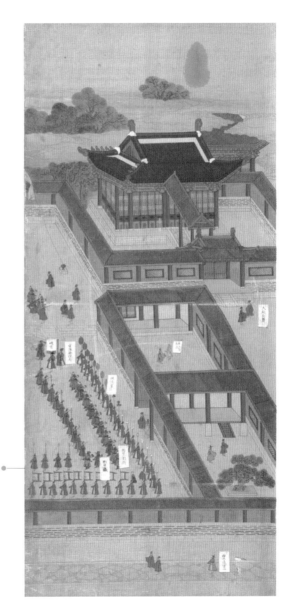

〈헌종가례진하도〉
견에 채색, 세로 114.2cm 가로 51.5cm,
보물 제735호, 국립중앙박물관 소장.

조선사에서 헌종의 존재감은 미
미하지만 자기 옷을 직접 세탁
할 정도로 헌종은 검소한 생활
을 했다.

데 이유원의 《임하필기》는 헌종의 남다른 모습을 보여준다. 이유원은 지근거리에서 헌종을 직접 모셨다. 헌종은 정사가 한가할 때면, 모시옷을 손수 세탁하는 일이 많았다고 했다. 왕비도 아니고 왕이 직접 자신의 옷을 손수 빨았다면 상궁과 무수리들이 얼마나 놀랐을까.

뿐만 아니라 헌종은 대궐에서도 일반인들과 똑같은 물건을 썼다. 문방구는 일반 사대부와 다르지 않았고 화려한 물건도 절대 사용하는 일이 없었다. 특히나 이불에 비단이나 모피를 대지 못하도록 했으며 천막도 고운 비단은 일부러 멀리했다. 고전은 역사적 고정관념을 허물어버린다.

다재다능했던 왕들

고려 태조 왕건은 글씨에 일가견이 있었다. 고려 후기 문신 이규보 李奎報, 1168~1241의 시문집인 《동국이상국집東國李相國集》은 "(고려) 임금으로서는 태조, 인종, 명종이 모두 글씨를 잘 썼다. 왕을 품평할 바는 아니기에 자세한 것은 언급하지 않는다"고 했다. 고려 후기에 최자崔滋, 1188~1260가 엮은 《보한집補閑集》은 "태조는 문장과 필법을 타고나서 능한 일이 많았다. 그러나 이것은 제왕가의 여가에 해당하는 일이니 족히 칭찬할 것은 못 된다"고 적었다.

오세창이 편찬한 《근역서화징》에 따르면, 원나라 쿠빌라이 칸의 외손이자 최초의 혼혈왕인 고려 제26대 충선왕1275~1325 · 재위 1308~1313은 원나라 베이징에 '만권당'이라는 독서당을 짓고 주로 그곳에서 머물면서 글과 글씨로 낙을 삼았다. 우리나라 학자로 이제현李齊賢,

왕건상
북한 소재.

고려 태조 왕건릉
개성.

왕건은 글씨에 일가견이 있었다고
고려 후기 문신 이규보는 말한다.

1287~1367을 비롯해 원나라 학사인 요수, 염복, 원명선, 조맹부 등이
충선왕의 문하에 머물렀다. 이 가운데 조맹부는 고려 말·조선 초 우
리나라에서 크게 유행한 서체인 송설체松雪體를 만든 주인공이다.

원의 간섭을 뿌리치고 자주국 고려의 위상을 회복한 개혁군주 공
민왕은 우리나라 모든 왕조의 임금들 중 가장 뛰어난 예술가였다.
그는 글씨와 그림 모두에서 천재적 소질을 지녔다. 이제현은《익재
집益齋集》에서 "상감이 회암 삼선사에 다섯 글자를 내렸다. 하늘이 내
린 솜씨"라고 평했다. 또한 김종직金宗直, 1431~1492은《점필재집佔畢齋集》

에서 "안동의 유명한 누각 영호루映湖樓는 공민왕이 손수 누각 액자의 영, 호, 루 석자를 큰 글씨로 써서 걸게 하여 지금까지도 기와와 대들보 사이에서 광채가 환히 비치고 있다"고 했다.

공민왕은 수많은 그림을 남겼는데 특히 초상화를 잘 그렸다. 그는 윤해, 염제신 등 신하들의 초상화를 직접 그려 선물했다. 조선 성종 때 발간된 지리지《동국여지승람》은 "공민왕이 염제신의 얼굴을 친히 그려주면서 '중국에서 공부했고 성품 또한 고결하니 다른 신하는 비교가 되지 않는다'고 말했다"고 적었다. 공민왕은 자신의 얼굴도 자주 화폭에 담았다.《미수기언眉叟記言》에서 허목許穆, 1595~1682은 "황해도에 있었던 화장사에 공민왕이 거울을 보며 그린 자화상이 있다"고 말한다.

《경수당집警修堂集》에서 신위申緯, 1769~1845는 화장사 자화상을 바라보면서 "불당 안 그림에 후리후리하게 큰 사람이 보이는데, 그 허리 대단히 크구나. 허연 용의 수염을 보고 문밖에서 깜짝 놀라 다가가면서 얼굴색을 고치며 옷매무새를 매만진다"고 시로 읊었다. 이 초상화를 찍은 유리건판(초기 필름의 형태)이 아직도 전해오고 있다.

성현의《용재총화》는 "우리나라에는 명화가 별로 없다. 근래로부터 본다면 공민왕의 화격畫格이 대단히 높은 경지에 이르렀다"면서 "지금 도화서에 소장되어 있는 〈노국대장공주진魯國大長公主眞〉과 흥덕사에 있던 〈석가출산상釋迦出山像〉은 모두 공민왕이 손수 그린 그림이며 간혹 큰 부잣집에 산수를 그린 것이 있는데 비할 데 없이 뛰

공민왕, 〈염제신 초상〉
비단에 채색, 세로 53.7cm 가로 42.1cm,
보물 제1097호, 국립중앙박물관 소장.

어나다"고 논평한다. 《용재총화》가 집필될 당시는 공민왕이 죽은 지 100년이 경과한 시점이라는 점에서 여전히 그의 작품이 다수 남아 있었을 것으로 짐작된다.

글씨 잘 쓰는 왕
그림 잘 그리는 왕

조선 제5대 문종은 묘호에 걸맞게 글씨 솜씨가 걸출했다. 중종 때 권신 김안로金安老. 1481~1537의 설화집 《용천담적기龍泉淡寂記》에는 "상감(문종)이 해서법에 정통하여 굳세고 힘차고 생동하는 기운이 진인(왕희지)의 오묘한 경지에 이르렀으나 다만 석각 몇 본만이 세상에 전할 뿐이다"라고 했다.

문종은 시와 문장에도 조예가 깊었다. "상감이 동궁으로 있을 때, 희우정(마포구 합정동에 있던 정자)에 거둥하여 금귤을 한 쟁반 내왔다. 그 귤이 다 하자 쟁반 가운데 시가 있었으니 곧 상감이 친히 쓰신 것이었다. '물씬 물씬 향내는 코가 싱그럽고, 살살 녹는 단맛은 입에 착 착 붙는다'는 시와 글씨가 모두 세상에 뛰어난 기이한 보배인지라 여러 학사들이 그대로 모사하려 하는데 대궐에서 빨리 들여오라고 재촉하므로 다투어 쟁반을 붙잡고는 차마 놓지 못하였다."

성종도 글씨와 그림에서 수준급의 실력을 보였다. 《용천담적기》

는 "성종의 글씨는 아름답고 고우면서도 단정하고 정중하여 조용히 조송설(원의 서화가 조맹부)의 정신을 그대로 옮겨왔다. 또 가끔 붓장난 으로 소품을 그리기도 했다. 이는 모두 하늘이 내린 재능이요 번거롭 게 배우고 익혀서 그 묘한 경지에 이른 것이 아니었다. 그렇다고 옛 법에서 어긋난 것이 아니다. 정사를 보는 여가에 틈만 나면 가끔 손 수 붓과 먹을 가지고 가볍게 휘둘러 쓰곤 했으니 한 치 종이와 한 자 비단에 쓴 글씨가 민간에 흩어졌다. 그것을 얻는 자는 비단으로 꼭꼭 싸서는 좋은 보배보다 더 귀중히 여겼다"고 적었다.

이긍익도《연려실기술》에서 "상감(성종)이 경사經史에 능통하고 특 히 성리학에 조예가 깊었으며 천문과 역법, 음률까지 통달하지 않 은 것이 없었다. 활쏘기와 글씨, 그림도 모두 대단히 뛰어났다"고 했 다.《연려실기술》에 따르면, 특히 글씨는 역시 명필이었던 안평대군 과 비슷해 사람들이 헷갈릴 정도였다. "중종께서 일찍이 성세창이

성종, 〈성종어필선면첩〉
종이에 먹, 세로 26.3cm 가로17.6cm,
국립중앙박물관 소장.

성종은 글씨와 그림에서 수준급의
실력을 보였다.

선조 〈선조어필병풍〉
종이에 먹, 세로 166cm 가로 63.4cm,
국립중앙박물관 소장.

선조는 유년기부터 자질이 뛰어나
명종이 항상 칭찬했다.

글씨에 능하고 서법을 잘 알고 있으니 대궐에 보관하던 글씨 몇 장을 보내면서 이르기를 '대궐 안에서 성종과 이용(안평대군)의 글씨를 분별하지 못하니 자세히 분별하여 올리라'고 명했다. 이에 성세창이 깨끗이 분별해 올렸다."

선조도 글씨를 잘 써 명필로 이름을 떨쳤다. 병자호란 때 국가와 백성을 구하기 위해 주화론을 폈던 최명길崔鳴吉, 1586~1647은 문장에는 뛰어난 반면 글씨가 악필이었다. 선조는 그런 최명길을 형편없다고 낮춰봤다. 심노숭의 《자저실기》에 따르면 최명길은 젊은 나이에 과거에 급제해 주서(승정원일기의 기록을 담당하던 정7품 관직)를 맡았다. 그의 글씨를 본 선조는 불같이 화를 내며 "글은 꼭 쥐똥 같고 글씨는 꼭 새 발자국 같구나. 어디에서 이 따위 주서를 데려왔느냐" 하고는 내쫓아버렸다. 최명길은 이후 글씨 연습에 매진했지만 글씨는 나아지지 않았다. 노년에 접어들어 "글씨 잘 쓰는 일이 문장을 잘 짓는 일보다 어렵다"고 한탄했다.

선조는 난초와 대나무 그림에도 조예가 깊었다. 추사 김정희金正喜, 1786~1856는 《완당집》에서 "우리나라에는 난초를 그리는 사람이 없었다. 그런데 엎드려 살펴보니 선조의 어화御畵는 하늘이 내린 솜씨로서 잎사귀 그리는 법과 꽃을 그리는 격조가 정소남(중국 송나라 화가)과 꼭 같으니"라고 했다. 조선 후기의 문신 홍양호도 "(선조의 그림은) 참으로 천인의 솜씨요, 세상에 보기 드문 보배"라고 했다.

조선의 16대 왕 인조 역시 그림에 능했다. 이긍익의 《연려실기술 별집》에는 "정원군의 장자(인조)가 상감(선조) 앞에서 그림을 그리니 상감이 그 그림을 (신하들에게) 내려주고 이어 품계를 더해 주었다"고 씌어 있다. 오세창의 《근역서화징》은 "선조는 말년에 여러 손자들을 불러 글씨를 쓰게 하거나, 혹은 그림을 그리게 했다. 인조도 어렸을 때 말을 그렸는데 선조가 그 그림을 백사 이항복에게 하사했다. 훗날 이항복이 (광해군 때 폐모론에 반대하다가) 북쪽으로 귀양갈 때 김유에게 그 그림을 주었다. 김유는 인조의 그림을 자기 집으로 가지고 돌

湖山之佳不如清曉春時當乘月至僧景
生殘夜水暎岑樓投床步林中則曙光蒸戶
明霞射瓦輕風微散海旭呈來見沿堤喜㪣
霏霏明媚如織遠當朗润出沐長江浩瀚無
㴞晴光嵐氣紆卷不一大是奇絶

● 인조, 〈인조어필〉
종이에 먹, 세로 91.5cm 가로 53cm, 국립중앙박물관 소장.

인조도 글씨를 잘 썼다.

아와 벽 위에 붙여놓았다"고 했다.

21대 영조는 긴 통치 기간만큼이나 많은 글씨를 남겼지만 솜씨는 빼어나다고 할 수 없다. 영조는 글씨보다는 그림을 더 잘 그렸다. 《근역서화징》에 의하면 숙종은 연잉군(영조의 왕자 시절) 그린 〈선인도仙人圖〉에 다음과 같은 시를 남겼다. "미목(눈썹과 눈) 어찌 그리도 명랑한가. 칼 빛이 칼집 밖에까지 환히 보이는구나. 처음 그린 것이 이렇게도 잘 되었지만. 평소에 한 번도 가르친 적은 없었거늘."

곁들여 읽기 —

무수리의 자식,
탕평의 화신이 되다

"새벽 5시에 숙의 최 씨가 남자 아기씨를 생산했습니다. 아기씨가 젖을 토하고 숨이 막히는 증세가 심해 걱정이 적지 않습니다. 부득이 우황과 대나무 태운 즙을 젖꼭지에 발라 삼키게 하니 진정되었습니다."

조선 임금 가운데 가장 모범적인 군주로 꼽히는 영조는 숙종 20년(1694) 9월 13일 이렇게 세상에 태어났다. 그는 52년이나 왕위에 있으면서 비상한 정치 능력으로 정국의 안정을 꾀했고 또한 사회, 경제 각 방면에 걸쳐 부흥의 기틀을 마련했다는 평가를 받는다.

그런 그의 시작은 미약했다. 영조의 어머니 숙의 최 씨(후일 숙빈 최씨, 1670~1718)는 궁중에서 가장 천한 무수리 출신이었다. 최 씨는 어릴 적 부모를 여의고 일곱 살 남짓한 어린 나이에 대궐로 들어왔다.

그녀는 숙종에게 승은을 입기까지 15년 동안 궐내에서 온갖 허드렛 일을 도맡아 하면서 어렵게 살았다. 영조는 왕자 시절 어머니를 찾아 "침방에 계실 때 무슨 일이 제일 어렵더이까"라고 여쭈었다. 그러자 "중누비, 오목누비, 납작누비 다 어렵지만 세누비가 가장 하기 힘들더이다"고 최 씨가 대답했다. 영조는 차마 말을 잇지 못했다. 영조는 어머니 말을 듣고 난 후 평생 누비옷을 입지 않았다.

영조가 노론의 지원으로 어렵게 왕위에 오르게 되는 것은 아이러니하게도 이러한 어머니의 출신 때문에 가능한 일이었다. 생모가 미천해 영조는 숙종의 후궁이던 영빈 김 씨의 양자가 되어야만 했다. 영빈 김 씨는 노론의 유력 인사였던 김창집金昌集, 1648~1722의 5촌 조카였는데 이를 계기로 자연스럽게 노론이 영조의 편에 서게 되었다.

500년간 지속된 조선왕조에서 왕실의 출산은 매우 중요한 일이었다. 대를 이어 왕위를 계승하고 나라를 통치하는 일이 원자에게 달려 있어 어느 대를 막론하고 훌륭한 왕자의 탄생은 왕실과 왕실 주위 신료들의 최대 관심사였다.

조선은 국왕의 혼인을 비롯해 세자 책봉, 왕실의 장례, 궁궐 건축 등에 이르기까지 국가나 왕실의 중요한 행사를 실록이나 일기, 등록, 의궤 등으로 제작한 '기록물의 왕국' 조선은 왕자의 탄생 과정도 세세히 기록했다. 왕비나 빈궁은 산실청, 후궁은 호산청을 설치해 출산을 도왔는데 그곳에서 벌어지는 일을 시간 단위로 일기에 담았다. 후궁의 출산을 기록한 책이 《호산청일기》이다. 현전하는 《호산

領議政致金寅富耆二十六歲眞

● **김진여 외, 〈김창집초상〉**
　종이에 채색, 세로 52cm 가로 36cm,
　보물 제929호, 국립중앙박물관 소장.

《기해기사계첩》에 들어 있는 김창집의 초상화. 김창집은
경종 때 영의정을 지냈다. 영조는 생모가 미천해 영빈 김 씨
의 양자가 됐는데, 영빈 김 씨는 당시 노론 핵심인사 김창집
의 조카였다. 그래서 영조는 노론의 지원을 받게 된다.

청일기》는 숙빈 최 씨의 세 아들 출산 과정을 서술한《호산청일기》,
고종의 후궁인 귀인 엄 씨가 영친왕을 낳는 과정을 쓴《정유년 호산
청소일기》가 있다.

영조는 숙종의 넷째 아들이다. 셋째 아들도 숙빈 최 씨가 낳았지
만 얼마 살지 못하고 사망했다. 영조도 처음에는 젖을 소화시키지
못해 계속 토하고 제대로 숨도 쉬지 못해 위태로웠다. 영조마저 잘
못되는 것 아닌가 해서 모든 사람들이 크게 가슴을 졸였다. 의관 김
유현을 불러 우황 등을 처방하자 천만다행으로 영조의 상태가 안정
을 되찾아 젖을 잘 빨고 잠도 평안하게 잤다.

최 씨는 영조를 낳고 난 뒤에도 건강했다. 하루에 화반곽탕을 일
곱 번씩 꼬박꼬박 잘 챙겨먹었다. 화반곽탕은 해물을 넣어 끓인 미
역국에 밥을 만 음식이다. 출산한 지 사흘째 되는 9월 15일 길시를
택해 산모가 처음으로 목욕을 했다. 최 씨는 쑥탕에 몸을 씻었고 아
기씨는 매화나무뿌리, 복숭아나무뿌리, 오얏나무뿌리, 호두를 달인
물에 돼지 쓸개를 타서 목욕시켰다. 목욕하는 날 태를 씻는 세태식
도 행해졌다.

태는 길한 방향에서 물을 길어와 100번 씻은 뒤 술로 다시 세척해
백자 항아리에 넣어 밀봉했다. 항아리 전면에 '강희 33년 9월 13일
에 숙의 최 씨 방에서 해산한 남자아기씨 태'라고 썼다. 9월 18일 영
조가 눈을 떠 곁눈질을 했다고《호산청일기》는 적고 있다.

신생아의 안녕과 복을 비는 행사인 권초제捲草祭는 이렛날 되는

채용신 조석진, 〈영조 어진〉
비단에 채색, 세로 110cm 가로 61.8cm,
보물 제932호, 국립고궁박물관 소장.

조선왕조 역대 임금 중 재위기간이 가장 긴 왕이다. 그는
손자 정조와 함께 18세기 조선을 중흥기로 이끌었다.

19일 진시(오전 7~9시)로 정해졌다. 산실문 밖에 큰 상을 차려 그 위에 쌀과 비단, 은을 올려놓고 권초제를 주관하는 권초관이 절을 했다. 권초관은 마지막으로 해산할 때 깔았던 거적을 걷어 붉은 보자기에 싸서 권초각에 옮겨 보관했다.

천한 궁녀의 몸에서 태어나 왕세제가 되고 이복형 경종이 급서하는 바람에 갑작스럽게 왕위에 오르는 행운을 거머쥔 영조는 생모 숙빈 최 씨에 대한 애틋함이 남달랐다. 영조는 일흔이 되던 해 이《호산청일기》를 직접 열람한다. 그는 자신이 탄생했던 정황이 기술된 일기를 보면서 감동했다. 영조는 "아! 칠순이 되는 9월에 우연히 일기를 얻어 보게 되었다. 육상궁(숙빈 최 씨의 사당)에 가서 배알하고 돌아오니 마음이 무척 새롭구나"라고 감회에 젖었다. 영조는 이후에도 몇 차례 더 일기를 찾아서 보았다.

《호산청일기》에서 서술된 것처럼 왕자가 태어나면 이레 동안 산모와 신생아의 목욕, 세태, 권초 등의 중요 행사가 이뤄진다. 이 기간이 산모와 신생아에게 가장 위험한 시기다. 이 시기가 지나면 비교적 안심할 수 있다. 호산청도 이레가 지나면 해체됐다.

조선 26대 고종의 일곱 번째 아들 영친왕 이은은 광무 원년(1897) 9월 25일에 태어났다. 상궁 엄 씨가 경운궁의 숙옹재에서 영친왕을 생산했다고 《정유년 호산청소일기》는 전한다. 상궁 엄 씨는 고종 22년 (1885) 을미사변으로 명성황후 민 씨가 살해된 후 러시아공사관으로 피신한 고종의 시중을 들다가 영친왕을 임신했다. 그때 엄 씨의 나이는 서른둘이었다. 엄 씨는 여덟 살 때 궁궐로 들어왔으며, 고종 19년 (1882) 임오군란 당시 명성황후가 흥선대원군과 반란군을 피해 달아나 잠시 실종된 사이 고종을 지극정성으로 보필해 지밀상궁이 됐다.

엄 씨는 고종의 승은을 입은 후 명성황후에게 발각돼 궁궐에서 쫓겨났다. 같은 해 명성황후가 일본 낭인들에게 시해되자 고종은 엄 씨를 다시 궁궐로 불러들였다. 영친왕이 태어난 다음 날 일기를 살펴보면 "엄 씨는 분만한 뒤 평안하여 화반곽탕을 세 번 들었습니다. 새로 태어난 아기씨도 젖을 잘 빨고 대변을 보았으며 숨도 잘 쉬고 있습니다"라고 했다.

고종은 평소 총애하던 엄 씨가 아들까지 낳자 너무나 기쁜 나머지 출산 사흘째 되는 날 정5품 상궁에서 무려 7단계나 품계를 높여 종1품 귀인에 임명하는 파격을 단행한다. 귀인은 왕비와 빈 다음으로 높은 내명부 세 번째 품계다. 산모와 신생아의 목욕, 세태, 권초 등의 중요 행사는 전례와 동일하게 진행됐다. 이후 엄 씨는 순빈, 순비로 차례로 품계가 높아졌고 나중에는 귀비에 봉해졌다. 엄 귀비는 어려운 여건 속에서 영친왕을 가져서 그런지 아들에 대한 사랑이 유별났다. 고종 39년(1899) 서울 성북구 돈암동 〈흥천사〉에 막대한 돈을 시주해 극락보전과 독성각을 중창하고 아들의 만복을 비는 원찰로 삼았다.

2장

위인들의
이면을 엿보다1

우리가 아는 그 사람 맞아?
예상 밖의 위인史

　이상적 개혁주의자 조광조趙光祖, 1482~1519는 용모가 아름다웠고 안색이 뛰어났다. 유몽인의 《어우야담》에 따르면, 그는 스스로 거울을 볼 때마다 "이 얼굴이 어찌 남자로서 복이 있는 상이라고 하겠는가"라고 실망스러워했다.

　《악학궤범》을 편찬한 음악가이자 《용재총화》의 저자이기도 한 성현은 그와 반대로 풍채가 보잘 것 없었다. 《어우야담》에 따르면, 당시 사람들은 그를 보고 '어람좌객御覽坐客'이라고 불렀다. 어람좌객은 '임금을 알현할 때 자신이 더 돋보이도록 함께 데려가는 사람'을 말한다. 하지만 실제로는 기생집에 갈 때 자신의 외모가 돋보이도록 함께 데려가는 추한 외모의 사람을 지칭하는 말로 쓰였다.

　독서광이었던 성현은 늘 책을 끼고 살았다. 심지어 잠잘 때도 책

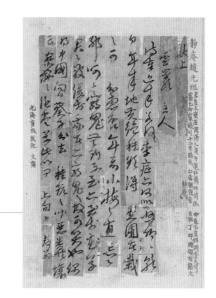

《조선명현필첩》 중 조광조의 글씨
종이에 먹, 세로 30cm 가로 20.3cm,
국립중앙박물관 소장.

유몽인은 《어우야담》에서 조광조의
용모가 아름다웠다고 기술한다.

을 베고 잤다. 그의 몸에는 유독 이가 많았는데, 이를 잡으면 습관적
으로 책갈피에 끼워뒀다. 《어우야담》에는 "후대 사람들이 그의 자손
들에게서 책을 빌려 보면 항상 말라 비틀어진 이가 책 사이에 있는
것을 볼 수 있었다"고 적혀 있을 정도다.

　고려 말 충신 목은 이색은 명나라에 황제(태조 주원장, 재위 1368~1398)
를 만나러 갔다가 황제에게 심한 놀림을 당했다. 서거정의 《필원잡
기》에 따르면, 주원장은 이색의 이상한 중국어 발음을 두고 "그대의
중국말은 나하추(원나라 장수)와 같네 그려"라고 모욕을 줬다. 이색의
외모에 대해서도 "(못생긴) 이 늙은이는 그림으로 그려야 한다"고 놀

성현, 《용재총화》
세로 29.5cm 가로 20.8cm,
국립중앙박물관 소장.

저자 성현은 저명한 학자이자 음악가였지만 추한
외모로 놀림을 많이 받았다. 몸에 이가 많아 이를
잡아 책갈피에 끼워두는 기이한 버릇도 있었다.

렸다. 황제 면전에서는 아무 말도 할 수 없었지만, 속은 부글부글 끓
었다. 귀국 후 이색은 소심한 보복을 한다. "중국 황제는 형편없는
인물"이라고 헐뜯고 다녔던 것이다. 주변에서는 그가 실언하고 있다
고 걱정했다. 《필원잡기》는 "(주원장이) 남긴 제도가 한나라와 당나라
보다도 크게 뛰어나니 어찌 그릇이 작다고는 하겠는가. 대업을 이루
는 데 정신을 두다 보니 이색과 같은 늙은 선비 보기를 곁에서 우는
어린애 같이 여겨 마음에 두지 않은 것 뿐"이라고 결론지었다.

정몽주는 조선 선비들이 충신의 대명사로 떠받들었던 인물이지
만 술을 즐겼으며 여색도 마다하지 않았다. 《필원잡기》에 따르면 친
구들과 모여서 술을 마실 때면 남보다 먼저 와서 맨 나중에 자리를
떴다고 한다. 벼슬이 크게 높아진 뒤에는 그가 참석하는 술자리마다

大明太祖高皇帝

명태조 홍무제(주원장) 초상

명태조는 고려 사신 목은 이색을 만난 자리에서 이런 못난이는 그림으로 그려 남겨야 한다고 놀렸다. 이색은 귀국 후 명태조가 형편없는 인물이라 험담하고 다녔다.

항상 손님이 가득했고 술통에도 술이 떨어지는 법이 없었다. 친구가 여색을 두고 담담하지 못한 정몽주를 꾸짖었다. 그러자 정몽주가 답했다. "여색을 좋아하는 것은 인지상정이다. 공자도 말하기를 아름다운 여색을 좋아하는 것과 같이 하라고 했다. 공자도 여색이 좋다는 걸 몰랐던 게 아니다."

조선은 성리학이 국교였지만 전기까지만 하더라도 왕실에서도 불교를 믿었다. 심지어 세종대왕의 중형 효령대군은 스님이 됐다. 효령대군은 안하무인이었던 백형 양녕대군 때문에 무척이나 속을 썩였다. 이륙의 《청파극담》에는 효령대군이 법회를 열고 있는 절을 찾은 양녕대군의 이야기가 전해진다.

"양녕이 수하 10여 명과 매를 팔 위에 얹고 개를 끌고 가니 방울 소리가 계곡 전체에 울렸다. 절에 도착하여 불상이 있는 옆자리에 매를 놓아두고 잡은 꿩을 불에 구워 절간에서 술을 마시니 효령은 그의 방자하고 거리낌없음을 몹시 못마땅히 여겼다. 안색이 변하여 말하기를 '형님은 어찌 절에서 이렇게 무례하시오. 앞으로 있을 화가 두렵지도 않소' 하니 양녕대군은 크게 웃으며 '태어나서는 임금의 형이 되어 온 나라가 존경하고 죽어서는 부처님의 형이 되어 세상이 받들 것이니 살아서나 죽어서나 복이 있는데 내가 어찌 두려워할 게 있을까' 하였다."

뇌물 받은 황희, 괴짜 박문수
위인들의 진짜 모습

황진이, 박연폭포와 함께 '송도삼절松都三絶'로 꼽혔던 화담 서경덕徐敬德, 1489~1546은 많은 사대부들의 스승이었다. 서경덕의 제자였던 차천로가 쓴 《오산설림초고》에 따르면 서경덕은 청빈했다. 서경덕은 자신을 존경하는 주변의 도움을 받아 근근이 생계를 유지했다. 한번은 그와 친분이 있었던 황해도 관찰사의 초청을 받아 대접을 받은 적이 있었다. 돌아오는 길에 관찰사가 많은 노자와 종이, 붓을 선물로 줬지만 서경덕은 모두 사양하고 단지 쌀 닷 되만 받았다. 전국을 유람했지만 준비한 식량이 자주 떨어져 여러 사람에게 손을 내밀어야 했다.

● 《조선명현필첩》 중 서경덕의 글씨
종이에 먹, 세로 30cm 가로 20.3cm,
국립중앙박물관 소장.

초야에 묻혀 살았던 서경덕은 벼슬아치들의 도움을 받아 근근이 생활했다.

반면 '청백리'로 알려진 세종대의 명재상 황희黃喜, 1363~1452는 사실 뇌물을 밝혔다. 하지만 성품이 지극히 관대해 조정의 조정자로서 능력을 인정받아 30년이나 정승의 자리에 있었다. 서거정의 《필원잡기》에 따르면 황희는 자신의 집에서도 성격이 너그러워 아들과 손자는 물론 종의 자식들이 울부짖고 장난을 치면서 떠들어도 꾸짖지 않았다. 자신의 수염을 잡아 뽑고 뺨을 때려도 화내는 법이 없었다. 한번은 사람들과 집안일을 의논하면서 책에다 이를 써내려가고 있는데 종의 아이가 그 위에 오줌을 누는 일도 발생했다. 하지만 늘 그렇듯 노여워하지 않고 손으로 오줌을 닦아낼 뿐이었다.

암행어사의 대명사인 박문수朴文秀, 1691~1756는 초상화의 점잖은 외모와 달리 괴짜에다 짓궂었다. 심노숭의 《자저실기》에 따르면 박문수가 어영대장으로 있을 때, 참의(육조에 소속된 정3품 당상관직) 이흡이 일당을 모아놓고 자신의 탄핵을 모의한다는 말을 전해 듣고 어영청에서 술과 안주를 장만해 그 자리에 들이닥쳤다. 모두가 놀라자 박문수는 "이렇게 많이들 모였으니 함께 술이니 마시며 취하는 게 어떠냐"고 딴청을 부렸다. 판서 이익보李益輔, 1708~1767는 수려한 용모에 성격이 오만해 사람들이 가까이하기를 꺼렸다. 어느 날 승정원에 여럿이 모여 있는데 박문수가 이익보를 발견하고 손짓으로 불렀다. 이익보가 마지못해 다가오자 박문수는 다짜고짜 목을 껴안고 입을 맞추면서 "잘생겼다, 이 교리"라고 너스레를 떨었다. 눈 깜짝할 새 봉변을 당한 이익보는 화도 내지 못한 채 어리둥절해했다.

《구운몽》 저자이자 한글 문학의 선구자인 서포 김만중은 과거시험에서 부정 행위를 해서 장원으로 뽑혔다. 필자 미상의 《좌계부담

左溪衮談》에 따르면 김만중은 1665년 정시 과거에 응시한다. 과장에 제목이 내걸리자 모두가 술렁거렸다. 주제가 너무 어려워 모두들 자포자기하는 기색이 역력했다. 문제를 제출한 대제학은 "'바야흐로 나라가 크게 위태로우니 송백만이 홀로 푸르고 푸르도다'라는 구절로 글머리를 삼은 답안지는 잘 짓고 못 짓고 일찍 내고 늦게 내고를 떠나서 장원으로 뽑을 것"이라고 흘렸다. 김만중의 형 김만기가 시험관으로 참여했는데, 이 말을 듣고 이를 글로 써서 아우에게 슬쩍 건넸다. "아우 김만중이 마침 대각 아래에 있어 적당한 틈을 봐 전해주었다. 수천 장의 시험지를 채점한 후에야 비로소 만중의 답안지가 장원으로 뽑혔다."

《좌계부담》은 재물에 눈이 멀어 외국의 세자를 살해한 정신 나간 왕족도 다룬다. 효령대군의 후손 이기빈李箕賓, ?~1625이 제주 목사로 있을 때 유구국 세자가 대정에 표류했다. 처음에는 후대했으나 유구국에 보물이 많다는 이야기를 듣고 돌변해서 세자 일행을 잡아다가 보물을 달라며 갖은 방법으로 협박했다. 유구국 세자는 시를 지어 "떠도는 혼이 고국에 돌아가도 위로해줄 친척 없어라. 교린의 옛 정의는 어디 있단 말인가"라며 이기빈을 꾸짖었다. 이에 이기빈은 자신의 악행이 발각될까 두려워 세자를 죽여버린다. 《좌계부담》은 이기빈의 자손들이 지금까지도 부유하게 사는 것은 아마도 이때 유구국의 보물을 얻었기 때문으로 보았다. 사건은 광해군 3년(1611) 발생했으며 이듬해 발각된다. 국가 간 분쟁을 일으킬 수도 있는 큰 사건

작자 미상, 〈서포 김만중 영정〉
견에 채색, 세로 170cm 가로 88cm, 개인 소장.

김만중은 부정 행위로 장원급제했다. 형
김만기가 건넨 답안지를 베껴 썼다고 전해
진다.

이었지만 이기빈은 뇌물을 써서 극형을 모면했다.

　노론 벽파가 세손 정조를 해치려는 음모를 막았던 홍국영洪國榮, 1748~1781은 정조 즉위 초 무소불위의 권력을 휘둘렀다. 심노숭의《자저실기》는 홍국영에 대해 "키는 작았지만 몸집은 비대했다"고 말한다. 심노숭은 기해년(1779)에 둘째 외삼촌 집을 방문했을 때 마침 홍국영이 이곳을 찾았는데, 창문 틈으로 홍국영의 인상을 살필 수 있었다. 모습은 전체적으로 날카로웠다. 얼굴이 모나고 뺨은 좁았으며 얼굴이 항상 불그레했다. 눈은 반짝반짝 빛이 났으며 가까이 있으면 쏘는 듯한 기운이 있어 잠시도 똑바로 쳐다보지 못했다.

　홍국영의 권세는 실로 막강했다. 홍국영은 도승지와 숙위대장을 겸직하면서 늘 궁중에 거처했는데 그의 처소는 임금의 침전과 불과 열 걸음도 안 됐다. 임금의 수라를 준비하는 사옹원에서는 홍국영이 먹을 음식까지 만들어 바쳤다. 방에 높은 평상을 놓고 그 위에 눕거나 앉아 지냈는데 집안어른이나 조정 대신들까지 모두 그 평상 아래 앉아야 그를 만날 수 있었다. 인사가 있을 때마다 이조참의는 홍국영에게 먼저 묻고 상의했다.

　《자저실기》는 홍국영의 최후도 상세히 다룬다. 홍국영은 권력을 남용하다가 정조의 눈 밖에 나 쫓겨난 뒤 온 집안을 거느리고 강릉으로 이사 간다. 서울에서 갖고 온 종이, 부채, 환약, 향을 물고기와 술로 바꿔 먹었으며 시골 무지렁이와 들사람을 만나 왕의 총애를 받았던 과거 일을 하나하나 자랑하듯 이야기했다. 쫓겨난 지 일 년 만에 서른넷의 젊은 나이로 감기에 걸려 죽었고 그의 시신은 소달구지에 실려 다시 고향에 돌아왔다.

류성룡과 이순신의 만남, 남이 장군의 죽음

임진왜란 때 승병을 이끌며 공을 세웠던 서산대사가 문집을 냈는데, 솜씨는 별로였던 모양이다. 서포 김만중의 《서포만필》은 그에 대해 중국 고승들의 설법을 대충 본떠 시늉만 냈다고 혹평했다. "승려 휴정(서산대사)의 문집을 보니 그 제자들에게 설법한 문장은 대혜 종고(북송의 선승)와 고봉원묘(원나라 승려)의 해묵은 이야기를 여기저기 취해다 늘어놓아 사람의 눈을 가린 것이다. 정말로 대충 모양을 본 떠서 시늉만 내었을 뿐이다."

임진왜란 때 의병장 김덕령金德齡, 1567~1596은 왜적에 맞서 눈부신 활약을 보였지만 반란을 일으킨 이몽학과 내통했다는 누명을 쓰고 옥사했다. 경남 함양의 정경운이 쓴 《고대일록》은 그가 성혼의 문하에서 학문을 익힌 문인이지만 무인을 능가하는 압도적 카리스마를 지닌 인물이었다고 증언한다. 그는 훈련을 하거나 전투에 나설 때 머리부터 발끝까지 쇠로 만든 갑옷을 둘렀다. "장군이 남문 밖에서 진법을 익히도록 명령하였다. … (중략) … 쇠갓(철립)을 쓰고 두 겹의 갑옷을 입었으며, 쇠신(철혜)를 신었고 쇠치마(철상)을 둘렀다. 7척의 장검을 쥐고 말 위에 올라 성을 나섰다. …(중략)… 장군의 사람됨이 매우 침착하고 무거워 말이 적었으며 완력은 뛰어났다."

충무공 이순신과 그를 추천한 서애 류성룡은 유년기부터 그와 알고 지낸 것으로 알려져 있다. 하지만 성대중의 《청성잡기》는 이와는 다른 일화를 제시한다. 둘의 첫 만남은 관직에 진출한 이후라는 것이다. 서애가 홍문관 관리로 있을 때, 고향에 가기 위해 한강을 건너는데 사람들이 앞 다퉈 배에 오르려다 보니 소란이 벌어졌다. 취객이 홀로 말을 끌고 배에 탄 평복 차림의 사내에게 새치기를 했다며 행패를 부리기 시작했다. 그러자 그 사내는 머리를 숙이고 싸움을 피했다. 서애는 속으로 '나약한 자'라고 생각했다. 배가 나루터에 닿자 말을 몰던 남자가 먼저 내렸고 취객은 뒤따라가면서 또다시 욕을 퍼부었다. 그러자 평복 차림의 남자가 취객 목덜미를 움켜잡은 뒤 칼을 빼 목을 베고 강물에 던져버렸다. 순식간에 벌어진 일에 모두 크게 놀라 넋을 놓고 있는 틈에 평복 차림의 남자가 말에 올라 곧장 사라졌다. 서애는 훗날 군영에서 그를 다시 만나는데 그가 바로 충무공이었다. "서애가 공의 진가를 알아본 것은 이 일에서 비롯됐다"고 《청정잡기》는 기술했다.

우리는 노량해전에서 전투가 끝나갈 즈음 가슴에 흉탄을 맞고 운명한 것으로 충무공 이순신의 최후를 알고 있다. 그러나 정경운의 《고대일록》이 묘사하는 이순신의 마지막 모습은 조금 다르다. "적장

고니시 유키나가가 도망쳤다. 그를 쫓던 숭정대부전라좌수사 겸 통제사 이순신이 죽었다. … (중략) … 통제사가 사졸들보다 앞에 서서 종일 혈전을 치르던 중 철환을 머리에 맞아 전사했다."

예종조 최대 정치적 사건으로 남이南怡, 1441~1468의 옥사를 꼽는다. 남이는 세조의 총애를 받아 스물여덟에 정2품 병조판서로 승진했다. 이긍익의 《연려실기술》에 따르면, 예종은 세자 때부터 세조의 사랑을 독차지하던 남이를 매우 못마땅하게 여겼다. 예종은 즉위하자마자 남이가 반역을 도모했다는 누명을 씌워 저잣거리에서 거열형으로 죽여버렸다. 남이는 국문장에서 억울함을 호소했으나 모진 고문으로 다리뼈가 부러지자 "병신이 됐으니 살아 있은들 무엇할 것인가"라며 역모를 시인했다. 《연려실기술》은 "남이의 죄명은 참인지 거짓인지 분별할 수 없으나 그의 옛 집터는 이제 사람이 살지 못하는 채소밭이 되었다"고 적고 있다.

인물로 읽는 한국사

　고려 말 대학자인 목은 이색을 배출한 한산 이 씨는 이색의 증손자 형조판서 이봉을 기점으로 가세가 점점 기운다. 그리고 백여 년이 흘러 아계 이산해李山海, 1539~1609가 북인의 영수로서 영의정에 오르면서 다시 집안이 다시 일어난다. 역시 한산 이 씨였던 죽천 이덕형은 자신의 저서 《죽창한화》에서 토정 이지함이 집안을 일으키기 위해 충남 서천군 한산면에 있던 선조들의 묘를 홍성군 주교면 고정리로 이장했다고 소개한다.

　묘지를 옮긴 후 맏형인 이지번이 아들을 가졌는데 그가 바로 이산해다. 이산해는 어려서부터 신동으로 불렸으며 문장이 탁월했고 글씨와 산수화에도 뛰어난 재주를 발휘한 팔방미인이었다. 조정에서 이조·형조·병조판서로 일하면서 사대부의 최고 영예인 대제학을

〈이산해 초상〉
견에 채색, 세로 161.5cm 가로 82.7cm,
국립중앙박물관 소장.

숙부였던 토정 이지함이 선조의
묘를 명당으로 옮긴 뒤 이산해가
출생했다. 이산해는 어려서부터
신동으로 명성이 높았다.

겸임했으며 삼정승에도 올라 최고 요직을 모두 섭렵했다. 이덕형은 이산해의 비범했던 유년기를 다음과 같이 서술했다.

"이산해가 처음 났을 적에 토정이 그 우는 소리를 듣고 백형에게 말하기를 '이 아이가 기이하니 잘 기르도록 하십시오. 우리 집안이 이제부터 다시 일어날 것입니다' 하였다. 다섯 살이 되자 처음 병풍 글씨를 쓰는데 붓 움직이는 것이 신과 같고 글자 획들이 완연히 용과 뱀이 달려가는 것 같았으므로 신동이라고 명성이 자자하여 당시 고관들이 와서 보지 않는 이가 없었다. 일찍이 먹물을 발바닥에 칠하고 종이 끝에 찍어 어린아이의 솜씨임을 표시했으며 인가에 지금도 전해오면서 보고 있다."

북방의 4군 6진을 개척해 한반도 국경을 확정 지은 최윤덕崔潤德, 1376~1445은 무장으로서 좌의정에 오른 입지전적 인물이다. 그는 맹장이면서 동시에 백성의 고충을 이해해주는 목민관이었다. 이륙의 《청파극담》에 따르면, 평안도절제사와 판안주목사로 일할 당시 최윤덕은 공무의 여가를 이용하여 청사 뒤의 빈 땅을 갈고 참외를 심어 손수 김매곤 했다. 소송하러 온 사람이 그인 줄 모르고 '공이 지금 어디 계신가'라고 물으면 공은 '다른 곳에 계십니다'라고 말하고는 몰래 들어와 관복으로 갈아입고 판결하기도 했다. 이렇듯 소탈했던 최윤덕의 백성을 위하는 마음은 대단했다. 한번은 어떤 시골 아낙이 눈물을 흘리며 찾아와 "호랑이가 제 남편을 물어 죽였습니다"라고 호소하니 그가 "내 너의 원수를 갚겠다" 하고는 손수 호랑이의 자취를 밟아 화살을 쏘아 죽였다. 그리고 호랑이 배를 갈라 남편의 뼈와 살을 끌어내어 장사를 치러주니 부인이 감격하여 눈물을 그칠 줄 몰랐다. 온 고을 사람들도 공을 부모와 같이 사모했다고 《청파극담》은 소개한다.

율곡의 퇴계에 대한 평가
"문묘에 올릴 만한 인물"

퇴계 이황은 학문에서도 따라올 자가 없었지만 인품도 뛰어나 당파를 가리지 않고 수많은 학자들의 존경을 받았다. 말과 글이 다소 과격했던 율곡마저도 최고의 지성이었던 퇴계를 추앙했다.

그러나 선조 3년(1570) 12월 이황이 세상을 떠나자 이이는 장문의 글로써 그의 죽음을 애도했다. 이이는 《석담일기》에서 "이황은 성품과 도량이 온순했으며 세속의 이익과 화려함을 뜬구름처럼 여겼다. 경전 외에는 다른 것을 마음에 두지 않았으며 세상에 나섬과 물러남, 사양함과 받음, 취함과 줌의 지조에 있어서는 털끝만큼이라도 어긋나는 일이 없었다. 당대 유가의 종주로서 조광조 이후로는 비할 사람이 없고 재주와 기개는 비록 조광조에 못 미치지만, 의리를 깊이 연구해 지극히 정미한 점에서는 조광조가 그를 따르지 못한다. 이황이야말로 문묘에 올릴 만한 인물"이라고 칭송했다. 선조 6년

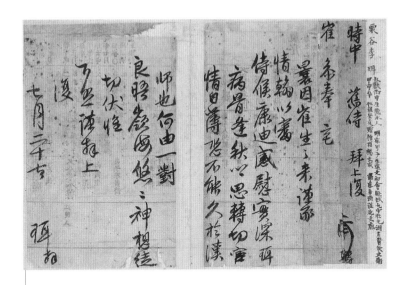

《조선명현필첩》중 이이의 글씨
종이에 먹, 세로 30㎝ 가로 20.3㎝,
국립중앙박물관 소장.

서인의 종주로 추앙받은 율곡 이이는 자신의 저서 《석담일기》에서 퇴계 이황을 당대 유가의 종주로서 조광조 이후로는 비할 사람이 없다면서 문묘에 올릴 만한 인물이라고 칭송했다.

(1573) 8월 성균관과 사학四學, 조선시대 한성부 동부, 서부, 남부, 중부에 설치된 향교의 유생들이 김굉필, 정여창, 조광조, 이언적, 이황 등 5현을 문묘에 올리기를 청했다. 선조는 오랜 공론이 필요하다며 이를 거부한다. 하지만 이이는 《석담일기》에서 "고려시대 배향한 정몽주, 설총, 최치원, 안향 중 정몽주를 제외한 3인은 도덕과 무관한 인물들이니 문묘에 올리는 것은 잘못이다. 김굉필과 정여창은 기풍과 뜻이 미약해 잘 드러나지 못했고 이언적은 근거가 불분명해 불가하다. 조광조는

도학을 주창했으며 이황도 의리에 몰입해 일대의 모범이 되었으니 두 사람을 내세워 모신다면 누가 문제 삼겠느냐. 조광조, 이황만이 배향할 만한 인물"이라고 주장했다.

퇴계에게는 형이 있었다. 그의 형, 이해는 퇴계와 달리 성격이 불같고 공명심이 강한 인물이었다. 미운 사람은 기필코 탄핵해서 파직시켜야 직성이 풀리는 성미였다. 그는 벼슬을 사양하는 동생이 늘 불만이었다. 박동량의 《기재잡기》는 "(이해가) 퇴계에게 서신으로 '언제나 한가하게 물러서 있기만 하면 일평생 배운 것을 언제 펴보겠느냐'고 책망하자 퇴계가 답서를 보내어 '고향으로 돌아와 분수 지키십시오'라고 권고했다"고 언급한다.

동생의 진심 어린 충고를 무시한 이해는 청홍도(충청도) 관찰사 시절, 역모 고변자를 처형했다가 화를 당한다. 이해와 대립했던 이홍남이 대간을 부추겨 "이해가 역모를 은폐하기 위해 사람을 죽였다"고 탄핵했다. 이로 인해 이해는 의금부에 붙들려와 모진 고문을 받는다. "고문을 이겨내지 못하고 죽었는데 때가 마침 한여름이어서 시체가 불어터졌다. 예로부터 화를 당한 예는 많았으나 이처럼 심한 참상은 없었다. 퇴계 선생이 영원히 벼슬에서 떠나려는 뜻은 이때 더욱 결연해졌을 것"이라고 《기재잡기》는 기술한다.

조식과 이언적에 대한
율곡의 혹독한 평가

안동 출신의 퇴계 이황이 경상좌도 성리학의 스승이라면, 합천에서 태어난 남명 조식은 경상우도 성리학의 선구자다. 조식의 문하에서 정구, 김우옹, 정인홍, 정탁, 최영경, 곽재우 등 당대를 풍미한 학자들이 쏟아져 나왔다. 이이는《석담일기》에서 조식이 과대평가됐다고 깎아내렸다. "조식은 세상을 피하여 홀로 서서 뜻과 행실이 높고 깨끗하지만, 학문을 하면서 실제로 체득한 주장과 견해가 없고 상소한 것을 보아도 나라와 백성을 위한 방책은 없다. 이러한 이유로 그가 세상에 나와서 벼슬을 했다고 하더라도 나라를 잘 다스렸으리라는 보장이 없다. 정구, 정인홍, 김우옹 등의 문인들이 그를 추앙해 도학군자라고 하지만 이는 진실로 지나친 말이다."

이이는 주리론의 대가인 회재 이언적에 대해서도 "박학하고 글을 잘 지었으며 몸가짐은 장중히 하여 입에서는 못 쓸 말이 없었다. 많은 저술을 남겼으며 정미精微한 경지에까지 깊이 나아갔다"면서도 "세상을 다스리고 백성을 구하는 데는 큰 재질이 없고 벼슬에 올라서도 절개가 없었다. 을사사화(명종이 즉위한 1545년 윤원형 일파의 소윤이 윤임 일파의 대윤을 숙청하면서 사림이 크게 화를 입은 사건) 때 신문訊問을 맡아 올바른 사람들을 추국해 공신이 됐다. 곽순이 신문당할 때 언적을 쳐다보고 '우리가 언적의 손에 죽을 줄 어찌 알았으리오'라고 한탄했

《조선명현필첩》 중 조식의 글씨
종이에 먹, 세로 30cm 가로 20.3cm,
국립중앙박물관 소장.

이이는 경상우도 성리학의 선구자인 남명 조식을 혹평했다. 이이는 "학문을 하면서 실제 체득한 주장과 견해가 없다"고 비판했다.

다"고 했다. 율곡은 "언적은 옛 전적을 많이 읽고 저술을 잘했을 뿐 가정에서는 부정한 여색을 멀리하지 못했고 조정에 나와서는 도를 행하지 못했다. 그의 두드러진 재주가 세상에 흔한 것은 아닐지라도 그를 어찌 도학자로서 추천할 수 있겠는가"라고 썼다.

절의를 앞세운 영남 사림들(김종직, 김굉필, 김일손 등 길재의 제자)은 성종의 특별한 총애로 대거 중앙 정치 무대로 진출하지만, 연산군 4년(1498) 유자광, 이극돈 등의 훈구파가 일으킨 무오사화로 참혹한 화를 면치 못한다. 사초史草에 세조의 정권 탈취를 비판하는 '조의제문

弔義帝文'을 실은 게 빌미가 됐다. 제문을 직접 쓴 탁영 김일손은 능지처참의 형벌을 받았다. 김일손은 김종직의 제자였고 사림 중에서도 강경파에 속했다. 윤근수는《월정만필》에서 김일손이 수재였고 자부심 또한 대단했다고 서술한다.

"탁영은 청도에서 자랐다. 과거에 급제하기 전에는 경상도의 향시에서 늘 그가 장원이었다. 두 형인 준손과 기손도 탁영의 손을 빌려 모두 초시에 합격했다. 전시殿試에서 탁영은 두 형의 책문만 대신 지어주고 자기 것은 짓지 않았다. 그의 형에게 장원을 양보하고 자기는 다음 과거 때 장원하려는 속셈이었다. 두 형이 모두 과거에 올랐고 준손은 장원이 되었다. 다음 과거 때 전시 시험관이 탁영의 문장이 훌륭하다는 것을 알면서도 그를 싫어해 2등이 되었다."

김일손은 과거에서 수석하지 못한 것을 늘 억울해했다. 중종 때 영의정을 지낸 남곤, 역시 과거에서 차석을 차지했다. "남곤이 과거 방이 붙은 날 동년들과 함께 광화문 밖으로 나가는데 한 사람이 '네가 장원이 되지 못한 것을 유감으로 생각하느냐? 중국에서는 소동파가, 우리나라에서는 내가 모두 차석이었으니 이것으로 자신을 위로하고 유감으로 생각지 말라'고 했다. 남곤이 하인을 시켜 누군지 물어보니 그가 바로 김일손이었다."

실록 밖 위인評

    송나라 사신 서긍은 《고려도경》에서 "동남쪽 여러 나라 중 고려에 인재가 가장 많다"고 했다. 그러면서 다양한 인물을 거론하며 평가한다. 고려 인종 때 척족이었던 인주 이 씨의 중심인물로 국정을 농단한 것으로도 모자라 결국, 반란까지 일으킨 이자겸에 대해 서긍은 "풍채가 단정하고 거동이 온화하며 어진 이를 좋아하고 선善을 즐겁게 여겼다. 국정을 잡고서도 자못 왕 씨를 높일 줄 알아서 고려의 신하 중에서는 왕실을 보호하고 융성케 하니 현신賢臣이라 할 만하다"고 칭찬했다.

    서긍의 이런 평가로 미루어 보아 이자겸에게서 군자다운 면모가 전혀 없었던 것은 아님을 유추해볼 수 있다. 물론 인종 초기는 이자겸이 권력을 완전히 장악하기 전이어서 자신을 의도적으로 낮췄을

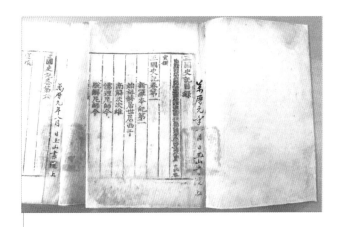

김부식, 《삼국사기》(1145)
종이에 먹, 국보 322호,
경주 옥산서원 소장.

《삼국사기》는 현존하는 가장 오래된 정사다.
송나라 서긍이 집필한《고려도경》은 "김부식
은 체구가 크며 얼굴이 검고 눈을 튀어나왔
다면서 기억력이 비상하다"고 했다.

가능성도 있다. 하지만 이자겸의 야욕은 서서히 노골화되기 시작했
다.《고려도경》은 "다스리는 농장에는 전답이 이어졌고 저택의 규모
는 사치스러웠다. 사방에서 선물을 하여 먹지 못하고 썩은 고기가 늘
수만 근이었으며 다른 것도 모두 이와 같았다"고 덧붙여 설명했다.

　서긍은 우리나라에서 현존하는 가장 오래된 정사《삼국사기》의
편찬자 김부식金富軾. 1075~1151도 극찬한다. "김 씨는 대대로 고려의
문벌가문이며 그 자손 가운데 글을 잘하고 학문에 정진하여 등용된
사람이 많았다. 김부식은 장대한 체구에 얼굴은 검고 눈이 튀어나왔
다. 하지만 두루 통달하고 기억력도 탁월하여 글을 잘 짓고 역사를

잘 알아 학사들에게 신망을 얻는 데 그보다 앞선 사람이 없었다."

서긍은 《고려도경》을 송나라 황제에게 바치면서 김부식의 초상화까지 그려 보고한다.

조선 최고의 명문가와
대대로 담배 피우지 않는 가문

서울 강동구 둔촌동의 지명은 고려 말 충신 이집李集, 1327~1387의 호에서 따왔다. 이집은 고려 말 과거에 급제해 정3품 판전교시사까지 올랐으나 고려에 대한 충절을 지키기 위해 광주(강동구 둔촌동)에 은둔했다. 그는 조선을 거부했지만 후손들은 조선 조정에 나아가 명문가를 일궜다. 윤근수의 《월정만필》은 "둔촌은 아들을 세 명 두었는데 모두 과거에 급제했다. 맏아들 지직은 호조 참의·보문각 직제학이었다. 지직의 두 아들이 모두 과거에 급제했고 막내아들 인손은 우의정에까지 오른다. …(중략)… (둔촌의 9대손) 민각은 문과에 장원하였고 제용감정(정3품 당하관)이 되었으니, 연달아 9대째 과거에 급제했다"고 설명한다.

그렇다면 조선 최고의 명문가는 어딜까. 이유원의 《임하필기》에는 한 집안에서 한 명 나오기도 힘든 정승을 열 명이나 배출한 걸출한 가문이 소개된다. 조선 개국공신으로 좌의정을 지낸 심덕부 집안에서는 본인을 포함해 심온, 심회, 심연원, 심통원, 심희수, 심열종, 심기원, 심수현, 심지원 등 10대에 걸쳐 열 명이 정승에 제수됐다. 심덕부의 다섯째 아들인 심온이 세종의 장인이었고, 여섯째 아들인 심종이 태조의 부마가 된 덕이다.

정광필은 중종 때 3정승을 모두 지냈다. 그의 집안에서는 정유길, 정창연, 정지연, 정태화, 정치화, 정지화, 정재숭, 정홍순, 정석오 등 7대 동안 열 명의 정승이 나왔다. 그리고 두 가문에는 못 미치지만 좌의정 민정중 가문도 민진장, 민진원, 민응수, 민백상 등 3대에서 다섯 명의 정승이 배출됐다. 김상용, 김상헌 집안도 이들 형제가 각각 우의정, 좌의정에 발탁된 것을 포함해 김수흥, 김수항, 김창집 등 3대 동안 다섯 명의 정승을 배출했다고 《임하필기》는 기술한다.

《임하필기》에 따르면, 담배는 광해군 14년(1622)에 왜에서 들어왔다. 병자호란 때 주전파를 대표했던 김상헌의 형, 김상용의 후손들(장동 김 씨 가문)은 담배를 피지 않았다고 한다. 그런데 이 집안으로 장가를 온 장유張維, 1587~1638는 담배를 입에 달고 사는 지독한 애연가였다. 그는 이정구, 이식, 신흠과 더불어 '한문 4대가'로 불렸던 인물이다. 그런 그가 담배를 병적으로 싫어하는 김상용의 사위가 된 것이다. 장인은 사위가 내뿜는 담배연기와 냄새가 지독히도 싫었다. 그래서 임금에게 주청해 '요망한 풀(담배)'이 유통되지 못하게 했으나 시중에서 담배가 근절되기는커녕 날개 돋친 듯 팔렸다. 그러던 중 김상용은 후금이 쳐들어오자 종묘의 신주를 받들고 빈궁·원손을 수

작자 미상, 〈장유 초상〉
견에 채색, 세로 157.5cm 가로 100cm,
국립중앙박물관 소장.

효종의 장인이자 김상용(병자호란 때 주전
파를 대표했던 김상헌의 형)의 사위이다. 김
상용은 담배 냄새를 병적으로 싫어한 반면
장유는 골초였다.

행해 강화도로 피난했다. 이듬해 적에게 성이 함락되자 화약에 불을 놔 자살한다. 김상용이 담배를 무척 싫어한 데다 그가 불 속에서 숨지자 장동 김 씨 집안에서는 대대로 담배를 금기시하는 전통이 생겼다고 《임하필기》는 쓰고 있다.

노비에서 정승으로
신분을 뛰어넘은 인물들

조선 최고의 화가는 안견이다. 궁중 화사였던 안견은 일본 덴리 대가 소장하고 있는 불후의 명작 〈몽유도원도〉의 작가로 잘 알려져 있다. 안견은 중국의 명작들을 보고 반복해 그리는 방식으로 그림 공부를 했다. 김안로의 《용천담적기》는 안견을 두고 "곽희(북송의 화가)를 모방하면 곽희가 되고 이필을 모방하면 이필이 되며, 유융도 되고 마원(남송의 화가)도 되어서 모방한 대로 되지 않는 게 없었다. 그중에서도 산수가 가장 뛰어났다"고 평가했다.

오세창의 《근역서화징》에 따르면, 사실 안견이 가장 아꼈던 작품은 〈몽유도원도〉가 아니라 〈청산백운도〉였다. 안견은 항상 이 그림을 가리키면서 "내 평생의 정력이 모두 여기에 있다"고 했다. 《용재총화》에서 성현도 "내가 승지가 됐을 때, 궁중에서 간수하던 안견의 〈청산백운도〉를 보았는데 참으로 뛰어난 보물이었다. 요새 사람들은 모두 그의 그림을 금옥처럼 사랑하고 보관하고 있다"고 했다. 당대 명사들은 안견의 작품을 금과 옥처럼 귀하게 여겼다. 한훤당 김 굉필은 안견의 병풍첩을 소장했다. 후대 남명 조식이 이 병풍첩에 발문跋文을 썼다. 《남명집》에 따르면, 조식은 발문에서 "그린 지 백년이 지났지만 묘한 솜씨가 어제 와 그린 것 같다"고 했다. 이 병풍첩은 김굉필이 연산군 때 처형되면서 가산과 함께 적몰되어 도화서에 보관됐다가 이후 여러 사람의 손을 거쳐 다시 김굉필의 손자인 초계 군수 김립에게 돌아갔다.

고전은 극적인 신분 상승을 이뤄낸 입지전적 인물도 다룬다. 정충신鄭忠信, 1576~1636은 노비 출신이었지만 과거에 합격해 형조판서에 이른 인물이다. 이긍익의 《연려실기술》에 따르면, 정충신은 광주에서 태어났는데 그의 어머니가 노비였다. 어미의 신분을 따르는 법에 따라 그도 노비가 됐다. 그는 미천한 신분이었음에도 그는 어린 시절부터 자존심이 강했다. 늙은 기생이 절도영節度營 잔치에서 음식을 가져와 건네자, 정충신은 뜻밖에도 "남은 음식을 남에게 먹일지언정 어찌 남이 먹다 남은 음식을 먹는단 말인가"라며 뿌리쳤다. 1592년 임진왜란이 발생하자 광주목사였던 권율이 의주로 파천한 선조에게 장계를 전달할 사람을 모집했는데 응하는 자가 나타나지 않았다. 열일곱 살이었던 정충신이 선뜻 자원해 단신으로 적병을 뚫고 임금에게 장계를 올린다. 권율의 사위 이항복이 정충신의 재주를 가상히 여겨 자신의 집에 머물게 하면서 학문을 가르쳤다. 그해 가

신라의 솔거, 고려의 이녕과 더불어 우리나라 회화사의 삼대
대가로 꼽히는 안견은 일본 덴리대에 소장된 〈몽유도원도〉
의 작가로 잘 알려져 있지만 그의 작품 중 최고의 걸작은 〈청
산백운도〉였다.

을 의주에서 치러진 무과시험에서 그는 놀랍게도 병과(3등급 중 3등)로 급제한다. 그 직후 정충신은 이항복의 주선으로 선조를 직접 알현하는 영광도 갖는다. 선조는 칭찬을 아끼지 않으면서 "아직 어리니 좀 자라면 크게 쓰리라"며 인물됨을 치하했다.

정충신은 결코 주눅이 드는 법이 없었다. 이긍익의 《연려실기술》은 정충신이 거만해 명사들도 함부로 대했다고 적었다. 그러나 최명길은 "정충신이 교만하고 무례하다고 하는데 그의 장점은 여기에서 나오는 것"이라고 두둔했다.

유몽인의 《어우야담》은 반기문 전 UN 사무총장의 조상으로 유명한 노비 반석평의 일화도 소개한다. 반석평은 재상가의 노비였다. 비록 신분은 천했지만 성품이 바르고 영특했다. 재상은 그 재주를 아껴 자신의 아들들과 함께 글을 가르쳤으며 반 씨 성을 가진 부잣집에 입양시켰다. 반석평은 과거에 합격해 벼슬이 정2품 지충추부사에 이르렀다.

반면, 재상집은 재상이 죽은 뒤 몰락한다. 반석평은 재상의 자식들을 거리에서 만나자 마차에서 내려 절을 올렸다. 반석평은 그러면서 나라에 글을 올려 국법을 어기고 벼슬에 오른 죄를 스스로 실토하면서 처벌해줄 것을 요청했다. 그러나 조정에서는 그를 오히려 의롭게 여겨 후하게 장려하고 국법도 파기했다. 이에 대해 유몽인은 "우리나라의 인재는 중국의 천분의 일에도 못 미치는 데도 이들 가운데 신분이 천한 자는 벼슬을 못하게 견고하게 막고 있으니, 이는 사대부들이 편협하고 배타적이기 때문"이라고 지적했다.

연산군 시절 대규모 옥사를 만들어 많은 선비들을 죽인 유자광은 어떻게 중종반정에 참여하게 됐을까. 김택영의 《한사경》에 따르면 전 이조판서 성희안이 장군 박원종, 이조판서 류순정과 함께 거사를 꾸미면서 사전에 이런 사실을 유자광에게도 알린다. 모사꾼으로 알려진 유자광이 반정 사실을 폭로했다면 조정에 또 한 차례 피바람이 불게 뻔했다. 대세가 기울었다고 판단했는지, 아니면 자신이 보기에도 연산군의 폭정이 너무 심했다고 생각했는지 유자광은 반정에 적극 참여한다. 뿐만 아니라 거사 당일 군대를 이끌고 연희궁에 머물던 연산군을 포위해 거사가 성공하는 데 결정적인 역할을 한다.

우리나라 역대 서예가 중 최고의 명필은 누굴까. 고전의 평가를 종합해보면, 신라 사람 김생이었다. 이규보는 《동국이상국집》에서 "중국인들이 서성書聖으로 추앙하는 왕희지와 동급에 올렸던 김생이 마땅히 신품의 제1인자로 꼽혀야 한다"고 했으며, 원나라 조맹부가 쓴 《동서당집고첩발》에서는 "신라의 승려 김생이 쓴 창림사비 발문은 자획이 대단히 전형적이어서 어느 당나라 사람의 이름난 비각도 이보다 뛰어날 수는 없을 것이다"라고 했다. 《삼국사기》에 따르면 김생은 711년 태어났고 부모가 한미해 집안 내력을 알 수 없다고 서술되어 있다.

청나라 옹정제의 스승인 김상명金尙亮은 정묘호란 때 청나라에 끌려간 조선인 포로의 후손이었다. 심노숭의 《자저실기》에 따르면 김

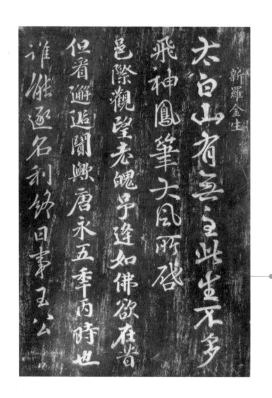

〈김생 글씨〉
세로 12cm 가로 16.4cm,
국립중앙박물관 소장.

김생은 신라의 승려로 우리나라
역대 서예가 중 최고로 꼽힌다.

상명은 문학적 재능이 뛰어나 예부상서(예조판서)에까지 올랐으며 김씨 집안은 중국에서도 명문대가로 성장했다. 그는 스스로 조선인임을 잊지 않고 조선인이 쓴 병풍을 제사 지낼 때 사용하려고 조선에 병풍 제작을 요청했다. 그런데 아무도 병풍 글씨를 쓰려고 하지 않았다. 글씨로 이름난 윤순이 거절했고 이어 판서 이만성의 종이었지만 뛰어난 글씨 솜씨를 지닌 이태해마저 거부했다. 이태해는 "차마 붓을 잡고서 오랑캐 병풍을 쓰지 못하겠다"고 말해 모두를 깜짝 놀라게 했다. 결국 사자관(궁중의 문서를 정서하는 하급 관료)에게 쓰도록 했다. 조선의 소중화주의는 세상의 변화를 읽지 못하고 있었다. 이제현의《역옹패설》은 광종 때 과거제 도입을 건의한 중국인 쌍기와 고려 학자들 사이의 불화 사실도 언급한다. 쌍기는 중국 후주 사람으로 광종 7년(956) 사신으로 고려에 왔다가 병을 얻어 머무르다 귀화했다. 광종(고려 제4대 왕, 재위 949~975)은 호족 출신의 공신들을 견제해 왕권을 강화하려고 했다. 그러기 위해서는 유교적 신진관료 집단이 필요했다. 광종은 광종 9년(958) 쌍기의 건의로 과거제를 설치했으며 쌍기를 지공거에 임명해 과거를 관장토록 했다. 쌍기는 노비안검법 등 일련의 개혁정책 추진에도 핵심적으로 나섰다. 이러한 쌍기의 중용에 공신들은 노골적 불만을 드러냈으며 쌍기는 결국 얼마 지나지 않아 실각한다.

특히 시무28조를 통해 고려의 국가체제를 정비하는 데 결정적인 역할을 한 최승로마저 쌍기를 못마땅하게 여겼다. 최승로는 고려의 6대 성종960~997, 재위 981~997에게 상소를 올려 "우리나라가 중국의 풍속을 추구한다고 하지만 영전令典, 아름다운 법도은 들어오지 않았다. 중국의 선비를 쓰고 있지만 중국의 큰 선비는 얻지 못했다"고 비꼬았다.《역옹패설》은 최승로의 상소가 쌍기를 두고 한 말일 것이라고 했다.

곁들여 읽기 —
퇴계를 모욕한 조식

"손으로는 물 뿌리고 소제도 할 줄 모르면서 입으로 천리天理의 오묘한 이치를 말한다."

남명 조식이 퇴계 이황에게 한 말이다. 같은 해에 태어난 두 사람은 조선 성리학의 양대 거목이었다. 이황이 경상좌도 사림(남인)의 영수라면, 조식은 경상우도 사림(북인)의 영수였다. 남명은 퇴계가 제자 학봉 김성일에게 유교 경전 《태극도설》을 설명했다는 것을 나중에 전해 듣고 이 같은 악담을 퍼부었다.

《퇴계선생언행록》의 기록 중 하나다. 퇴계 제자들의 각종 기록물에 산재해 있던 퇴계의 언행을 모아 도산서원에서 영조 49년(1883)에 간행했다. 학문·교육·예절관, 생활태도와 성격, 관직생활 등 퇴계의 진면목을 보여주는 책이다. 성리학에서 주자(주희) 이래 일인자로 꼽

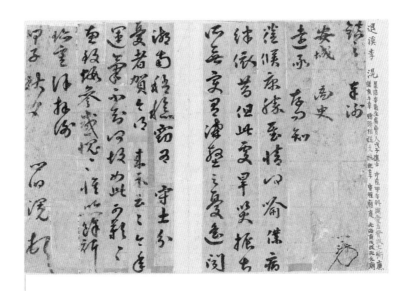

《조선명현필첩》 중 이황의 글씨
종이에 먹, 세로 30㎝ 가로 20.3㎝,
국립중앙박물관 소장.

퇴계 이황은 성리학에서 주자 이래 일인자로 추앙 받았지만
남명 조식은 그를 소심하고 고지식하다고 여기고 모욕했다.

히는 퇴계를 남명은 항상 가소롭게 여기고 사사건건 모욕했다. 사람
이 너무 순진하고 고지식하다고 여겼던 것이다. 도산정사 밑에 관청
이 관리하는 어장이 있었는데 일반인들은 어획이 금지됐다. 퇴계는
여름만 되면 도산정사에 와서 지냈지만 일부러 어장 근처에는 한 번
도 가지 않았다. 조식이 이를 알고 "어찌 그리 소심한가. 내 스스로
하지 않으면 그만이지 관가에서 금한다고 굳이 피할 것은 무엇인가"
라고 비웃었다. 이를 전해 들은 퇴계는 "조식이라면 그렇게 하겠지

만 나는 이렇게 할 따름이다" 하였다.

조식은 단성현감 벼슬을 사양하면서 쓴 상소에서 어린 명종을 대신해 수렴청정하던 문정왕후를 겨냥해 "대왕대비도 깊은 궁궐의 한 과부에 지나지 않는다"고 묘사해 조정에 파문이 일었다. 평소 다른 사람을 나쁘게 말하지 않는 퇴계도 이때는 도저히 참을 수 없었던 모양이다. "남명은 비록 이학理學, 주자학으로 일가를 이루었다 자부하지만 그는 다만 일개의 기이한 선비일 뿐이다. 그의 의론이나 식견은 항상 신기한 것을 숭상해서 세상을 놀라게 하는 주장에 힘쓰니 이 어찌 참으로 도리를 아는 사람이라 하겠는가" 하였다.

퇴계는 평생 책을 손에서 놓지 않고 익힌 바를 몸소 실천하는 진정한 학자였다. 퇴계의 제자로 이조판서에까지 오른 정유일에 따르면, 평상시 날이 밝기 전에 일어나 의관을 갖추고 서재에 나가 자세를 가다듬고 단정히 앉아 조금도 어디에 기대는 일이 없이 온종일 책을 읽었다. 그런가하면 율곡과 이기논쟁을 벌인 것으로 유명한 박순도 퇴계를 다음과 같이 추앙한다. "바른 학문을 밝게 드러내고 후배들을 끌고 인도하여, 공·맹·정·주(공자, 맹자, 정자, 주자)의 도가 불꽃처럼 우리 동방을 밝히게 한 사람은 오직 선생 한 사람이 있다."

퇴계는 밤낮을 가리지 않고 한자리에 앉아서 책만 읽다 보니 건강하지 못했다. "선생이 말하기를 '내가 젊었을 때 학문에 뜻을 두어 종일토록 쉬지 않고, 밤새도록 자지도 않고 공부를 하다가 마침내 고질병을 얻어 몹쓸 몸이 되고 말았다. 배우는 자들은 모름지기 자기

● **퇴계가 제자들을 가르쳤던 도산서당**
조선고적도보 11권(1931)

퇴계는 평생 책을 놓지 않고 책에서 익힌 내용을 몸소
실천했다.

의 기력을 헤아려서 잘 때는 자고 일어날 때는 일어나며, 때와 장소
에 따라 자기 몸을 살펴 마음이 방종하거나 빗나가지 않게 하면 된
다. 굳이 나처럼 하여 병까지 날 필요야 있겠는가' 하였다."

퇴계가 학자의 길을 걷게 된 것은 전적으로 숙부 이우李堣, 1469~1517
덕분이다. 퇴계는 "숙부 송재공(이우)은 학문을 권면하면서 몹시 엄
하셔서 말이나 얼굴에 조금도 감정을 드러내지 않으셨다. 내가 《논
어》를 주석까지 처음부터 끝까지 한 자도 틀림없이 외웠음에도 칭찬
은 한마디도 없으셨다. 내가 학문에 게으르지 않은 것은 다 숙부께
서 가르치고 독려하신 때문"이라고 했다.

성리학의 최고봉이 보기에 초기 사림파 학문은 미진한 부분이 있었다. "조광조는 타고난 자질은 아름다웠으나 학문이 부족하다 보니 시행한 것이 지나쳐 마침내 일에 패하고 말았다. 학문에 충실하고 덕행과 기량이 이루어진 뒤에 세상일을 담당했더라면 그 이룬 바를 쉽게 헤아릴 수 없었을 것이다"라고 했다. 또 "김종직은 학문하는 사람이 아니며 그가 종신토록 했던 일은 다만 화려한 문장과 시가에 있었으니 그 문집을 보면 알 수 있다"고 평했다.

반면 서경덕은 높게 쳤다. 퇴계는 "우리 동방에는 이보다 앞서 책을 지어 이렇게까지 한 사람이 없었으니 이와 기를 밝힘에 있어서는 이 사람이 처음이다. 다만 그가 말할 때에 자부함이 너무 지나친 것을 보면 터득한 경지가 깊지 못한 것 같다" 하였다.

퇴계는 높은 관직을 지냈지만 스스로 낮추고 모범을 보였다. 고관들은 국가에 대한 의무를 대수롭지 않게 여겼지만 퇴계는 언제나 관청의 세금이나 부역도 남들보다 앞서 처리했다. 곽황이 예안의 수령으로 있으면서 남에게 말하기를 "이 고을의 세금이나 부역에 대해 나는 아무 걱정이 없다. 퇴계 선생이 온 집안사람을 거느리고 와 남보다 먼저 바치니 마을 백성들도 혹여 뒤질까 두려워한다. 그래서 한 번도 독촉하지 않아도 조금도 모자람이 없으니 내게 무슨 걱정이 있겠는가" 하였다.

선물을 주고받음에도 도리를 앞세웠다. 관가에서 교제의 예로서 보내오는 작은 물건은 애써 거절하지 않았다. 대신 받아서 주위와 나눴다. 《퇴계언행록》은 "선생이 일찍이 월란사月瀾寺. 예안의 사찰에 머물 때 작은 물고기를 보내준 사람이 있었다. 선생은 이웃 노인들에게 나누어 보낸 뒤에야 비로소 맛을 보았다"고 하였다. 음식은 허기를 면하면 그만이었다. 음식은 끼니마다 세 가지 반찬을 넘지 않았고 여름에는 건포 한 가지였다.

임금은 퇴계를 늘 가까이 두려고 했지만, 그는 벼슬을 버리고 낙향하기를 소원했다. 율곡은 "명종 말년에 소명召命이 여러 번 내렸으나 굳이 사양하고 나아가지 않았다. 명종은 이에 '어진 이를 불러도 이르지 않는다招賢不至'는 시제詩題를 내 가까운 신하를 시켜 시를 지으라 하고, 다시 화공을 시켜 그가 사는 도산을 그려서 바치게 하였으니 선생을 공경하고 사모함이 이와 같았다" 하였다.

퇴계의 외모도 언급된다. 1000원짜리 지폐에서 퇴계는 안면이 여의고 병색이 짙은 모습으로 묘사되지만 실제로는 얼굴이 그다지 갸름하지는 않았던 모양이다. 그의 손자 이안도는 "선생은 이마가 두툼하고 넓었다. 송재(숙부 이우)가 매우 아껴서 이름 대신 항상 '광상(넓은 이마)'이라고 불렀다"고 묘사했다.

언행록은 〈고종기考終記〉('고종'은 명대로 살다가 편안하게 죽어가는 것을 말한다)로 마무리된다. 병세가 완연해진 때부터 사망하기까지 한 달 동안 쓴 일기다. 선조 3년(1570) 11월 9일(음력) 제사를 지내려고 온계 이해(퇴계의 형)의 종가에서 묵다가 한질(감기)을 만났다. 제사를 지낼 때 신주를 받들고 제물을 드리는 것도 손수 하였는데 기운이 갈수록 편치

이정, 〈묵매도〉
견에 먹, 세로 30.3cm 가로 40.7cm,
국립중앙박물관 소장.

조선의 삼대 묵죽화가 이정이 그린 〈묵매도〉다. 퇴계는 몸살
에 걸려 앓아누운 지 한 달 만에 사망했다. 매화를 애지중지
했던 퇴계는 운명하는 날 아침에 매화에 물을 주라고 당부하
고 오후에 앉은 채 눈을 감았다.

않았다. 15일 병세는 더욱 악화됐지만 공부를 그치지 않았다. 기대승이 일부러 사람을 보내 편지로 문안했다. 선생이 자리에 누운 채 답장을 썼다. 치지격물致知格物의 해설을 고쳐서 자제들을 시켜 읽게 한 뒤 기대승과 정유일에게 보냈다.

12월 4일 유훈을 적게 했다. "첫째, 예장禮葬. 나라에서 지내는 장사을 하지 마라. 예조에서 전례에 따라 예장을 하겠다고 하거든 유명이라고 자세히 말해서 굳게 사양하라. 둘째, 유밀과(기름에 튀긴 과자)를 쓰지 마라. 셋째, 비석을 세우지 말고 다만 조그만 돌을 쓰되, 그 앞면에는 '퇴도만은진성이공지묘退陶晚隱眞城李公之墓'라고 써라."

그리고 퇴계는 8일, 눈을 감았다. "아침에 매화 화분에 물을 주라고 하였다. 이날은 개었지만 유시酉時. 17~19시부터 갑자기 흰 구름이 지붕 위에 모이더니 눈이 내려 한 치쯤 쌓였다. 잠시 후 선생이 자리를 바르게 하라고 명하므로 부축하여 일으키자 앉아서 운명했다."

3장
___

시대에 맞선
조선의 여인들

옛 여인, 예술혼을 불태우다

　언젠가 텔레비전 드라마에서 혜원 신윤복을 여자로 묘사한 적이 있었다. 드라마에서 신윤복은 그림을 그리고 싶어서 여자라는 사실을 숨기고 남장을 한 채 도화서(조선시대 그림 그리는 일을 담당하던 관청)에 들어간다. 화풍이 여성적인 데다 생애가 거의 드러나 있지 않아 그가 여자였을 수도 있다는 일부의 주장을 반영한 것이지만, 결론적으로 이는 전혀 사실과 무관하다. 신윤복은 위로 누나, 아래로 남동생이 있었다. 역시 도화서 화원이었던 아버지 신한평이 그린 〈자모육아도〉에 신윤복과 그 가족이 잘 묘사되어 있다.

　신윤복이 몸담았던 도화서는 남성들만의 전유물이었을까. 조선 전기 문신 성현이 쓴 《용재총화》는 놀랍게도 이 시기에 도화서에 근무했던 미모의 여성 화사畵史를 소개한다. 조선 전기를 대표하는 문장가 서거정은 젊은 시절 패거리로 몰려다니며 술을 마시고 활을 쏘면서 난동을 피우다가 사헌부에 끌려오는 신세가 됐다. 마침 그 자리에 홍천기洪天起라는 화사가 다른 일로 잡혀와 함께 조사를 받고 있었는데 홍천기의 용모가 '당대의 절색'이었다고 《용재총화》는 썼다. 서거정은 사헌부에서 홍천기와 마주하자 그 미모에 넋이 빠져 한시도 눈을 떼지 못했다. 죄를 추궁하던 대사헌 남지가 이 모습을 한심하게 쳐다보다가 "유생을 속히 놓아주라" 명했다. 그런데 풀려나온 서거정은 오히려 일찍 방면된 것을 억울해했다. "공사公事는 마땅히 범인의 말을 묻고 또 자술서를 받아서 옳고 그름을 분별한 뒤에 천천히 할 것이거늘 어찌 이렇게 급하게 하는가."

조선시대 여성 화가가 분명 실존했고 도화서에 소속된 여성 화가가 있었음을 알려주는 기록이다. 홍천기는 산수화로 이름을 떨쳤지만 화격畫格이 그리 높지는 않았다고 알려졌으며 전해지는 작품도 없다.

천재였으나 여성이라
불행했던 인물들

16세기 '여성 문인'하면 허균의 누나로도 널리 알려져 있는 허난설헌許蘭雪軒, 1563~1589을 빼놓을 수 없다. 오세창의 《근역서화징》은

3.1운동 때 33인 민족대표 중 한 명이었던 위창 오세창. 오세창은 신사임당에 필적할 여성 예술가는 없다고 했다.

"조선에서 신사임당에 필적할 여성 예술가가 거의 없다. 다만 허균의 누나인 허난설헌이 일곱 살 때 시를 잘 써서 사람들이 '여신동'이라 불렀으며 그림도 곧잘 그렸다"고 적었다. 조선 중기의 학자 이수광도 《지봉유설》에서 그녀의 재능을 높게 쳤다. "(허난설헌은) 정자(홍문관 승문원 교서관의 정9품 관직) 김성립과 혼인했는데 근래 규수 작가로 제일이다."

그러나 허난설헌의 삶은 불행했다. 남편 김성립과 사이가 좋지 못했기 때문이다. 허난설헌은 "강남에 풀은 푸르렀건만 임은 돌아오지 않네"라며 자신을 사랑하지 않는 남편을 원망했다. "허난설헌의 작품 중에는 자신을 멀리하는 남편을 그리고, 한편으로 원망하는 작품이 많다"고 《지봉유설》은 기술한다. 그녀는 요절했지만 시집을 남겼는데 중국 사람들이 그녀의 시집을 구해가지고 돌아가서 책을 출간하기도 했다.

그런데 구운몽의 저자 서포 김만중이 쓴《서포만필》은 허난설헌의 재주가 과대포장됐다는 의견을 내놓는다. "안타까운 것은 허균이 원나라와 명나라 문인들의 아름다운 구절이나 화려한 시편 중에 사람들이 거의 보지 못한 것들을 상당히 많이 채집하여 문집에 끼워넣어 허난설헌의 명성과 위세를 떠벌렸다는 것이다. 문집은 중국으로 다시 들어갔다가 전겸익(명나라 말, 청나라 초의 문인)의 남다른 감식안을 만나 속 내용이 모두 드러나 조선 사람들을 크게 부끄럽게 만들었으니 애석하도다." 실제로 전겸익은《열조시집》에서 "허난설헌의 시 '소전'이 사실은 나의 첩 유여시가 지은 것이며 허난설헌의 많은 시가 중국 시인들의 시를 모방했다"고 혹평했다. 대신《서포만필》은 광해군 때 역모 혐의로 극형에 처해진 그녀의 동생 허균의 재능을 높게 쳤다.

"허균의 감식력은 근대의 제일이었다. 택당(한문 4대가의 한 사람이었던 이식)은 매번 그의 자제들에게 '허균이 시를 잘 안다'고 칭찬했다. 그의 시는 형식과 격조는 별로 높지 않지만, 재주와 정서는 남을 뛰어넘는 면이 있다."

율곡의 어머니이자
조선 최고의 여성 화가

조선의 선비들은 역시 대스승인 율곡 이이의 어머니 신사임당申師
任堂, 1504~1551을 단연 최고의 여성 예술가로 칭송했다. 《패관잡기》를
쓴 조선 중기 학자 어숙권의 평가도 마찬가지다. "지금은 동양 신 씨
東陽申氏가 있는데 어려서부터 그림을 잘 그렸다. 포도와 산수는 절묘
해 사람들이 안견 다음간다고 평했다. 아! 어찌 부인의 필치라고 소
홀히 다뤄져서야 되겠는가. 또 어찌 부인이 마땅히 할 일이 아니라
하여 책망할 것인가."

걸출한 남성 화가들이 많았을 텐데, 당대 평론가들은 그녀의 이
름을 당당히 안견 다음에 놓기를 주저하지 않는다. 《패관잡기》는 신
사임당을 이야기하면서도 그녀의 아들이자 대학자 율곡 이이에 대
해서는 아예 언급조차 하지 않는다. 당대 신사임당의 위상이 어떠했
는지 짐작이 가고도 남는다.

작자 미상의 시화집 《좌계부담》도 신사임당을 다룬다. 이에 따르
면 그녀의 남편 이원수는 공부가 충실하지 못하고 행실도 부족한 면
이 많았다. 남편이 을사사화의 원흉 중 한 명으로 비난받은 영의정
이기李芑, 1476~1552의 문하에 출입하자 사임당은 이를 극구 만류했다.
덕분에 이원수는 선조 즉위 후 윤원형과 이기가 처벌받을 때 다행히
화를 면했다.

신사임당, 〈신사임당 초충도〉
종이에 채색, 세로 34㎝ 가로 29㎝,
국립중앙박물관 소장.

1 2
조선 최고의 여성 화가 신사
임당이 꽃과 곤충을 그린 초
충도.

그런데 정작 신사임당 본인은 명이 길지 못했다. 그녀는 죽으면서 남편에게 "내가 이미 네 명의 아들을 낳았으니 다시 장가들지 마세요"라고 당부했다. 그럼에도 이원수는 장가를 가겠다는 뜻을 밝히자 사임당은 종신토록 혼인하지 않은 증자와 주자의 예를 들며 막았다. 이와 같이 말을 하니 결국 이원수는 말문이 막혔다. 신사임당이 죽고 난 뒤 이원수는 다시 장가를 가지는 않았지만 첩을 들였다.

《근역서화징》역시 신사임당을 기록했다. 《근역서화징》은 "신사임당은 규방에 매인 몸이었지만, 그녀가 살던 당대에도 사대부 사이에서 높은 경지의 예술가로서 명성이 높았다"고 했다. 이이가 지은 《율곡집》은 "(어머니가) 어릴 적부터 바느질에 능해 수놓은 것까지 정교하고 묘하지 않은 게 없었다. 일곱 살부터 안견의 그림을 모방하기 시작해 산수화, 포도화를 그렸는데 세상에서 견줄 자가 없었다. 어머니가 그린 병풍과 족자가 세상에 수없이 전해졌다"고 기술했다.

이이의 후손들은 뿔뿔이 흩어진 신사임당의 글씨와 그림을 다시 회수해 소장하기를 소원했다. 이이의 후손 이백종은 신사임당의 〈추초군접도秋草群蝶圖〉를 어렵게 손에 넣어 노론의 영수 우암 송시열宋時烈, 1607~1689에게 발제跋題를 부탁한다. 그러자 송시열은 이를 보고 다음과 같이 말했다. "손가락으로 그려낸 것이지만 사람의 힘을 쓰지 않은 것 같다. 그림을 절대로 허술하게 보존해서는 안 될 것이다."

조선 후기 노론에서도 강경파에 속했던 서포 김만중은 신라 28대 왕 진덕여왕(선덕여왕의 사촌동생)의 글을 읽고 깜짝 놀랐다. 심지어 시

윤덕희, 〈책 읽는 여인〉
유리 건판, 세로 20cm 가로 14.3cm.
국립중앙박물관 소장.

공재 윤두서의 장남 윤덕희가 그린 그림이다.
조선시대 문장으로 이름을 떨친 여인은 손에
꼽을 만큼 극히 드물었다.

의 수준이 너무 높아 진위까지 의심한다.

"진덕여왕이 비단에 수놓아 당나라 태종에게 보낸 〈송덕시〉는 시 전체가 세련되고 우아해서 동방 이민족으로서의 기이한 풍습이 전혀 없다. 그 당시 삼한의 문자가 이와 같을 수 없었을 것이니 황금으로 중국인에게서 사온 것이 아닐까." 여기서의 〈송덕시〉는 "훌륭한 당나라가 큰일을 여니, 드높은 황제의 교화가 창성하구나"로 시작되는 〈치당태평송〉을 말한다. 이처럼 여성들의 재주는 무시되기 일쑤였다.

이제현의 손녀 경주 이 씨도 문장가로 이름을 떨쳤다. 《해동명적》에 따르면, 그녀의 외손자 좌의정 홍응이 "집안에 전해 내려오는 외조모의 시문과 필적이 한 상자 가득했다. 그러나 애석하게도 젊었을 적에 쉽게 여겨 잘 보관하지 못했다. 지금 김유가 소장하고 있는 8장의 그림을 보니 진실로 따라갈 수 없는 경지로구나" 하였다.

서경덕, 박연폭포와 함께 송도3절로 불렸던 황진이는 "청산리 벽계수야 수이 감을 자랑 마라"로 시작하는 시조 등 다수의 시조를 남겼다. 하지만 서포 김만중은 그녀의 작품을 그다지 높게 평가하지 않았다. "기녀 황진이의 시가 《속청구풍아》(세조 때부터 선조 때까지 시인들의 작품을 뽑아 엮은 책)에 실려 있기는 하지만 졸작이다. 부녀자가 쓴 시이기 때문에 사람들이 간혹 외워 전하고 있다."

말을 아는 꽃,
기생들의 슬픔

조선 중기 개성 출신의 명기 황진이는 미모와 재능, 기개를 겸비했던 조선 기생의 대표 주자다. 조선 후기 학자 이긍익의《연려실기술》은 그녀의 이면을 전한다. 황진이의 실제 이름을 '진랑眞娘', 개성여자 소경의 딸이라고 소개한다. 성품이 쾌활해 남자 같았으며 거문고를 잘 타고 노래를 잘했다. 산수를 유람하면서 놀기를 좋아해 풍악산(가을의 금강산)과 태백산, 지리산을 서슴지 않고 돌아다녔다.

혜진 옷, 때 묻은 얼굴로 이슬를 잡으면서 태연하게 거문고를 연주하고 노래했다. 우리가 잘 알고 있는 것처럼 서경덕을 사모해 그의 거처를 자주 찾았다. 그에게 갈 때면 늘 거문고를 메고 술을 걸러 갔다고《연려실기술》은 언급한다.

조선 후기의 학자 정동유의 만필집《주영편》에는 소론의 핵심 인

기생들이 그림 연습을 하는 모습
부산시립박물관 소장.

앳된 얼굴의 기생
부산시립박물관 소장.

일제강점기의 기생들. 그들은
당대 뛰어난 예술가였다.

물로 영조 때 영의정을 지낸 이광좌와 함경도 안변 기생 사이에 애틋한 사랑 이야기가 담겨 있다. 이광좌가 함경도 관찰사가 되어 안변(함경남도 원산 남쪽에 위치한 군)에 머물 때 기생을 가까이 했는데 수청을 들기에는 나이가 너무 어렸다. 이광좌는 기둥에 선을 그으면서 "키가 이곳에 이를 때까지 기다리자"고 했다. 임기를 마치고 돌아갈 때 다시 안변에 들러 그 기생을 다시 만났다. 기생은 나이가 차고 키가 이미 그 선을 넘어 드디어 수청을 들게 하였다. 이광좌는 훗날을 기약하는 징표로 그녀에게 부채를 건넸다. 기생은 관찰사의 약속을 믿고 절개를 지켰고 그렇게 몇 해가 흘렀다.

어느 날 안변의 관기 하나가 이광좌에게 만나 뵙기를 청했다. 그녀는 "몇 해 전 대감이 인연을 맺은 기생의 언니"라고 자신을 소개하면서 "동생은 부채를 보물처럼 간직하고 애써 정절을 지키면서 대감이 불러주기를 애타게 기다리다가 그리움이 도져 죽었다"며 "동생이 죽으면서 부채를 대감에게 돌려 드리라고 해서 이렇게 갖고 왔다"고 말했다. 이광좌가 부채를 펼치니 다음과 같은 시가 적혀 있었다. "기둥에 선 그은 옛 은혜 마음속 깊이 새겨, 이별할 적 넋이 사라질 듯 슬펐다오. 상자 속에 담긴 둥근 부채 한 번 보소서, 절반은 맑은 향기요 절반은 눈물일 테니."

이광좌는 매우 놀라면서 자신의 무심함을 후회했다. 그리고는 장례 비용을 넉넉히 쥐어주고 후하게 장사 지내게 했다.

의리를 지킨 기생
기생을 사랑했던 선비

조선 중기 어숙권이 지은 수필집 《패관잡기》에도 기생들이 등장한다. 서울 기생 소춘풍은 단아한 자태와 빼어난 용모로 이름을 떨쳤다. 그녀는 젊은 시절 선비 이수봉과 연인 관계였고 성종의 손자인 홍원군과도 염문을 뿌렸다. 그리고 중년에 접어들면서 최국광의 첩이 됐다.

하지만 소춘풍은 곧 큰 병이 들었다. 최국광은 죽기 전에 소원이 있으면 말해 보라고 했다. 그러자 소춘풍은 젊은 시절 첫사랑 이수봉이 보고 싶다고 고백했다. 최국광은 화를 내지 않고 묵묵히 듣기만 했다. 그는 그녀가 죽은 뒤 경기도 고양의 선영에 고이 묻어줬다. 장사가 끝나자 이번에는 홍원군이 제물을 갖고 와서 그녀에게 제사를 지내고 싶다고 부탁했다. 최국광은 담담하게 홍원군이 제사를 지낼 수 있도록 허락했다. 《패관잡기》는 최국광을 "도량이 넓다고 하지 않을 수 없는 인물"이라고 평가했다.

《패관잡기》에 따르면, 한양의 기생 상림춘은 최고의 거문고 명인이었다. 상림춘이 어느덧 일흔두 살이 됐을 때도 거문고 솜씨는 전혀 쇠하지 않았다. 다만 거문고를 타다가 옛일을 떠올리며 눈물을 떨어뜨리곤 했다. 그녀는 죽음이 임박했음을 깨닫고 자신의 모습을 세상에 남기기 위해 노비 출신의 화가 이상좌를 찾아가 자신의 모습

기생은 춤, 노래, 풍류 등으로 주연석의 흥을 돋우는 직업
이다. 천민이지만 시와 글에 능해 지식인으로 대접받는
특이한 계층이었다.

을 그려줄 것을 부탁했다. 상림춘은 이상좌가 그려준 그림을 들고 여러 사대부들에게 시를 구하러 다녔다. 옛 애인이었던 참판 신종호는 그림 위에 시를 지어주었다. 그리고 정호음도 "아리따운 꾀꼬리 같은 노래가 비 지난 뒤에 꽃 사이에 매끄럽다"는 시를 지어주었다. 여기에 많은 선비들이 화답해 그림은 큰 시축(여러 시를 적은 두루마리)을 이뤘다.

기생, 희롱하는 노리개
혹은 마음대로 안 되는 애인

인조 때 우찬성을 지낸 죽천 이덕형의 수필집 《죽창한화》는 막강한 권력을 악용해 힘없는 기생들을 골탕 먹이는 황해감사(관찰사)의 엽기 행각을 고발한다. 황해감사는 이웃의 수령과 기생들을 불러 유두놀이(여름철 동쪽으로 흐르는 물에 머리를 감는 풍습)를 열었다. 그런데 장난기가 발동한 황해감사는 기생 중 건강한 열 명을 골라 설사약을 소주에 타서 연거푸 마시게 한 뒤 한 방에 몰아넣고 문을 굳게 잠갔다. 기생들은 일시에 설사가 났고 결국 참지 못하고 방에다 연이어 실례를 했다.

똥 속에 누워서 원망하고 부르짖는 소리가 들리고 고약한 냄새는 방에 가득하여 사람들이 감히 가까이 갈 수가 없었다. 이때 감사는 수령과 함께 이것을 엿보고 손뼉을 치며 크게 웃었다. 날이 저물어 비로소 문을 열어주니 모두 똥이 몸과 발에 묻어서 모양이 귀신과 같았으므로 부끄러워 감히 얼굴을 들지 못하고 다만 울 뿐이었다. 인조반정이 일어나자 그 황해감사는 죄를 받았다고 《죽창한화》는 전한다. 이덕형은 황해감사를 지낸 경력이 있는데, 재직 당시 이이야기를 들었을 것으로 추정된다.

지방 수령들은 민생에 힘써도 모자랄 판에, 어이없게도 서로 기생을 차지하려고 볼썽사나운 다툼을 벌이기도 했다. 조선 전기 학자 이륙이 지은 《청파극담》에 따르면, 유 씨 성을 가진 임천林川.부여군수가 늙은 나이에도 기생을 관아로 불러들이는 일이 잦았다. 성씨 성의 충청수사(수군절도사)가 이 소식을 전해 듣고 이 기생을 차지하기 위해 임천으로 행차했다. 동헌에 들어서면서 기생의 안부부터물으니 모두 입을 맞춰 "병들어 죽게 됐다"고 대답했다. 이에 수사가몽둥이를 들고 아전들을 위협하자 머지않아 기생이 남루한 모습으로 수사 앞에 섰다. 수사가 명해 기생을 깨끗하게 단장시키니 과연미모가 여러 기생 중 으뜸이었다. 크게 만족한 수사는 기생을 데리고 수영으로 돌아갔다. 아끼던 기생을 빼앗겨 화가 잔뜩 난 군수는관노를 보내 기생에게 "너희 어머니가 죽었으니 돌아오라"고 전하게했다. 그러자 기생은 웃으며 수사에게 말했다. "저의 어머니는 죽지않았습니다. 제가 비록 관아에 있었으나 그것은 본심이 아니었습니다. 군수가 볼 때마다 마음이 놀랍고 끔찍했던 차에 수사께서 인연

작자 미상, 풍속화 일부
종이에 채색, 세로 39cm 가로 76cm,
국립중앙박물관 소장.

취객이 기생 앞에서 소동을 부리고 있다. 기생은 일반적으로
관에 등록된 관기를 말하는데, 국가나 지방 행사뿐만 아니라
민간의 행사에도 동원되었다.

을 맺어 고통을 면하게 해주셨습니다. 참으로 은인이십니다."

중종 때 막강한 권력을 휘둘렀던 김안로의 아들 김시金禔, 1524~1593
는 아버지가 사사된 후 벼슬길이 막히자 화가의 길을 걸었다. 유몽
인의 《어우야담》에 따르면 김시는 산수, 인물, 우마, 화조, 조충 등
여러 분야의 회화에 뛰어난 재질을 발휘해 공재 윤두서가 그를 안견
에 버금가는 화가로 평가하기도 했다. 그런데 그는 대머리였다. 늘
그막에 홍주(충청도 홍성) 수령에게 그림을 그려주고 대접을 받게 되
었다. 홍주 수령은 나이 어린 기생을 특별히 뽑아 그를 모시게 했다.
김시는 다음 날 장난기가 발동해 우두머리 기생에게 "어제 그 아이
가 늙은 중과 정을 통한다는 데 사실이냐"고 따졌다. 행수기생은 "당
치도 않은 말"이라고 발끈했고 어린 기생도 "억울하다"며 눈물을 떨
궜다. 그제서야 김시는 관을 벗고 머리를 보여주며 "내가 바로 그 중
이니라"고 놀려댔다.

충무공의 6대손 이봉상은 무과에 급제해 벼슬이 종2품 병마절도
사에 이르지만 아끼던 기생의 배신으로 최후를 맞는다. 작자 미상의
《좌계부담》에 따르면 이봉상은 훈련대장과 어영대장을 지낸 뒤 충
청병마절도사로 나갔는데, 때마침 그곳에서 이인좌의 난(영조 4년 이
인좌 등의 소론이 일으킨 반란사건으로 무신년에 발생해 '무신란'이라고도 함)이 일
어났다. 반란군은 서울을 공격하기에 앞서 충청감영에서 무기를 탈
취하기로 계획을 세웠다. 그들은 충청병마절도사 이봉상을 모시는
기생 월례에게 사주해 침소에 둔 칼을 훔쳐내게 했다. 깊은 잠에 빠

졌던 이봉상은 반란군이 쳐들어오는 소리에 놀라 칼을 찾았지만 칼은 이미 사라진 뒤였다. 이봉상은 달아나 감영 후원에 몰래 숨었으나 적에게 발각돼 죽임을 당했다. 이봉상의 비장 홍림이 병사들로부터 그를 보호하려다가 함께 살해됐다. 《좌계부담》은 "홍림이 몸으로 대장을 감싸고 덮었으나 구하지 못하고 난도질당하여 죽었으니, 아! 그 충의가 빛나는 도다"라고 적고 있다. 이순신의 후손은 기생에게 속아 달아나다가 죽었는데 그의 부하가 그런 상관을 구하기 위해 목숨을 버려 극명하게 대비된다.

요즘 남성들은 애인의 마음을 사로잡기 위해 선물공세를 펼치지만 조선시대에도 기생 애인을 두려면 별반 다르지 않았던 모양이다. 조선 말 궁궐과 관청에 각종 그릇을 납품하는 공인의 일상을 적은 《하재일기》의 저자 지규식은 엄연히 가정이 있는 가장이었지만 기생집에 소속된 애인도 있었다. 그는 장춘헌이라는 기생집의 난인이라는 기생과 각별히 가깝게 지냈다. 돈과 귀중품뿐만 아니라 생필품까지 기생에게 수시로 갖다 바쳤다.

항라(견직물의 일종) 3필을 90냥에 사서 1필은 장춘헌에 보내고 2필은 본가에 보내는 식이었다. 또 아내와 아이들이 우산동 묘소에 갔다가 날이 저물어서야 돌아왔는데, 지규식은 그 틈에 장춘헌에 가서 귀걸이를 주고 담배 한 대를 피우고 돌아오기도 했다. 그런데 장춘헌의 기생이 요구하는 게 많았던지 이별과 재회를 되풀이한다. "밤에 장춘헌에 가서 영원히 절교하고 돌아왔다"고 썼다가, 한 달 뒤 일기에는 "밤에 장춘헌에 가서 정담을 나누고 돌아왔다"고 썼다. 그는 조카가 죽은 날에도 애인의 집을 찾았다. "날이 저물어 집에 돌아오니 조카아이가 이질로 죽어서 이제 막 내다 묻었다. 놀라움을 금할 수 없으나 어찌하겠는가. 흰 모시 1필과 참빗 2개를 장춘헌에게 주려고 들렀다." 참으로 남녀 사이의 일은 알다가도 모를 일이다.

그녀들의 고단한 인생

조선시대 시집살이는 '벙어리 삼 년, 귀머거리 삼 년, 장님 삼 년'으로 대변될 만큼 혹독했다. 그래도 대궐에서 금지옥엽으로 자란 왕가의 딸들은 시집살이에서 자유롭지 않았을까. 결론부터 말하면 전혀 그렇지 않다. 조선 후기 학자 심노숭의 자서전《자저실기》에 따르면 숙정공주는 효종의 넷째 딸로 동평위東平尉 정재륜鄭載崙, 1648~1723에게 시집갔다. 그녀의 시아버지 정태화는 숙정공주를 다른 며느리들과 똑같이 대했다. 마루에 누운 정태화 곁에 공주가 무릎을 꿇고 앉아 머릿니를 잡아주었다. 나인이 입궐해 일러바치자 임금이 노해 "너무 심하다, 너무 심해"라고 하더니 조금 지나서는 "이미 남의 집 며느리가 되었으니 어쩔 도리가 없다"고 체념했다.

영조의 차녀 화순옹주는 월성위月城尉 김한신金漢藎, 1720~1758과 결

● **명나라 3대 황제 영락제**   조선은 중국 황제에 공녀를 바쳤다. 영락제도 조선 여인을
선발해 후궁으로 삼았다. 영락제는 고려 여인 공비의 아들
이라는 설이 파다했다.

혼했다. 화순옹주가 혼사를 치르고 시댁 사당에 예를 올리는데 시녀가 옆에서 부축하자 시아버지 김흥경이 예에 맞지 않는다며 이를 금지시켰다. 시녀가 "나이가 어리고 귀하신 몸이라 혼자 하지 못한다"고 했지만 끝내 허락하지 않았다. 결국 옹주는 혼자 힘으로 절을 해야 했다.

원나라는 고려 여인을 데려다 후궁으로 삼는 경우가 많았다. 원나라를 초원으로 쫓아내고 다시 중원을 차지한 명나라도 초기에는 원나라의 전통을 이어받아 조선 여인을 뽑아갔다. 어숙권의 《패관잡기》에 따르면, 명나라 3대 황제인 영락제(재위 1402~1424)는 태종 8년(1408) 사신을 보내 권 씨, 임 씨, 이 씨, 여 씨, 최 씨 등 조선 여인 다섯 명을 선발해 후궁으로 데려갔다. 영락제는 고려인이었던 공비의 아들이라는 설이 파다했다. 영락제는 다섯 명의 조선 여인 중 권 씨를 특별히 총애해 현인비顯仁妃에 제수했고 나머지는 미인美人, 소용昭容 등에 임명했으며 그녀들의 아버지와 오빠 등 가족들에게도 벼슬을 내렸다.

그런데 여 씨가 영락제의 사랑을 독차지하는 권 씨를 시기했다. 태종 11년(1411) 조선의 내시 김득金得, 김량金良과 명나라 내시 두 명과 결탁해 권 씨가 마시는 차에 비상을 넣어 죽게 했다. 권 씨를 아꼈던 황제가 이런 사실을 전해 듣고 크게 분노했다. 가담자들을 잡아들여 심문해 자백을 받아내고 모두 처형했다. 황제는 모든 일을 꾸민 여 씨를 달군 쇠로 한 달 동안 지져 죽였다.

조선 후기의 학자 정동유가 쓴 《주영편》에도 같은 이야기를 전한다. 《주영편》에 따르면, 당태종(영락제의 묘호)의 후궁 현비 권 씨는 미인이기도 했지만 재주도 뛰어났다. 시도 잘 지었을 뿐만 아니라 퉁소도 잘 불어 태종의 사랑을 받았다.

아름다운 여성, 지혜로운 여성
권력의 주변에 서다

여자 무당은 미천한 신분이었지만 권력의 배후가 되기도 했다. 《좌계부담》은 정안대군 이방원의 옆집에 살았던 '정사신파'라는 무당에 관해 자세히 다룬다. 원경왕후(태종비의 아내)가 정사신파에게 여러 번 점을 쳤으나, 그녀의 예언은 빗나가는 법이 없었다. 복채도 전혀 받지 않았다. 그녀는 "이 집 부인께서는 귀한 마님이 되실 것인데 어찌 감히 복채를 바라오리까" 했다. 원경왕후는 무당의 점괘에 따라 남편을 위기 때마다 구해낸다. "태종이 일찍이 자제들에게 '너희 어머니의 공은 왕건의 부인 유 씨에 떨어지지 않는다'라고 하였다. 아! 원경왕후가 조정의 안정을 도운 공은 참으로 신파의 조언이 크다."

중국인들은 조선 여인들을 미인으로 여겼다. 조선 후기 실학자 이익의 《성호사설》에 따르면 청나라 사신이 조선을 왔을 때 부녀자

한 명이 누각에서 발을 걷고 얼굴을 내밀어 사신 일행을 구경했다. 청나라 사신은 여인의 얼굴을 본 뒤 "조선에는 예쁜 여자들이 많다고 들었는데 참으로 그렇구나"라고 감탄했다. 이 일은 사대부들 사이에서 비웃음거리가 됐다. "여자가 담장 위에 얼굴을 내밀 때(墻上), 말을 타고 있을 때(馬上), 누각 위에 있을 때(樓上), 여행 중에 있을 때(旅中), 술에 취했을 때(醉中), 밝은 태양 아래 있을 때(日中), 달빛 아래 있을 때(月下), 촛불 아래 있을 때(燭下), 발 아래 있을 때(簾下) 아름답게 보인다는 옛말이 있다." 청나라 사신이 목격한 여성이 누각 위에 있는 데다 심지어 발 아래 있었으니 더욱 예뻐 보였던 것이라고 《성호사설》은 해석한다.

고려 32대 우왕1365~1389, 재위 1374~1388은 사냥과 주색에 빠져 헤어나질 못했다. 정치는 그를 옹립한 이인임 일파에게 일임하면서 나라의 기강이 극도로 문란해져 이성계 세력이 정권을 장악하는 데 빌미를 제공한다. 결국 우왕은 위화도 회군으로 반대파를 숙청한 이성계 일당에 의해 강제로 왕위에서 쫓겨난 뒤 유배지에서 피살된다. 그런데 우왕의 부인들은 그런 남편과는 많이 달랐다.

우왕의 제2비 영비는 고려 말 명장 최영의 딸이다. 영비는 아버지의 피를 물려받아 대쪽 같은 성품을 지녔다. 유배지까지 남편을 따라갔으며 남편이 처형된 후에는 밤낮으로 곡을 하며 곁을 지켰다. 조선 성종 때 문신 이륙의 《청파극담》에 그녀의 일화가 소개된다. "신우(우왕)가 형을 당하자 영비가 몸을 날려 구하였다. 한 아전이 그녀의 옷자락을 잡고 물리치니 영비가 '늙은 종놈 따위가 어찌하여 손으로 나를 더럽히는가'라고 크게 꾸짖으며 옷자락을 찢어버리니 보는 자들이 모두 놀랐다."

고려 말 실권자였던 이인임의 족질녀인 제1비 근비도 남편에 대한 의리를 끝까지 저버리지 않았다. "근비는 늙도록 개성 본가에 살았다. 병풍 한 폭의 살이 부러져 있어 계집종이 이를 고치려 하자 근비가 말하기를 '선왕(우왕)께서 친히 부러뜨리신 것이니 고쳐선 안 된다' 하고 기일을 맞을 때 마다 눈물을 흘리며 제사를 지냈다. 태조(이성계)께서 이 일을 전해 듣고 표창하기 위해 근비와 영비에게 각각 수신전(수절하는 미망인에게 내린 토지) 300결을 내렸다."

조선 태조 때 정2품 참찬문하부사를 지낸 조반趙胖, 1341~1401은 중국 여성과의 애잔한 러브스토리를 간직하고 있다. 그는 조선 개국 초 명나라와의 외교관계 성립에 큰 기여를 했다. 조반은 고모가 원나라 승상 탈탈脫脫의 부인이어서 어릴 때부터 고모 집에서 성장했다. 개혁을 추진하던 탈탈이 탄핵되어 유배지에서 처형되면서 조반의 운명도 바뀐다. 목숨을 부지하려면 몰래 고려로 도망쳐야 했다. 그런데 그에게는 중국에서 교제하던 미모의 여성이 있었다. 《청파극담》에 따르면 조반은 이 여인을 데리고 가려 했지만 하인이 "숨어서 달아나야 하는 판국에 사람들 눈에 띄는 미인과 동행하는 것은 말도 안 된다"고 반대했다.

조반은 누각에서 이별을 전하고 길을 떠났지만 여인 생각에 차마

〈조반 초상〉
견에 채색, 세로 88.5cm 가로 70.6cm,
국립중앙박물관 소장.

사랑했던 중국인 여성과의 가슴 아픈 사랑을 뒤로 하고
귀국한 조반은 훗날 조선의 개국공신이 된다.

발걸음이 떨어지지 않았다. 하인에게 아무래도 여인을 데려가야겠다면서 하인에게 누각에 가보라 지시하였으나 안타깝게도 여인은 이미 누각에서 몸을 던져 자살한 뒤였다. 하인은 여인의 팔찌를 빼 조반에게 전하니 통곡하면서 혼절했다. 조반은 본국에 돌아와 아내를 얻어 대여섯 명의 아들을 낳았다. 모두 높은 지위에 올라 공훈 있는 재상에 이르렀다. 공은 그 미인을 오히려 종신토록 생각하여 기일을 만나기만 하면 늘 눈물을 흘리며 제사 지냈다고 《청파극담》은 전한다.

평범한 여성들의 삶
고난과 폭력의 연속

병자호란 뒤 청나라에 끌려갔다가 속환되어 돌아온 부녀자들을 '화냥녀(환향녀還鄕女)'라고 했다. 꿈에도 그리던 고국에 돌아왔지만 그녀들을 기다리고 있는 것은 남편들의 배신이었다. 김만중은 《서포만필》에서 많은 선비들이 아내들을 내쫓은 사실을 두고 개탄해 마지않았다. "옛날 사람들은 함께 삼년상을 지냈거나 돌아갈 곳이 없는 아내는 비록 죄가 있어도 내치지 않았다. …(중략)… 오랑캐에 포로로 끌려갔던 부녀자들이 비록 절개를 잃었더라도 음란한 여인과 비교하면 사정에 차이가 있다. …(중략)… 사대부들이 의리를 생각하지

베 짜는 여인
부산시립박물관 소장.

조선 여인들의 삶은 고달팠다. 그녀들은 하루 종일 힘든 노동에 시달렸다.

않고 오로지 자신의 입장에만 유리한 계책을 세워 쓰니 이것은 사사로운 욕심이 지나친 것이다."

여성들은 자신의 의지와 상관없이 지조를 잃어버린 것이지만 철저히 외면당했다. 이처럼 사회적 약자였던 여성이 죄를 지으면 어땠을까? 남편을 죽인 사내를 흉기로 살해한 여인은 어떤 처벌을 받았을까? 논란은 있었지만 결론적으로 정당방위가 인정됐다. 조선 후기 형사판례집 《심리록》에 따르면, 정조 17년(1793) 전북 부안에서는 박조이라는 여성이 최두일을 칼로 찔러 살해했다. 그녀의 남편 김계

추가 최두일에게 맞아 앓다가 사망하자 최두일을 죽여 남편의 원수를 갚은 것이다. 요즘 형법에 의하면, 그녀가 최두일을 죽인 것은 명백한 살인죄에 해당한다. 그러나 그녀는 무죄 방면됐다. 형조로부터 이 사건을 접한 정조는 "아내에게 지아비, 자녀에게 부모는 다 같은 삼강三綱인 바, 아비가 구타당하는 것을 보고서 자식이 그 사람을 구타하여 죽게 한 경우에는 형률을 감한다는 법조문에 분명한 근거가 있다"며 박조이를 풀어주라고 판결했다.

아내의 강간범을 죽였을 때도 역시 살인죄가 성립되지 않는다. 전북 무주의 장우창은 정조 16년(1792) 자신의 아내가 배선봉에게 욕을 당한 사실을 알고서 그를 찾아가 마구 때렸다. 배선봉은 목뼈가 부러지고 뒤통수가 벗겨지는 중상을 입고 숨졌다. 사건을 조사한 관찰사는 "강간은 격분할 만하나 죽도록 때린 것은 의도적이었으니 강간이 이미 성립되었다고 하더라도 용서하기 어렵다"는 의견을 제시했다. 그러나 정조는 "강간당했다는 말을 듣고 강간한 자를 죽이려는 분노가 폭발했으니, 혈기가 있다면 누구나 그러했을 것이다. 또한 그의 아내가 스스로 증명했고 그자는 변명의 말이 없으니 강간 현장에서 체포된 것과 무엇이 다르겠는가"라고 죄인을 두둔하면서 살인죄를 적용하지 않았다.

곁들여 읽기—

유교적 굴레 벗어 던진
대학자의 아내

"서너 달 동안 홀로 잤다고 해서 고결한 척, 은덕을 베푼 듯할 요량이라면 결코 담담하고 무심한 사람이라고 할 수 없지요. 편안하고 결백한 마음을 지녀 밖으로 화사한 미색을 끊고 안으로 사사로운 생각을 없앴다면 굳이 편지까지 보내 공功을 자랑할 필요는 없을 것입니다."

조선 선조 때 대학자인 미암 유희춘柳希春, 1513~1577의 아내 송 씨(송덕봉)가 남편에게 보낸 편지다. 고향 해남에 머물던 유희춘은 쉰일곱 되던 선조 2년(1569) 11월 임금의 경연을 주관하는 홍문관 부제학의 중책을 맡아 상경해 한양에서 홀로 생활했다. 유희춘은 한양에서 혼자 지내면서 여자를 가까이 하지 않았노라고 자랑하며 그 공을 인정해달라고 했던 모양이다. 이에 대한 아내 송 씨의 답장은 이기적

● 〈미암선생 일기〉
  보물 260호, 문화재정.

미암 유희춘이 선조 원년(1567) 10월부터 선조 10년(1577)까지 11년간
적은 일기다. 조정의 공무에서 개인적인 일까지 일과와 보고 들은 것을
빠짐없이 상술하고 있다.

인 남편을 질책하는 내용 일색이다. 답장은 유희춘이 쓴《미암일기》
에 전문이 수록돼 있다.

그녀는 "예순에 가까운 나이로 이처럼 혼자 잔다면 당신의 기운
을 보양하는 데 매우 이로운 것이므로 이는 결코 제게 갚기 어려운
은혜를 베푼 것이 아닙니다"라고 꾸짖었다. 그러면서 부인은 "저는
옛날 당신의 어머니가 돌아가셨을 때, 사방에 돌봐주는 사람 하나
없고 당신은 만 리 밖 함경도 종성에 귀양 가 있어서 하늘을 향해 울

부짖으며 슬퍼하기만 했지요. 그래도 지성으로 예법에 따라 남에게 부끄럽지 않게 장례를 치렀는데 곁에서 이를 지켜본 누군가는 '묘를 쓰고 제사를 지냄이 비록 친자식이라도 이보다 더할 순 없다'고 말했습니다. 삼년상을 마친 뒤 만 리 길에 올라 험난한 곳을 고생스레 찾아간 일은 누군들 모를까요. 제가 당신에게 이처럼 지성스럽게 대한 일을 두고 잊기 어려운 일이라 하는 것입니다. 당신이 몇 달 동안 홀로 지낸 공과 제가 했던 몇 가지 일을 서로 비교하면 어느 것이 가볍고 어느 것이 무겁겠습니까"라고 했다. 송 씨는 마지막으로 "바라건대 당신은 영원히 잡념을 끊고 기운을 보양하여 수명을 늘리도록 하세요"라고 당부했다. 이 같은 부인의 질책에 유희춘의 답글이 능글맞다. "부인의 말과 뜻이 다 좋아 탄복을 금할 수 없다."

아내 송 씨는 담양에서 태어났으며 어려서부터 학문과 시문을 익혔다. 열여섯이었던 중종 31년(1536) 아홉 살 연상의 유희춘과 혼례를 올렸다. 유희춘은 양재역벽서사건(명종 2년(1547)에 윤원형 일파가 대윤 세력을 숙청하기 위해 꾸며낸 사화)에 연루돼 유배생활을 했다. 남편이 함경도 종성으로 유배 가 있는 동안 시어머니를 봉양하고 시어머니의 삼년상을 치른 후 홀로 남편을 찾아가 남편과 함께 유배생활을 견뎠다. 슬하에 1남 1녀를 뒀다. 유희춘의 일기에서 그녀는 당당하고 호방한 기상을 가졌으며 명민하면서도 서사에도 두루 능한 것으로 묘사된다.

유희춘은 '여자를 멀리하라'는 아내의 부탁에도 첩을 두었고 주변에 기생도 더러 있었다. 그는 20년간 귀양생활을 하다가 풀려났는데, 그때의 기분도 일기에 고스란히 적었다. 그런데 첩의 집에 길조가 생겨서 자신이 행운을 입었다고 이야기한다. 그가 고향으로 돌아온 선조 1년(1567) 12월 5일 일기에 "첩의 집에 그전에 죽었던 배나무가 지난 을축년(1565)에 비로소 소생해 병인년(1566)에 가지와 잎이 싹트더니 금년에는 열매를 맺었다. 이는 참으로 길조가 뚜렷이 드러난 것"이라고 했다.

그녀는 이렇듯 철 없는 남편에게 부부간에도 신의를 지켜야 한다고 일깨웠다. "내가 뜻한 바를 이루고 나서 신의를 저버리는 옛 친구를 보고 그의 신의가 부족함을 탄식하자 부인이 말하기를 '차라리 남이 나에게 신의를 저버릴지언정, 나는 남에게 신의를 저버리는 일이 없어야 하니 우리는 절대 그러지 맙시다' 하였다."

유희춘은 전라 감사에 부임해서도 기생들을 가까이했다. "옥부용玉芙蓉, 기생을 불러다가 만나봤다. 그는 임인년(중종 37년) 봄에 설서說書, 정7품 벼슬로 있을 때부터 사귀어온 친구다. 그런데 금년에는 옥경아玉瓊兒, 기생와 친밀하게 지내니 전주에 두 사람이 있게 되었다. 우스운 일이다." 앞서 남편이 전라감사에 제수됐을 때 담양의 아내 송 씨는 "정욕을 절제하여 기운을 보전하라"고 했고 유희춘은 "그러겠다"고 답했다.

선조 5년(1572) 10월 유희춘은 종2품 동지중추부사에 임명되어 부인과 함께 한양으로 올라왔다. 두 사람은 한양에서 금실이 좋았다.

유희춘은 자신의 일기에 이때를 "부인과 함께 서로 태평의 즐거움을 누리는 것을 하례하며 화기가 넘치니 금실의 어울림이 만년에 더욱 깊다"고 묘사했다.

《미암일기》에는 아내와의 이야기 외에도 동시대의 다양한 인물과 그들의 문장을 품평하는 대목도 여럿 등장한다. "승지 기대승이 회재 이언적의 행장(죽은 사람의 평생을 적은 글)을 보내왔다. 대개는 아주 좋으나 다만 가끔 허술한 곳이 있다." 또 다른 대목에서는 "내가 대궐문을 나와 퇴계 선생 댁으로 가서 묻기를 '대감께서는 주자를 대성大聖으로 생각하십니까, 대현大賢으로 생각하십니까?' 하자 퇴계 선생이 답하기를 '어떻게 성인이 되겠는가. 다만 공부가 극진한 데에 이르렀을 뿐이니 이른바 배워서 알았고 이롭게 행한 대현이라 할 수 있네' 하였다. 퇴계의 이 견해는 세속에서 크게 벗어나지 못한 것이니 유감이 아닐 수 없다"고 했다. 또 서애 유성룡에 대해서는 "수찬修撰, 정6품 관직 유성룡이 홍문관에 들어왔는데 그 학문과 문장이 정밀하고 합당했으며 사람 됨됨이도 아낄 만하여 매우 기뻤다"고 평가했다.

그는 임금을 어떻게 평가했을까. 학문에서 따라올 자가 드물었던 유희춘은 매일 새벽 임금과 고금의 학문을 토론했다. "성상(선조)이 이르기를 '누구나 자기 자신을 알지 못하오. 그대들이 보기에 내가 좋은 정치를 할 수 있겠소' 하였다. 이이가 대답하기를 '영명하신 전하께서 어찌 못하겠습니까' 하고 희춘이 나아가 아뢰기를 '전하께서는 청명하고 공정하시어 참으로 큰일을 할 성품이십니다. 다만 타고난 바탕이 고집스러워 통창(시원스럽게 넓고 환함)하지 못하신 데가 있습니다' 하였다."

《미암일기》에는 유희춘이 살던 시대의 세태도 잘 묘사되어 있다. 중국으로 가는 사신단이 물건을 잔뜩 싣고 가 장사를 하는 것이 중국에서 큰 웃음거리가 된 바 있다. 이에 관해 유희춘은 "연경으로 가는 사신이 일 년에 대여섯 번이나 돼 중국으로 가는 길 일대가 어려움을 견디지 못하고 하늘을 향해 아우성 치고 목이 메니 차마 들을 수가 없습니다. 대개 한 사신이 가는 데는 짐을 싣고 가는 말이 일백 수십 필에 이르러 중국으로 가는 길 주위에 사는 백성들은 수레조차 끌고 나오기 어렵습니다. 연경에 도착하면 그 조정에서의 대우가 유구국보다 못합니다. 그것은 유구의 사신은 짐이 적지만 우리나라 사신은 짐이 너무 많고 하인들까지 모두 무역을 하기 때문입니다" 하였다. 이에 선조가 그의 말을 받아들여 백년의 폐단을 고쳤다.

비상시를 대비해 나라에서 식량을 준비해야 하지만 조선 중기 국가 식량 비축량은 일 년치가 채 못 됐다. "일찍이 국가의 기강이 해이해져 권세를 지닌 간신들에게 뇌물을 써 창고지기가 된 자들이 쥐새끼 마냥 무수히 도적질한 데다 임술년(명종 17년, 1562) 이후로 해마다 국상이 생겨 1년 동안 사용한 쌀이 15만 섬에 이르니 이제는 비축한 쌀이 10만 섬도 채 되지 않아 매우 한심스럽다."

이 당시에는 신입 관원을 괴롭히는 관행도 널리 횡행했다. 이를

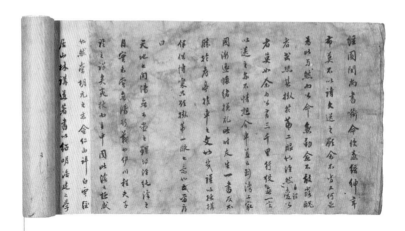

《전별시고餞別詩稿》,
종이에 먹, 세로 31.6cm 가로 208cm,
국립중앙박물관 소장.

조선시대 유력인사가 지방으로 전출 가거나 관직을 그만
두고 낙향할 때 요란한 전별식이 벌어졌다. 유희춘도 병으
로 낙향할 때 관료들이 이레나 전별식을 열어줬다.

전해 들은 선조가 크게 노해 엄단할 것을 지시했다. "주상께서 전교
하기를 '새로 급제한 사람을 4관(성균관, 예문관, 승문원, 교서관)에서 신래
新來라 지목하여 학대하고 모욕하는 등 못하는 짓이 없다. 시궁창의
더러운 진흙을 새로 급제한 이의 얼굴에 바르고 이를 당향분唐鄕粉이
라 하고 관과 의복을 찢고 더러운 물속에 밀어넣어 귀신 형상을 만
드니 차마 볼 수가 없다. 몸을 상하기도 하고 병을 얻기도 하는 경우
가 빈번할 뿐만 아니라 체모에도 손상이 참으로 많다. 만약 옛 습관
을 그대로 따르는 사람은 적발하여 죄를 다스리도록 예조에 이르노
라' 하였다."

악습은 이뿐만이 아니었다. 관료들이 사임하고 낙향할 때 전별식 또한 요란하기 이를 데 없었다. 선조 2년(1569) 9월 유희춘은 병을 이유로 세 번이나 사임장을 올렸지만 임금이 만류했다. 대신 휴가를 가라고 명했다. 그러자 조정의 관료들이 돌아가면서 전별식을 마련해주었다. 9월 21일부터 27일까지 이어진 전별식은 안주가 곁들여진 술자리가 마련된 것은 물론 기녀와 악공까지 동원됐다. 한강을 건너는 배까지 전별객들이 몰려들어 고향으로 가는 여정이 지체됐고, 끝내 아내 송 씨가 먼저 출발해버렸다. 유희춘은 선조 3년(1570) 11월에 결국 사직을 하고 낙향했다. 역시 시끌벅적한 술자리가 곁들여진 전별식이 쇄도했다.

4장

위인들의
이면을 엿보다2

바람난 위인들

　조선시대에는 성性이 남성의 전유물이었다. 당시 남성에게 외도
는 큰 흠이 아니었다. 명사들 중에서도 여색을 가까이 한 호색한
들이 적지 않았다. 조선 제3대 왕 태종 이방원의 오른팔 하륜河崙,
1347~1416은 젊은 시절 여자 문제로 곤경에 빠진 적이 있다. 성현의
《용재총화》에 따르면, 그가 예천군수로 재직할 때 관아에 소속된 기
생 모두와 문란하게 관계하다가 발각돼 벼슬길이 막힐 뻔했다. 이때
평소 하륜의 기개를 높게 산 지방감사 김주가 "한 고을에 머물러 있
을 자가 아니"라며 감싸 가까스로 위기를 모면한다. 김주는 후일 이
방원이 사병을 동원해 정도전 일파를 제거하고 실권을 잡은 '제1차
왕자의 난(1398)' 때 정도전 측 인사로 분류돼 목숨이 위태로웠다. 그
러자 김주의 아내가 말을 타고 있는 하륜 앞에 꿇어 앉아 "남편을 살

라 달라"고 간청했다. 하륜이 지난날을 떠올리고 적극 구명에 나서 김주는 목숨을 건질 수 있었다.

계유정난(1453)을 일으켜 조카를 몰아내고 왕위에 오른 세조도 잠 저 시절에는 염문을 뿌리고 다녔다. 차천로의 《오산설림초고》는 세 조가 열넷 어린 나이에 창녀 집에서 자다가 봉변을 당할 뻔했다고 적고 있다. 밤중에 창녀의 기둥서방이 문을 두드렸다. 놀란 세조가 벽을 차 넘어뜨리고는 밖으로 단숨에 도망쳤다. 기둥서방은 도망 치는 세조를 뒤쫓았고 십 리 가까이 추격전이 벌어졌다. 세조는 오 래된 버드나무 뒤에 몸을 숨겼는데 세조의 종적을 찾지 못한 사내 는 욕을 해대면서 결국 되돌아갔다. 얼마 뒤 한 사람이 문을 열고 나와 하늘을 바라보더니 "자미성紫微星이 유수柳宿, 동방의 28개 별자리 중 24 번째 별자리를 거쳤으니 임금이 버들에 의지한 상이로다. 매우 이상한 일이군"이라며 혼자 중얼거렸다. 세조가 다음 날 알아보니 그 사람 은 관상감(기상대)에 근무하는 관리였다. 후일 왕이 된 후 이때의 일 을 기억해 관상감 관리를 찾았으나 이미 죽은 지 오래였다. 대신 자 손에게 후한 상을 내렸다.

처갓집 여종과 바람피우다가
장인 권율에게 걸린 이항복

음담패설을 모아놓은 《고금소총》에도 명사들이 부지기수로 등장한다. 백사 이항복은 한음 이덕형과의 돈독한 우정을 소재로 한 '오성과 한음 설화'의 주인공이자 조선 선조 대의 명신 중 한 사람이다. 그는 스물다섯 살 되던 선조 13년(1580)에 문과를 병과(3등급 중 3등급)로 턱걸이하면서 어렵게 벼슬길에 올랐다. 그러나 이후 관료로서 두각을 드러낸다. 선조 22년(1589) 예조정랑으로서 정여립의 옥사를 잘 수습해 평난공신이 됐고 임진왜란 때는 피난 간 선조를 호종했으며 명나라에 지원군을 요청하기도 했다. 선조의 신임이 두터워 전쟁 중 5번이나 병조판서를 지냈으며 전란이 수습된 선조 32년(1599)에는 우의정, 그 이듬해 영의정에 올랐다. 그는 서인에 속했지만 당파에 초연했으며 문장에 뛰어나 다수의 시와 저술을 남겼다. 청빈한 삶을 살아 '청백리淸白吏'에도 봉해졌다.

《고금소총》에 따르면, 이항복은 도원수 권율의 딸과 결혼하면서 데릴사위로 처가에 들어간다. 그런데 이항복은 부인을 놔두고 미모의 여종에 한눈을 팔았다. 이항복은 장인에게 조용한 곳을 얻어 독서에 전념하려 한다고 청해 허락을 받아냈다. 이항복은 독서를 핑계로 얻은 집에 시시때때로 처갓집의 여종을 불러들였다. 뒤늦게 내막을 알아차린 권율이 사람들을 이끌고 현장을 급습하자 때마침 여종

도원수 권율의 집터 ●

사직터널 위 성곽길을 따라 인왕
산으로 오르다보면 커다란 은행
나무가 보이는데, 그 은행나무 밑
이 바로 권율의 집터였다. 동네의
이름, 행촌동이 권율의 집터에 있
던 이 은행나무에서 유래했다고
전해진다.

과 함께 정사를 벌이던 이항복은 다급한 나머지 여종을 이불로 감싸
덮었다. 방을 둘러보던 권율이 "당장 이불을 치워라" 하고 명했다.
하인들이 명에 따라 이불을 들어올리자 여종이 이불 속에서 툭 떨어
졌다. "벌거벗은 여자를 감추는 게 과연 어렵소이다"라고 이항복이
능청스럽게 웃자 권율도 할 말을 잃은 채 따라 웃고 말았다.

　이항복은 또한 어느 날 송강 정철, 서애 유성룡, 월사 이정구, 일
송 심희수와 서울 교외로 나가 술판을 벌였다. 술이 제법 거나해지
자 누군가 "세상의 소리 중 무엇을 최고로 치는가" 물었다. 정철은

가사문학의 대가답게 "밝은 달 아래 누각 꼭대기를 지나가는 바람" 이라고 했고 이정구는 "산속 초가에서 선비의 시 읊는 소리"라고 했으며 심희송은 "붉은 단풍에 스치는 원숭이 울음"이라고 했다. 모두들 고상한 말을 읊고 있는데 마지막에 나선 이항복이 "첫날밤 미인의 치마끈 푸는 소리만큼 듣기 좋은 소리가 세상에 어디 있겠소"라고 하자 너나 할 것 없이 폭소가 터졌다.

낮에는 정승에 유학자
밤에는 희대의 호색한

선조 때 이조판서를 지낸 송언신宋言愼, 1542~1612의 일화는 엽기 그 자체다. 선조 10년(1577) 문과에 급제한 그는 이황의 문인으로 당쟁의 선봉에 서서 서인을 공격했다. 그래서 그에 대한 사관들의 평가는 매우 비판적이다. 실록은 "그의 사람됨이 음흉하고 교활하며 탐욕스럽고 비루하다. 음탕하고 상스러운 행실이 많아 교양 있는 사람은 더불어 교제하는 것을 수치로 알았다"고 논평한다.

《고금소총》에는 그가 여색을 밝혀 평생에 천 명을 채우겠다고 늘 호언장담하고 다녔다는 이야기가 전해진다. 책은 송언신이 병든 노파나 행상하는 여자, 나물 캐는 여자까지 가리지 않고 겁탈했다고 소개한다. 그가 관찰사 때 관동지방을 순찰하다가 원주의 한 고을

<**송언신 초상**>
비단에 채색, 세로 167cm 가로 93cm,
경기도박물관 소장.

선조 때 이조판서를 지낸 송언신의 《고금소총》 속 일
화는 엽기 그 자체다. 그는 여색을 밝혀 평생 천 명을
품겠다고 하며 병든 노파나 행상하는 여자, 나물 캐
는 여자 등을 가리지 않고 겁탈했다.

호장(향리의 우두머리) 집에 머물게 됐다. 송언신은 호장의 딸이 마음에 쏙 들었다. 딸은 자꾸 추파를 던지는 관찰사의 행동이 미심쩍어 제 어미와 잠자리를 바꿨다. 야심한 밤에 송언신이 어미를 딸로 잘못 알고 덮쳤다. 어미가 "도둑이야" 소리치려고 하자 송언신은 "나는 관찰사지, 도둑이 아닐세"라고 말했다. 어미는 관찰사의 위세에 눌려 아무 말도 하지 못했다. 이 일이 있은 뒤 호장이 이웃에게 행패를 부렸는데, 그 모습을 본 사람들은 "너의 하는 행실이 이와 같으니 네 마누라가 관찰사에게 당해도 싸다"고 꾸짖었다.

묵재 홍언필洪彦弼, 1476~1549과 인재 홍섬洪暹, 1504~1585은 '부자 영의정'으로 명성을 떨쳤다. 인종 때 영의정을 지낸 묵재 홍언필은 재물을 멀리한 원칙주의자였다. 자식들조차 옷을 갖추지 않고서는 만나지 않을 만큼 법도를 엄격히 지켰다. 선조 때 영의정을 3번이나 중임한 아들 홍섬 역시 경서에 밝았으며 가풍을 이어받아 검소하기까지 해 뭇사람들의 존경을 받았다.

그런데 《고금소총》에는 이들 부자의 전혀 다른 모습이 소개된다. 홍섬은 여종들과 무분별하게 어울렸다. 한여름 밤 여종들이 방에 흩어져 자고 있었는데 홍섬은 알몸으로 자신의 방에서 몰래 나와 평소 눈여겨보았던 여종을 찾기 위해 여종들의 방을 살금살금 기어다녔다. 아버지 홍언필이 인기척에 깨 그 광경을 지켜봤다. 그리고 "아들이 장성한 줄 알았더니 이제 막 기어가는 것을 배운 모양이구나"고 소리쳤다. 깜짝 놀란 홍섬은 놀라 달아났다.

박순은 조선 중기 율곡 이이, 우계 성혼 등과 비견될 만큼 학식이 높은 대유학자였다. 그는 명종 8년(1553) 정시문과에 장원한 뒤 요직을 두루 거쳤고 선조 5년(1572) 영의정에 올라 15년간 재직했다. 성리학, 그중에서도 주역에 조예가 깊었고 문장과 시에 뛰어났으며 글씨도 잘 썼다. 율곡, 우계와 깊이 교유해 사람들은 세 사람이 용모는 달라도 마음은 하나라고 칭송했다. 그런데 《고금소총》에서의 박순은 여자를 밝혀 밤이면 집안의 지체 낮은 사람들이 기거하는 행랑방을 전전하는 인물로 묘사된다. 박순은 여러 계집종 중에서도 처가에서 데려온 '옥'이라는 이름의 계집종을 유독 가까이 했다. 그런데 그 계집종의 용모가 매우 추했다. 박순은 처가에서 재산을 배분할 때도 다른 재산은 마다하고 계집종만 고집했다. 그러다 보니 그들의 관계가 세인의 입방아에 자주 올랐다. 친구가 이런 소문을 전하자 박순은 근엄한 목소리로 "아직 《예기禮記》를 읽지 않았는가, 군자는 항상 옥으로 만든 장신구를 몸에 지니고 걸음을 걸을 때마다 옥이 부딪치는 소리를 내야 한다(君子玉不去身)는 말을 어찌 모른단 말인가"라고 되레 큰소리를 쳤다.

세종 때 무인 김효성은 야인정벌에 혁혁한 공을 세워 그 공로로 병조판서를 지냈고 계유정난 때도 수양대군이 김종서를 제거하는 데 적극 협력해 정난공신 1등에 봉해졌다. 이륙의 《청파극담》에 따르면 무인 기질이 강했던 그는 못 말리는 호색한이었다.

김효성은 여자가 많았는데, 그의 부인 또한 투기가 대단히 심했

● **명종·선조 대 문신 박순 초상** 영의정에까지 올랐던 박순은 성리학에도 조예가
깊었다. 그런데 《고금소총》은 그런 그가 못말리는
호색한이었다고 언급한다.

다. 어느 날 공이 밖에서 들어오다가 부인 곁에 검은색 모시 한 필이 있는 것을 보고 "이 검은 베는 어디다 쓸 것이길래 부인 자리 곁에 놓았소?" 하고 물으니 부인은 정색을 하고 "당신이 여러 첩한테 빠져서 마누라를 원수같이 대하시므로 저는 결연히 중이 될 마음으로 모시를 물들여 왔소이다" 하였다. 공이 웃으며 "내가 여색을 좋아하여 기생, 여의사부터 양가의 규수, 천한 사람, 코머리(관기의 우두머리 또는 주모), 바느질하는 종 할 것 없이 얼굴이 곱기만 하면 꼭 사통해왔으나 여승은 아직 한 번도 가까이 해본 적이 없소. 부인이 여승이 되겠다니 내가 진정 원하던 것이오" 하니 부인은 말 한마디 못하고 승복을 내동댕이쳤다.

80년을 혼자 산 부마,
알고 보니 정력의 화신

효종의 사위 박필성은 당시로써는 기록적이라고 할 수 있는 아흔여섯까지 장수를 누렸다. 그는 효종과 안빈 이 씨의 딸 숙녕옹주와 혼례를 올려 금평위에 봉해졌다. 그런데 숙녕옹주는 불행히도 스무 살 꽃다운 나이에 천연두로 목숨을 잃는다. 부마는 한 번 왕의 딸과 결혼하면 평생 다른 여자와 결혼할 수 없다. 부마에게는 재혼과 축첩이 법으로 금지됐던 것이다. 그 역시 옹주가 죽은 뒤 80년간 홀로

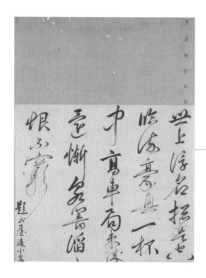

효종, 〈효종어필 칠언시〉
보물 제1628호, 세로 43.6cm 가로 50.9cm,
국립중앙박물관 소장.

박필성은 효종의 딸 숙녕옹주와 결혼
했지만 아내가 천연두로 일찍 사망한
후 80년을 홀로 살았다. 그러나 그는
정력의 화신이었다.

살았다. 영조 17년(1741) 영조는 박필성에게 궤장을 하사하여 그의
공을 치하했다. 그러나 작자 미상의《좌계부담》에 따르면, 그의 실
제 생활은 결코 모범적이지 않았다. 그는 정력의 화신이었다. "백 살
이 가까운 나이에도 이틀에 한 번꼴로, 사랑을 나누었으니 그의 너
무나 뛰어난 정력을 어찌 일반 사람들과 비교할 수 있겠는가."

이들과 달리 예종의 친아들이었지만 사촌형 성종에게 보위를 양
보해야 했던 '비운의 왕자' 제안대군은 여색을 멀리했다.《용재총화》
는 제안대군을 다음과 같이 평가한다. "음식과 남녀의 교정交情은 사
람들의 큰 욕망인데 지금 색을 모르는 사람이 셋 있다. 그중 한 명이

제안대군 묘지명
1656년, 도자기, 세로 22.7cm 가로 18.7cm,
국립중앙박물관 소장.

성종에게 보위를 양보했던 제안대군
은 더럽다는 이유로 여자를 멀리했다.
제안대군은 미인을 부인으로 뒀지만
같이 마주앉지도 않았다고 했다.

제안대군이다. 그는 대단히 아름다운 아내를 두었으나 부녀자는 더
러우니 가까이 하지 말아야 한다며 부인과 마주앉으려고도 하지 않
았다."

야사에 의하면 제안대군은 육체적으로는 전혀 이상이 없었지만
희한하게도 여성의 성기를 혐오하는 증세가 있었다고 한다. 그런 까
닭에 자식은 두지 못했으며 성종을 비롯해 조카 연산군, 중종 등 역
대 왕들과 사이가 좋아 천수를 누렸다.

무소불위 세조의 남자들,
일백 번 고쳐 죽은 충신들

세조 2년(1456) 성삼문, 박팽년 등이 단종 복위를 도모하다가 발각된 사육신 사건은 단종의 목숨까지 앗아간다. 단종이 역모 죄를 쓰고 죽은 만큼 부인 정순왕후 송 씨 역시 천민 신분으로 전락하는 게 마땅했다. 그런데 친구와 주군을 배신하고 세조 편에 섰던 신숙주가 뻔뻔하게도 세조에게 정순왕후를 자신에게 달라고 요구했다는 기록이 전한다.

정순왕후는 상당한 미인이었다. 신숙주는 그녀의 뛰어난 미모에 이끌려 한때 주군으로 모셨던 단종 부인을 첩으로 삼으려고 했다고 김택영의 《한사경》은 기술한다. 그러나 세조는 이런 신숙주의 요구를 묵살했다. 어린 조카를 죽인 비정한 세조였지만 차마 조카며느리까지 첩으로 내어줄 수는 없었던 모양이다. 세조는 그래도 안심이

〈신숙주 초상〉
비단에 채색, 세로 167㎝ 가로 109.5㎝,
보물 제613호, 고령 신 씨 문중 소장.

신숙주는 세조에게 단종의 부인 정순왕후를
첩으로 달라고 요구해 논란이 됐다.

단종릉(장릉)
강원도 강원도 영월군 영월읍 영흥리. 문화재청.

단종릉은 시체가 없는 가짜 무덤이다. 이기는 《송와잡설》에서 금부도사가 단종을 목 졸라 죽였고 시체는 승려가 가져갔다고 했다.

안 됐는지 "정순왕후가 정업원(남편을 잃은 후궁이 거처하는 사찰)에 살게 하라"고 특명을 내렸다.《한사경》은 "좌의정 신숙주가 노산군(단종)의 부인(정순왕후)을 자신에게 노비로 달라고 주청했으나 세조는 이를 윤허하지 않았다. 논하여 말하노니 세조가 조카를 죽이고 여러 아우를 살해하여 임금의 지위를 훔친 것은 영원히 남을 큰 죄악이다. 그러나 신숙주가 단종의 비를 달라고 청한 것은 간악한 것 중에서도 더욱 심한 것이다. 비록 신숙주의 후손이 후대에 걸쳐 창성하였다고 하지만 그의 악명이 천지와 함께 존속되어서 큰 강과 바다로도 씻을 수 없으니 '음란한 자에게 화를 준다'는 천도天道의 진리가 틀렸다고 말할 수 있을 것인가'라고 썼다. 윤근수의 《월정만필》에도 같은 이 야기가 전해진다. "노산왕의 비 송 씨는 적몰돼 관비가 되었다. 이에 신숙주가 송 씨를 공신의 여자종으로 받아내려고 왕에게 청했다. 광 묘(세조)가 그의 청을 허락하지 않고서 얼마 만에 궁중에서 정미수(시 누이 경혜공주의 아들, 즉 문종의 외손자)를 양육하게 했다." 뿐만 아니라 이 긍익의 《연려실기술》에도 동일한 내용이 나온다. "노산의 왕비 송 씨 가 관비가 되니 신숙주가 여종으로 삼으려 했다. 그러나 세조가 그의 청을 물리치고 단종 비에게 궁중에서 정미수를 기르도록 명했다."

중종 18년 그녀는 82세를 일기로 한 많은 생을 마감했다. 정순왕 후는 죽어서도 남편과 만나지 못했다. 그녀는 단종의 묘가 있는 강 원도 영월(장릉)이 아닌 경기도 남양주(사릉)에 묻혔다.

놀랍게도 공신이 왕의 후궁을 첩으로 하사받은 사례가 있기는 하 다. 이기의 《송와잡설》에 따르면, 성희안은 박원종, 유순정과 함께 '중종반정의 삼대장'으로 불렸다. 그는 연산군이 주색에 빠져 정사 를 소홀히 하는 것을 훈계하다가 말직으로 좌천됐다. 거사 후 일등 공신이 됐지만 공을 박원종과 유순정에게 모두 양보했다. 하지만 그 는 인생에 큰 오점을 남긴다. 연산군의 후궁을 첩으로 달라고 해 데 리고 산 것이다. 《송와잡설》은 "섬기던 임금의 후궁을 첩으로 삼는 것은 차마 할 수 없는 일이다. 성희안의 공이 작은 것은 아니지만 그 가 지은 죄는 천지에 가득하다"고 논평한다.

세조의 편에 선 무리
권세를 남용하다

세조의 편에 섰던 신숙주는 막강한 부와 권력을 보장받았고 그의 가문 역시 번성했다. 《송와잡설》에 따르면 신숙주의 둘째 아들 신면은 아버지의 후광에 힘입어 젊은 나이에 함경도 관찰사에 임명된다. 그러나 세조 13년(1467) 함경도 지방의 호족 이시애가 반란을 일으켰을 때 죽임을 당한다. 반군이 쳐들어오자 대청 위 다락방으로 피한다. 적군들이 관찰사를 찾지 못해 돌아가려던 차에 아전 하나가 신면이 숨은 곳을 알려줘 화를 입는다. 신면이 피살됐을 당시 5살에 불과했던 그의 아들 신용개는 그래서 할아버지 신숙주 슬하에서 컸다. 성장하면서 그는 꼭 아버지 원수를 갚으리라 다짐했다. 그래서 여러 차례 함길도에 가서 아버지를 고발한 아전의 이름과 외모를 자세히 파악해뒀다. 성종 19년(1488) 별시문과에 병과(3등급 중 3등급)로 급제해 정4품 벼슬에 오른 신용개는 아버지를 밀고해 숨지게 한 아전이 한양으로 오고 있다는 소식을 전해 듣고 친구와 함께 도끼를 들고 그가 묵고 있는 곳으로 찾아간다. 친구를 시켜 아전을 불러낸 뒤 신용개는 뒤에서 도끼로 원수를 찍어 죽였다. 이 살인사건은 목격자가 없어 미제 사건으로 남는다. 이후 신용개는 대제학, 이조판서를 거쳐 우의정에 이른다.

반면 신숙주의 넷째아들 신정은 만용을 부리다가 처형된다. 그는 사찰 노비가 부유한 것을 알고 자신의 종으로 만들기 위해 옥새를 위조해 문서를 만들었다가 적발돼 옥에 갇혔다. 성종이 친히 의금부에 거둥해 "뉘우친다면 네 부친의 공로를 생각해 석방할 것"이라고 설득했지만 귀하게만 자랐던 신정은 뉘우치기는커녕 격분해 "억울하다"는 말을 되풀이했다. 성종은 "어리석은 고집쟁이로구나"고 개탄했다. 결국 신정은 재상의 신분으로 옥새를 위조한 죄로 사사됐다.

《송와잡설》은 홍윤성도 거론한다. 세조의 핵심 공신 중 한 명인 홍윤성은 성질이 사나워 사람들을 능멸했으며 제 성미에 맞지 않으면 아무나 예사로 죽였다. 세조가 그의 공을 높게 사 처벌하지 않자 더욱 기고만장해 조정에서도 그를 건드리는 사람이 없었다. 그가 이조판서로 있을 때 숙부가 아들의 벼슬을 청탁했다. 홍윤성은 땅을 주면 그렇게 하겠다고 했다. 이에 숙부는 "내 덕분에 10여 년이나 잘 먹고 살았는데도 벼슬 하나 안 주느냐"고 따졌다. 화가 난 홍윤성은 숙부를 때려죽이고 산속에 묻어버렸다. 숙모가 억울한 사정을 관청에 고했지만 형조, 사헌부 모두 홍윤성의 권세가 두려워 사건을 맡으려 하지 않았다. 숙모는 세조가 온양온천에 행차하기를 기다렸다가 사건의 전모를 고해 바쳤다. 세조는 크게 화를 냈지만 홍윤성을 처벌하지는 않고 대신 그의 하인 10명에게 벌을 주는 선에서 마무리 지었다.

세조의 장자방 한명회도 잔인한 인물이었다. 《어우야담》에 따르면 한명회는 부하들이나 노복들이 죄를 지으면 기둥에 묶어 놓고 활을 쏘았다. 술에 취해 활을 쏘다가 조는 틈에 죄인이 밧줄을 풀고 도망치는 일도 있었다. 그는 정강이뼈가 아픈 병을 앓았는데 통증을 참을 수 없게 되자 종에게 바위로 정강이를 부러뜨리도록 했다. 주저하는 종을 향해 활을 빼어들자 종은 어쩔 수 없어 돌을 들어 정강이 위에 내려쳤다. 한명회는 결국 이 일로 죽었다.

사육신의 뒷모습과
살아남은 자들의 한

패자의 뒷얘기는 비참하다. 《송와잡설》에 따르면 단종은 승하한 뒤 시체마저도 잃어버렸다. 강원도 영월군 영월면 영흥리에 단종의 능(장릉)이 조성돼 있지만 시체가 없는 가짜 무덤이다. 단종은 숙부 세조에게 왕위를 빼앗기고 영월로 귀양 갔다. 사육신이 세조를 죽이려다 실패한 뒤 금부도사가 단종을 처형하기 위해 급파됐다. 단종은 매일 아침 대청에 나와 곤룡포를 입고 걸상에 걸터앉아 있었고 사람들은 그런 모습을 보고 마음 아파하고 있었다. 금부도사가 이를 보고 겁이 나 감히 손을 쓰지 못하고 있었는데 형 집행이 늦어지는 것에 대한 질책을 우려해 긴 끈을 단종의 목에 묶고 창을 통해 잡아당겨 결국 목 졸라 죽였다. 단종이 죽자 염습도 하지 않고 관도 없이 그냥 시체를 짚으로 덮어놓았다. 그런데 밤에 젊은 승려가 와서 시체를

하위지, 《단계선생 유고》
종이에 먹, 세로 26.7㎝ 가로 17.8㎝,
국립중앙박물관 소장.

사육신 하위지는 단종복위를 꾀하다가 실패해 친국을 받고 거열형에 처해졌다. 고향 구미에 머물던 아들들도 사약을 받고 죽었다.

지고 도망가버렸다. 어떤 이는 승려가 산골짜기에서 태워버렸다고 하고 어떤 이는 강물에 던져버렸다고 했지만, 김종직은 후자가 그럴듯하다고 말했다. 따라서 단종 무덤은 거짓으로 장사한 것일 뿐이다. 《송와잡설》은 "세조의 일당들이 저지른 일로 단종의 혼은 지금도 의지할 곳 없이 떠돌아다닐 것이니 진실로 애달프다"고 적었다.

또 사육신 중 한 사람인 하위지가 처형되고 나서 그 가족들도 다른 사육신 가족들처럼 연좌법이 적용돼 죽거나 노비가 됐다. 당시 하위지의 가족들은 고향인 구미에 있었다. 《송와잡설》에 따르면, 조정에서 금부도사가 내려오자 큰아들 하호는 땅에 엎드려 아무 말도 하지 않았다. 둘째 아들 하박은 스무 살도 안 된 나이였음에도 두려워하는 빛이 전혀 없이 도사에게 "모친에게 작별인사를 해야 하니 형 집행을 잠시만 늦춰 달라" 말하고 모친 앞에 꿇어앉아 "아버님이 이미 돌아가셨으니 자식으로서 조정의 명령이 없더라도 죽어 마땅합니다. 다만 누이동생이 천한 종이 되더라도 개돼지 같은 행실은 하지 말게 하십시오"라고 당부했다. 그는 어머니에게 두 번 절하고 나와 형과 함께 형을 받았다. 사람들은 그 아버지에 그 아들이라며 칭송했다.

단종의 누나 경혜공주는 어떻게 됐을까. 남편 정종(영양위)은 유배 갔다가 그곳에서 세조 7년(1461) 승려 성탄 등과 반역을 도모하다가 발각돼 능지처참에 처해진다. 경혜공주는 남편이 처형된 뒤 적몰되어 순천의 관비가 되었다. 무인이었던 순천부사 여자신은 그녀를 관비로 부리려 했다. 이에 공주가 곧장 대청에 들어가서 의자에 앉아서 말하기를 "나는 왕의 딸이다. 내 비록 죄가 있어 정배되었지만 어찌 수령 따위가 감히 나에게 관비의 일을 시키는가" 하여 결국 일을 시키지 못했다.

남편이 죽었을 때 경혜공주는 아들 정미수를 임신하고 있었다. 과연 공주와 정종의 유복자는 관노의 삶을 살았을까. 일단 실록은 정종이 죽은 후 경혜공주가 머리를 깎고 여승이 됐고 무척 가난하게 살았다고만 기술한다. 그러나 한국학중앙연구원이 공개한 해주 정씨 대종가 분재기分財記(경혜공주의 재산 상속 기록)를 보면 경혜공주가 생

〈김시습 초상〉
비단에 채색, 세로 72cm 가로 48.5cm,
보물 제1497호, 부여 무량사 소장.

김시습은 세조가 단종을 내쫓자 삭발중이 됐다. 그리고
그는 세상을 떠돌며 세조의 편에 선 명사들을 모욕했다.

전에 공주 신분을 그대로 유지했던 것으로 확인된다. 그녀가 죽기 사흘 전인 성종 5년(1474) 음력 12월 27일, 제작된 분재기에 '경혜공주지인敬惠公主之印'이라는 붉은 도장이 찍혀 있다. 여러 자료들을 종합해볼 때 남편의 처형과 함께 공주가 일시적으로 천민이 되었지만 세조의 배려로 곧 풀려나 과거의 신분을 회복한 것으로 추측된다.

윤근수의 《월정만필》은 생육신 가운데 한 사람인 김시습金時習, 1435~1493 행적도 자세히 다룬다. 그는 어린 시절부터 세종대왕이 따로 불러 선물을 줄 정도로 신동으로 명성이 자자했다. 하지만 세조가 단종을 내쫓고 왕위를 빼앗자 삭발하고 중이 돼 세상을 떠돌았다. 그는 성격이 괴팍해 명사들을 모욕하고 다녔다. 조선의 대문호 서거정도 예외가 아니었다. "동봉(김시습)이 성안에 들어오면 번번이 향교동(종로구 교동)에 묵었다. 서거정이 찾아가면 벌렁 드러누워서 발장난을 하면서 이야기했다. 이웃 하인들이 모두 이르기를 '김 아무가 서 정승을 예우하지 않고 이처럼 모욕을 주었으니 다음에는 반드시 오지 않을 것'이라고 했다. 그러나 며칠 만에 서 정승은 다시 찾아왔다."

송광사 주지 조우는 재상 노사신에게 글을 배웠다는 이유로 김시습에게 여러 차례 봉변을 당했다. 조우는 수락산에 머물던 김시습을 찾아갔다가 심한 놀림을 받았다. "(김시습은) 종에게 밥을 지어서 (조우에게) 먹이도록 했다. 조우가 밥을 뜰 적마다 김시습은 발로 땅 위의 먼지를 일으켜서 숟가락 위에 날아들게 했다. 조우가 '생원은 밥을

지어서 내게 주고서 먹지 못하게 하니 무슨 생각이오'하고 묻자 김
시습은 '네가 노 아무개에게 글을 배웠으니 어찌 사람이냐'라고 했
다."

잊힌, 그러나
미친 존재감의 인물史

실록은 지배자들의 역사다. 그러나 여러 고전은 실록에 등장하지 않는 인물들의 이야기도 다룬다. 안용복安龍福. 생몰미상이 없었다면 오늘날 우리가 과연 독도의 소유권을 주장할 수 있었을까. 이익의 《성호사설》은 안용복의 일화를 자세하게 기술한다. 울릉도와 그 부속도서인 독도를 실질적으로 우리 땅에 편입시킨 안용복은 경상도 동래부 소속의 노 젓는 일개 군졸에 불과했다. 그런데 그는 왜인들이 울릉도를 자신들의 땅인 양 침범하는 것을 목격하고 울분을 참지 못해 죽음을 무릅쓰고 일본 본토로 직접 찾아갔다. 왜관을 출입해 일본말에 능숙했던 그는 자신을 울릉도 수포장(범인을 체포하는 장수)이라고 소개했다. 구금도 당했지만 호키주伯耆州 태수를 만나 "양국 간 우호를 두텁게 하기 위해 침략을 마땅히 금지해야 한다"고 설득해, 다

독도(천연기념물 제336호) 전경
문화재청.

오늘날 우리가 독도 소유권을 주장할 수 있는 것은 미천한 신분의 안용복 덕분이다. 그는 위험을 무릅쓰고 독도를 지켰지만 당시 조정에서는 참형에 처하려고 했다.

시는 울릉도에 일본인들이 발을 들여놓지 않겠다는 다짐을 받아낸다. 숙종 21년(1695)의 일이다. 안용복이 귀국해 조정에 그간의 사정을 알리자 나라에서는 상을 내리기는커녕 어이없게도 다른 나라 국경에 침범해 분쟁을 야기시켰다는 죄목으로 참형에 처하려 했다. 시조 '동창이 밝았느냐'의 작자 남구만이 극구 만류해 겨우 죽음만은 면할 수 있었다. 조정에서는 안용복을 사형시키지 않았지만 죄를 물어 귀양 보냈다. 성호 이익은 이 같은 처분에 비분강개하여 "여러 대를 끌어온 분쟁을 그치게 했으며 한 고을의 땅을 회복했다. 안용복은 미천하지만 만 번 죽을 계책을 내어 국가를 위해 강한 적과 대항했다. 조정에서 그의 기상을 꺾어버리기에 여념이 없었으니 애통한 일"이라고 탄식한다.

달려드는 호랑이를 죽여 임금을 구했다면 상을 받을까, 처벌을 받을까. 이유원의 《임하필기》에 따르면, 조선 태종 때 대궐 안에 호랑이가 침범해 임금을 덮칠 뻔했다. 호위무사 김덕생이 100보 밖에서 재빨리 활시위를 당겨 호랑이를 즉사시켰다. 임금이 크게 기뻐하며 좌명공신 3등을 하사했다. 그런데 이튿날 조정의 여론이 이상한 방향으로 흘러갔다. 대간들이 임금을 향해 활을 쏜 것이라며 죄를 물어야 한다고 소동을 피웠다. 김덕생은 "솜씨가 완벽해 감히 활을 쏜 것"이라고 항변하면서 호랑이 그림에 백 발의 화살을 쏘아 모두 명중시켜 보였다. 그러나 결국 그는 벌을 받고 만다. 세종대에 이르러서야 김덕생의 억울함을 풀어주고 토지와 노비를 하사했다.

노비였으나 천재 시인,
권력의 주변에 서다

천민이었던 백대붕은 천재 시인이었지만, 신분제의 한계에 부딪혀 제대로 능력을 발휘하지 못한 채 죽었다. 이익의 《성호사설》에 따르면 백대붕은 전함사戰艦司(조선시대 전함을 수리하고 관리하는 일을 맡아보던 관청)의 노비였다. 그는 자신의 시에서 "백발로 풍진을 무릅쓰는 종의 신세"라고 한탄했다. 백대붕은 벼슬이 종2품 가의대부에 오른 유희경과 절친한 사이였다. 두 사람이 주고받은 시가 한 질이나 됐으며 당시 공경대부도 백대붕의 문장에 감탄해 그를 함부로 대하지 못했다고 한다. 백대붕은 일본통이었지만 임진왜란 때 순변사 이일의 휘하에서 상주전투에 참전했다가 전사했다. 이익은 백대붕에 대해 "천인은 아무리 기이한 재주가 있더라도 과거에 응시하지 못한 채 한평생 천인으로 살아야 한다. 나는 그를 매우 가엾게 여긴다"고 썼다.

임금이 백성을 버리고 장수들도 겁을 먹고 도주할 때 이름 없는 영웅들이 목숨을 걸고 적을 맞아 싸웠다. 유성룡의 《징비록》에 따르면 김제군수 정담과 해남현감 변응정은 전주로 밀려오는 왜군을 맞아 웅치고개에서 결사항전했다. 우리 군사는 무기가 떨어지자 온몸을 던져 싸웠다. 그러나 역부족이었다. 정담과 변응정, 그리고 많은 조선군 병사들이 전사했다. 그들의 용맹함은 적도 감동시켰다. 왜장은 조선군의 시체를 모두 한데 모아 무덤을 만들고 '조조선국충간의담弔朝鮮國忠肝義膽'이라는 비를 세워주었다.

곽진경은 임진왜란 때 '의엄義嚴'이라는 법명으로 큰 공을 세운 승장이었다. 인조는 일개 승려였던 그에게 시까지 지어주면서 곁에 두려고 했다. 다음은 이덕무의 《앙엽기》에 소개되어 있는 일화다. "의병장 곽진경은 본시 중이었다가 환속한 사람이다. 인조대왕이 도총

섭(북한산성을 지키는 승군 우두머리) 의엄에게 내린 시에 '제발 충의를 다하여 임금을 돕고, 안개 낀 산속에만 있지 마오' 했다." 훗날 의엄은 벼슬이 동지중추부사(종2품)에 이르렀다.

전란과 잦은 화재에도 불구하고 조선을 건국한 태조 이성계의 어진은 지금까지 잘 보존되고 있다. 이 또한 개국시조의 어진을 지키려는 여러 사람들의 노력이 있었기에 가능한 일이다. 《임하필기》에 따르면, 임진왜란이 발발하자 전주 경기전에 봉안되어 있던 태조어진을 경기전 하인이 접어 품속에 간직해 옮겼다. 저자 이유원은 태조어진을 보면서 그 접은 흔적이 아직도 생생하다고 감격했다.

잔인했던 의적
어진을 그린 노비

도적 임꺽정은 벽초 홍명희의 소설로 잘 알려졌지만, 박동량이 쓴《기재잡기》에서도 상세히 다루고 있다. '의적' 이미지가 고착화됐지만, 민가에 피해를 주고 백성을 잔인하게 죽였다고 고발한다. 박동량은 황해도 봉산군의 군수로 있었던 백부 박응천에게서 이 일대를 무대로 활약했던 임꺽정에 대해 들어서 잘 알고 있었던 것으로 보인다. "강포한 도적 임꺽정은 양주 백정으로서 성격이 교활한데다가 날쌔고 용맹스러웠다. 그의 도당도 모두 지극히 날래고 민첩했는데 그들과 함께 일어나 적단이 되어 민가를 불사르고 마소를 닥치는 대로 약탈하되 만약 저항하는 자가 있으면 살을 발라내고 사지를 찢어 죽여 잔인하기 그지없었다." 우리가 익히 아는 대로 임꺽정은 신출귀몰했다. "경기와 황해도 일대의 아전과 백성들이 그와 비밀리에 결탁해 관에서 잡으려고 하면 벌써 내통해 도망쳤다. 이 때문에 거리낌 없이 날뛰었으나 관에서 금할 수가 없었다."

홍명희 소설에는 임꺽정의 모사 서림이 임꺽정의 처를 구하려다가 관군에 붙잡혀 임꺽정을 토벌하는 데 참여하는 것으로 기술된다. 《기재잡기》는 서림이 관군의 포위망이 좁혀오자 스스로 투항했다고 소개한다. "토포사 남치근이 수많은 군마를 모아 점점 산 밑으로 좁혀 들어가 한 놈의 도적도 감히 산에서 내려오지 못하게 하니 서림이 결국 죽음을 면하지 못할 것을 알고, 드디어 산에서 내려와 투항하여 도적들의 허한 데와 실한 데의 상황을 모두 말해 주었다."

결국 관군에게 쫓기다가 빗발치는 화살을 맞고 쓰러진 임꺽정은 죽어가면서 "서림아, 서림아 끝내 투항할 수가 있느냐"고 원통해했다. 《기재잡기》는 "도적들이 활동한 삼 년 동안에 다섯 고을이 피폐해지고 관군이 패하여 흩어졌다. 여러 도의 병력을 동원하여 겨우 한 명의 도적을 잡았다. 죽은 양민은 한이 없었으니 당시 군정의 해이함이 참으로 개탄스러울 따름이다" 했다.

임꺽정처럼 비참한 최후를 맞은 경우도 있지만, 그림을 잘 그려 미천한 신분에도 불구하고 높은 벼슬에 오른 행운의 주인공도 있다.

전(傳) 박동량 작 화집 중 〈말 길들이는 마부〉
국립중앙박물관.

박동량의 《기재잡기》는 황해도 도적 임꺽정 사건을 상세히 서술한다. "임꺽정이 잔인해 항거하는 사람의 살을 발라내고 사지를 찢어 죽였으며 죽은 양민이 한도 없다"고 했다.

《근역서화징》에 따르면, 천한 신분이었던 최경은 성종의 아버지 덕종 의경세자의 초상화를 그렸다. 임금은 초상화가 완성되자 이를 보고 살아 있는 아버지를 본 것처럼 슬퍼하고 그리워해 그에게 당상관의 벼슬을 제수하려고 했다. 하지만 언관들이 반발해 성사되지는 못했다. 이륙의《청파극담》에도 최경의 이야기가 나온다. "화공 최경은 70여 세가 되었어도 눈이 밝아 그림을 그릴 수 있었다. 일찍이 덕종대왕의 초상을 그리니 임금(성종)께서 보고 사모하다가 특별한 은총을 내려 당상의 직책을 제수했다. 그러나 언관들이 반발해 정지되었다. 최경은 사람됨이 경박하여 당시의 문벌 재상들이 모두 자신의 절친한 친척이라 말하고 다녔다. 상당부원군 한명회 공이 두 임금의 장인이 되어 권세가 세상을 뒤엎을 만하자 최경은 공을 상당형이라 불렀다."

노비 화가인 이상좌는 아들과 함께 부자父子 화가로 이름을 빛냈다.《근역서화징》에 따르면, 이상좌는 노비였지만 어릴 때부터 그림 솜씨가 널리 알려져 중종의 특명으로 양민으로 신분이 격상돼 도화서에 배속됐다. 그는 중종이 승하하자 중종의 어진을 그렸다. 명종 1년(1546)에는 공신들의 초상화를 제작해 훗날 '원종공신原從功臣'의 칭호를 받았다. 그의 재주를 물려받은 아들 이흥효도 명종의 어진을 그려 수문장직을 하사받았다.

양반이 어진제작에 참여하기도 했다. 풀벌레 그림에 소질이 있었던 채무일은 궁중 화가가 아니라 문과에 급제한 사대부였지만 중종이 승하한 후 천거를 받아 종종의 어진을 그려 많은 상과 벼슬을 받은 사실이《국조인물고》(조선 태조에서 숙종때까지 주요인물의 전기집·정조때 발간)에 나타나 있다.

화가 이녕은 중국 황제 중 가장 뛰어난 예술적 재능을 가졌던 송

이상좌 '불화첩' 중 〈제12나한 나가세나존자〉
종이에 수묵, 세로 50.6cm 가로 31.1cm,
보물 제593호, 삼성미술관 리움.

노비였던 이상좌는 부자화가
로 명성이 높았다. 이상좌의
아들 이흥효는 명종의 어진
을 그려 수문장에 제수됐다.

나라 제8대 휘종을 놀라게 한 솜씨를 지녔지만, 오늘날에는 그 흔적을 찾기 어려운 잊혀진 대가다. 《근역서화징》에 따르면, 이녕이 사신단에 끼어 송나라를 방문하자 휘종은 그를 시험하기 위해 우리나라 예성강을 그려보라고 명했다. 휘종 황제는 이녕이 그림을 그려 바치자 감탄하면서 "고려 화공 중 이녕이 제일 뛰어나다"고 극찬했다. 그러면서 중국 화가들에게 그의 그림을 배우도록 명했다. 이녕의 명성을 보여주는 일화는 이뿐만이 아니다. 고려 제17대 인종(1109~1146, 재위 1122~1146)은 송나라 상인에게서 그림을 선물 받자 '중국의 진기한 물건'을 얻었다고 기뻐하면서 여러 화사들에게 자랑했다. 그림을 보던 이녕이 나서 "그것은 신이 송나라 사람에게 그려준 것"이라고 아뢰었다. 왕이 놀라며 표구를 뜯어내자 과연 뒤에 그의 글씨가 적혀 있었다.

곁들여 읽기—
살인을 일삼은
사도세자는 사이코패스

　사도세자는 '정치적 희생양'일까? 언젠가부터 우리는 사도세자가 노론 세력의 음모에 의해 죽임을 당한 것으로 이해하고 있다. 이런 인식의 뒤에는 사도세자가 남인, 소론, 소북 세력과 가까이 지내면서 집권세력인 노론의 견제를 받았다는 생각이 깔려 있다. 노론은 자신들을 멀리하는 세자에게 불안감을 느낀 나머지 영조의 계비 정순왕후 김 씨, 영조가 총애하던 숙의 문 씨 등과 공모해 세자의 비행을 자주 왕에게 고해 바쳤다. 영조가 세자를 불러 심하게 꾸짖는 일이 잦아지고 아들은 그런 아버지에게 두려움을 느꼈다. 세자는 자신을 아끼던 정성왕후(영조비)와 인원왕후(숙종의 계비)가 잇달아 세상을 떠나고 조정에서 강경 노론이 득세하자 극심한 신경증과 우울증 등 정신병에 시달렸다. 결국 영조는 그런 아들을 죽이는 결정을 하게 됐다는 것이다.

그런데 정작 사도세자의 아내였던 혜경궁 홍 씨는 전혀 다른 이야기를 한다. 혜경궁 홍 씨는 자신이 쓴 《한중록》에서 "후대의 사람들이 이러쿵저러쿵하는데 누가 그 사건을 나만큼 잘 알까"라면서 "사도세자가 병환으로 천성을 잃어 스스로 하는 일을 몰랐다. 영조가 사도세자에게 한 일에 어찌 터럭만 한 과실조차 있다 할 것인가"라고 적었다. 혜경궁 홍 씨의 아들 정조가 죽고 손자 순조가 즉위한 후 사도세자 죽음을 둘러싼 논란이 불거졌다. 여러 견해 중 하나는 사도세자가 원래 병환이 없었는데도 영조가 헐뜯는 말을 믿고 과한 행동을 했다는 것이다. 혜경궁은 그러나 이 사건이 초래된 근본 원인은 사도세자에게 있었음을 분명히 하고 있다.

영조 38년(1762) 임오화변(사도세자를 뒤주에 가둬 죽인 사건)의 단초가 된 사도세자의 정신병은 아들을 '호학군주'로 키우려던 영조의 과욕이 불러온 것으로 알려져 있다. 하지만 혜경궁은 다른 요인도 제시한다. 세자는 어릴 적부터 공부보다는 유희를 즐기고 활쏘기와 칼 쓰기, 기예에 집중했다. 그림 그리기로 날을 보냈고 딱딱한 경전을 멀리하고 기도나 주문서, 잡서를 좋아했다. 그러던 어느 날 궐내에 출입하는 점쟁이 김명기에게 주문을 써오라고 하여 외우기를 반복했다. 혜경궁 홍 씨는 남편이 《옥추경玉樞經》(귀신을 부리는 주문이 담긴 도교 경전)을 읽기 시작하면서 정신이상 증세가 생겼다고 전한다. 밤마다 옥추경을 읽던 세자는 "뇌성보화천존雷聲普化天尊(천둥을 주관하는 옥추경

● 전傳 사도세자, 〈사도세자 견도〉
종이에 먹, 세로 37.9cm 가로 62.2cm,
국립고궁박물관 소장.

사도세자가 아버지 영조의 사랑을 그리워하며 그린 것으로 알려져 있다. 오늘날 많은 사람들이 사도세자를 정치적 희생양으로 생각하지만, 혜경궁 홍 씨는 사도세자를 죽음으로 몰고 간 원인이 세자 본인에게 있다고 진술한다.

의 주신)이 보인다. 무서워, 무서워!"라면서 덜덜 떨었다. 그때부터 세자는 천둥이 칠 때마다 귀를 막고 엎드려 두려워했다. 구급약 옥추단玉樞丹도《옥추경》과 이름이 비슷하다는 이유로 겁내서 받지 못할 정도였다. 혜경궁 홍 씨는 "영조 28년(1752) 겨울에 그 증상이 나셔서 이듬해 놀라 가슴이 두근거리는 증세를 자주 보이셨다. 영조 30년(1754) 이후 점점 고질병이 되었으니 그저《옥추경》이 원수"라고 안타까워했다.

세자의 병환은 종이에 물이 번져가듯 깊어졌다. 영조에게 문안 인사도 건너뛰고 수업을 못하는 날도 많아졌다. 영조의 질책도 더 잦아지고 아버지에 대한 사도세자의 두려움은 공포 수준이 됐다. 사실 영조도 지금의 눈으로 보면 편집증 환자였다. 사람을 한 번 미워하면 집요하게 싫어했다. 영조 31년(1755) 나주에서 소론 일파가 조정을 원망하는 흉서를 써붙이자 영조가 친국한 후 일당을 처형했다. 처참한 친국장과 사형장에 매번 세자를 불러냈다. 혜경궁 홍 씨는 "길한 일에는 세자를 참여치 못하도록 하고 상서롭지 못한 일에만 자리하게 했다"고 했다. 백성들이 얼어죽거나 굶주려죽거나 가뭄 같은 천재지변이 있어도 세자가 부덕해서 그렇다고 질책했다.

사도세자는 '의대증衣帶症'이라는 희귀병도 앓았다. 옷을 갈아입기를 고통스러워하는 강박증이다. 혜경궁 홍 씨는 "옷을 한 번 입으려면 스물에서 서른 벌의 옷을 준비해야 한다"며 "입지 못한 옷은 귀신을 위해 불태우기도 했다"고 했다. 영조 35년과 36년 사이에 군복을

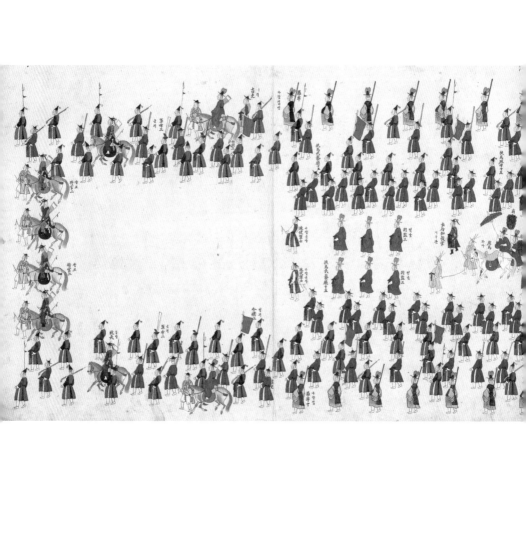

〈화성원행의궤〉
비단에 채색, 국립중앙박물관 소장.

정조가 어머니 혜경궁 홍씨의 회갑을 맞이하여 아버지인 사도
세자의 원소가 있는 수원으로 행차하는 장면을 그린 의궤다.

지어 없앤 비단이 몇 상자인지 알 수 없다고도 했다.

게다가 사도세자가 마음을 의지했던 정성왕후, 인원왕후가 같은 해 승하하자 세자의 증상은 악화일로로 치달았다. 그해 6월 화증이 더하여 사람 죽이기를 시작했다. 내시 김한채를 죽여서 그 머리를 잘라 들고 다니면서 내인들에게 둘러보였다. 혜경궁 홍 씨는 "내 그때 사람의 머리 벤 것을 처음 보았으니 흉하고 놀랍기 이를 것이 있으리요"라고 했다. 이 일이 있은 후 세자는 사람을 죽이고야 마음을 풀리는지 내인 여럿을 죽였다고 혜경궁은 말한다. 영조 36년(1760) 이후 내관, 내인 중에 다치고 죽은 이가 많으니 다 기억하지 못할 정도라고 했다. 내수사 담당관 서경달은 내수사 물건을 늦게 가져온 일로, 점치는 맹인도 점을 치다가 말을 잘못했다고 죽였다. 하루에도 죽은 사람이 여럿일 때도 있었다고 혜경궁은 회고했다.

사람을 죽이지 못할 때는 짐승이라도 죽여 화를 삭였다. 혜경궁 홍 씨는 "하루는 전하께서 어디서 무슨 말을 들었는지 세자를 직접 찾아 한 일을 바로 아뢰라고 다그쳤다"고 했다. 세자는 "심화가 나면 견디지 못하여 사람을 죽이거나 닭 같은 짐승이라도 죽여야 마음이 낫더이다"라며 "상감께서 (저를) 사랑하지 않으시니 서럽고, 꾸중하시기에 무서워 화가 되어 그러하오이다"라고 실토했다.

사도세자가 죽인 사람은 도대체 몇 명이나 될까. 조선 후기의 문신 박하원이 '임오화변'을 기록한 《대천록待闡錄》에는 사도세자가 죽인 사람의 숫자가 나오는데, 놀랍게도 그 숫자가 백 명이 넘는다.

게다가 세자는 궁궐 내인들을 닥치는 대로 겁탈했다. 호락호락하지 않으면 무차별 폭력도 서슴지 않았다. 혜경궁 홍 씨는 "내인들이 순종하지 않으면 때려서 피가 철철 흐른 다음에도 가까이 하시니 뉘가 좋아하리오"라고 했다. 영조 33년(1757) 9월에는 인원왕후 침방 내인 빙애를 데려다가 방을 꾸며 살게 했다. 빙애는 은전군과 청근현주를 낳은 귀인 박 씨다. 영조 36년(1761) 정월, 병세가 악화된 사도세자는 귀인 박 씨를 죽였다. 궁 밖으로 나가려고 옷을 갈아 입다가 의대증이 발발한 것이다. 이때 옷시중을 귀인 박 씨가 들고 있었다. 세자는 귀인 박 씨를 마구 때린 뒤 그냥 궁 밖으로 나가버렸다. 귀인 박 씨는 그 자리에서 즉사했다.

영조 38년(1762) 5월 22일, 마침내 사도세자의 운명을 결정짓는 사건이 발생한다. 형조판서 윤급의 청지기 나경언이 그간 세자의 비행을 고변한 것이다. 이 같은 폭로가 있은 후 궁지에 몰린 세자는 주위에 "칼을 차고 와서 부왕을 죽이고 싶다"는 극언을 서슴지 않았다. 그러자 영빈 이 씨가 나서 영조에게 고했다. "어미로서 차마 드릴 말씀은 아니지만 동궁의 병이 점점 깊어지니 상감의 옥체와 세손을 보전하고 종사를 편안히 하기 위하여 대처분을 내려소서."

세자는 영조 38년(1762) 윤 5월 13일, 아버지의 명령으로 뒤주에 갇힌 지 7일 만에 사망한다. 혜경궁 홍 씨는 "오후 3시쯤 폭우가 내리고 천둥 번개가 쳤다. 세자가 천둥을 두려워하시니 필시 이 무렵 돌아가셨을 것"이라고 했다.

5장

전쟁의 참상을
기록하다

최강의 전투력에
속수무책 무너지다

　오랜 평화가 대참화를 불렀다. 고려의 고종 18년(1231) 몽골과의
40년 전쟁 이후, 300년 넘게 큰 전쟁이 없었다. 그리고 겪게 된 임진
왜란은 우리 민족이 겪은 국가적 환란 중에서도 인적·물적 피해가
가장 컸던 전쟁이다. 사전에 무수한 침략 징조가 있었지만 조선이
이것들을 알아차리지 못해 초래한 비극으로 알려져 있다. 그러나 유
성룡은《징비록》에서 조정이 조선을 침략하려는 일본의 속셈을 정
확히 알고 있었다고 밝힌다. 일본에 사신으로 갔던 김성일과 황윤길
의 보고가 상반됐지만 대비할 필요성은 정확히 인식했다. 조정은 남
부지방 사정에 밝은 인물을 뽑아 삼도의 방어를 맡겼으며 무기를 준
비하고 성과 해자를 축조하도록 했다. 경상도에는 많은 성을 쌓고
영천, 청도, 합천, 대구, 성주, 부산, 동래, 진주, 안동, 상주 등지에

도 병영을 신축하거나 고치도록 했다.

그런데 조정도, 백성들도 너무 오랜 기간 평화에 길들여져 있었다. 《징비록》은 노역에 동원된 백성들이 불평을 쏟아냈다고 말한다. 태평시대에 당치 않게 성을 쌓느냐는 상소가 빗발쳤고 홍문관도 공사의 부당함을 주장했다. 병법의 활용, 장수 선발, 군사 훈련 등의 정비는 논의조차 못 했다. 재상이었던 유성룡은 유사시 각 향촌에서 군사를 군사 거점에 집결시켜 중앙에서 파견된 장수가 지휘하도록 하는 '제승방략制勝方略'의 폐단을 지적하고 나섰다. 유성룡은 "군사가 모여 있더라도 지휘관이 내려오기 전에 적의 공격을 받으면 지리멸렬할 것이니 각 지역 수령들에게 군사통제권을 부여해 적을 막아야 한다"고 주청했다. 그러나 "오래 전부터 시행해오던 체제를 바꾸기는 힘들다"는 반론이 지배적이었다. 결국 유성룡의 제안은 폐기됐다. 대마도주 요시토시가 사신으로 조선에 왔다가 돌아간 뒤, 부산포에 머물던 왜인들이 모조리 자취를 감춘다. 그리고 선조 25년(1592) 4월 13일, 왜의 20만 대군이 부산에 들이닥쳤다. 한반도에 상륙한 왜군은 불과 19일 만에 한양을 점령한다. 오랜 내전으로 전쟁 경험이 풍부한 데다 조총이라는 신무기로 무장한 왜군에 조선군은 상대가 되지 못했다. 무엇보다 국경 방어를 책임진 조선의 장수들이 하나같이 무능한 겁쟁이였다.

《징비록》에 따르면, 경상좌도 병마절도사 이각, 경상좌수사 박홍, 밀양부사 박진, 김해부사 서예원, 순찰사 김수는 적의 규모에 겁먹

변박, 〈부산진순절도〉
종이에 채색, 세로 145cm 가로 96cm,
보물 제391호, 육군박물관 소장.

선조 25년 4월 13일과 14일 이틀 동안 부산진에서 벌어진
왜군과의 전투 장면을 묘사했다. 조선은 일본이 쳐들어올
줄 알았지만 대비하지 않았다. 왜군 20만을 실은 적선이
부산 앞바다를 꽉 매우고 있어 조선군과의 극심한 전력차
를 보여준다.

고 달아났다. 경상우수사 원균은 많은 배를 거느리고 있었지만 멀리서 왜군이 부산에 상륙하는 것을 쳐다볼 뿐 아무 일도 하지 못했다. 다만 부산포 첨사 정발이 절영도(영도)에서 사냥 도중 다급히 성으로 복귀해 적을 맞아 싸우다가 죽었고 노비 출신의 다대포 첨사 윤흥신은 목숨을 걸고 싸우다가 전사했다. 그리고 평생 글만 읽던 동래부사 송상현이 동래성 성루에서 반나절 동안 고군분투하다가 왜적의 칼에 장렬히 순국했다.

도처에서 어처구니없는 일들이 벌어졌다. 용궁현감 우복룡은 병마절도사 소속 군사 수백 명을 반란군으로 몰아 도살했다. 군사들은 병마절도사의 공문을 내보였지만 소용없었다. 학살당한 가족들은 원통한 사정을 울음으로 호소했으나 묵살당했고 우복룡은 끝까지 고을을 지켰다는 이유로 훗날 안동부사 자리에 오른다. 경상순변사 이일은 상주에서, 총사령관 신립은 충주에서 적군이 근접했다고 보고하는 군관들을 "망령된 보고로 군을 동요시킨다"며 목을 베었다. 그러나 그들의 보고대로 이미 적들은 턱밑에까지 와 있었고 이일과 신립의 정예병은 적의 급습에 우왕좌왕하다가 몰살당했다.

조선의 최종 병기,
조총에 무너지다

백병전에서 세계 최강의 전투력을 자랑하던 왜군에 조선군은 백전백패였다. 수원전투는 실로 어처구니없는 패전이었다. 수원에 조선군 1만 명이 운집했다. 충청순찰사 윤선각, 전라순찰사 이광, 경상순찰사 김수의 군사들이었다. 그런데 왜군 기병 단 6기에 패배했다. 정경운의 《고대일록》은 "말 탄 왜병 여섯이 깃발을 들고 칼을 휘두르며 달려 나오자 1만이 넘는 우리 군사가 한꺼번에 대열을 이탈해 갑옷과 활을 버리고 달아났다. 버려진 군량, 활과 화살, 깃발과 북 등이 언덕을 이룰 만큼 널렸는데 그 밖에 잃은 것들을 모두 기록할 수가 없을 정도였다"고 분노했다.

한강에서 지형을 활용해 적을 무찌를 수 있는 절호의 기회가 있었지만 놓쳐버린다. 《징비록》에 따르면 서울에 임박한 왜군은 여주에서 한강을 건너려다 강원조방장 원호의 공격을 받아 며칠째 강을 건너지 못했다. 그런데 강원순찰사 유영길이 원호를 불러 강원도로 돌아가버렸다. 강을 지키는 군사가 사라진 것이다. 이를 확인한 적들은 뗏목을 만들어 강을 건너기 시작했다. 강 가운데에서 빠른 물살에 휩쓸려 많은 왜적이 수장됐으나 며칠 만에 마침내 도강에 성공한다. 팔도도원수 김명원의 부장 신각은 양주에서 민가를 약탈하던 적병 60명의 목을 벴다. 임진왜란이 발발한 이후 첫 승전고였다. 그

〈고니시 유키나가의 풍속화〉　　고니시는 임진왜란 때 일본군 선봉장이었다.
천주교 신자였던 그는 가슴에 십자가 목걸이를
걸고 전장에 나섰다.

러나 그의 상관 김명원은 장계를 올려 "신각이 명령에 복종하지 않는다"고 무고하여 그를 참한다.

평양에서도 강물이 왜군의 발목을 잡았다. 적이 대동강을 건너오는 동안 화살을 쏘는 전략이 먹혔다. 그러나 날이 가물어 나날이 수위가 낮아졌다. 나라에서는 재신들을 여럿으로 나눠 단군사당, 기자사당, 동명왕사당에 보내 기우제를 지냈으나 야속하게도 비는 내리지 않았다. 적군은 비교적 수심이 얕은 왕성탄 쪽으로 건너왔을 때 평양성은 이미 임금과 병사, 백성들이 모두 빠져나가고 텅 비어 있었다. 성에는 장기전을 대비해 각지에서 거둔 곡식 10만 석이 옮겨져 있었다. 급하게 도망가느라 식량은 고스란히 적의 수중에 들어가고 말았다.

평양성까지 함락되고 왜적에게 쫓겨 국경인 의주로 피란 간 선조는 망연자실했다. 중국에 사신을 연이어 파견해 사태의 위급성을 알리고 구원병을 요청했다. 더 이상 물러날 곳이 없는 마당에 중국에 나라를 바쳐야 한다는 주장까지 나왔다.

첩보전에서도 조선은 일본에 비하면 한참 하수였다. 《징비록》에 따르면, 왜는 조선인을 포섭해 간첩으로 활용했다. 간첩에는 군사들도 포함돼 있었다. 유성룡은 가족과 함께 소 한 마리를 잡아먹은 전령 김순량을 수상히 여겨 잡아서 심문했다. 그는 "비밀 공문을 왜장에게 전달했으며 그 상으로 소를 받은 것"이라고 자백했다. 김순량은 또 "모두 40명이 넘는다. 간첩이 없는 곳은 없다. 일이 일어나는 대로 보고한다"고 실토했다. 김순량은 참하고 간첩을 모조리 색출해 잡아들였다. 이로써 간첩 활동이 중단돼 명나라 구원병이 도착했다는 정보가 왜군에 들어가지 않았다.

그러나 백병전 대신 익숙한 지형에 매복해 활을 쏘는 게릴라전에서는 승전 소식이 들리기 시작했다. 《고대일록》의 내용이다. "6월 9일 묘시(오전 5~7시)에 현풍 쌍산강에 적선이 내려왔다. 황응남이 정병 30여 명을 거느리고 주요 길목에 숨어 있다가 적선이 가까이 이르자 한꺼번에 활을 쐈다. 배에 탄 적병 80여 명과 우리나라 여인 대여섯 명에게 화살을 맞혔다. …(중략)… 배에 가득 타고 있던 왜적 중에서 두세 명만이 살아남았다. …(중략)… 이튿날 또 강 언저리에서 싸워서 왜적 목 3급을 베고 베와 비단 등 50여 바리를 빼앗았다. 빼앗은 물건 속에는 왕의 비녀, 비빈의 화관, 옷과 이불, 한양에서 가져온 서책, 사가의 보물과 장식품 등이 수를 헤아릴 수 없을 정도로 많았다." 또 백성들이 스스로 모여 요해처에 매복했다가 오가는 소규모 적들을 공격했다. 왜적의 목을 베어 바치는 이가 줄을 이었다.

조선의 무기는 활에 대한 의존성이 높았다. 백병전을 피하기 위해 멀리서 활은 날리는 데 치중했다. 박제가는 《북학의》에서 "활을 멀리 쏘는 자는 접전을 하기도 전에 미리 겁을 내는 자다"라고 비판했다.

장수의 리더십,
진주성전투의 승패를 가르다

두 차례 벌어진 진주성전투는 전쟁에서 지휘관의 리더십이 얼마나 중요한지 극명하게 보여준다. 선조 25년 10월 벌어진 제1차 진주성전투는 임진왜란 3대 대첩 중 하나다. 승리는 진주목사 김시민 金時敏, 1554~1592의 탁월한 리더십이 있어서 가능했다. 그는 고작 3,800명의 병사로 2만의 왜군을 격퇴하고 전사한다. 다음은 《고대일록》의 기록이다.

"진주목사 김시민의 품계가 통정대부로 올랐지만, 이날 밤 관아에서 사망했다. 김시민은 통판通判으로 재직할 때부터 사졸을 편안케 하고 모두에게 은혜를 베풀어 진주사람들이 그를 부모처럼 존경했다. 위아래가 혼연일체가 되어 맞서니 백성들을 전쟁에 동원해도 이기지 않음이 없었고 성을 지키게 해도 수비하지 못하는 경우가 없었다. 사람들이 모두 김시민을 방패와 성으로 간주했다. 큰 승리를 거둔 뒤에 적의 총탄에 맞은 상처가 날로 더욱 심해져서 정신이 혼미하고 어지러워지자 사람들이 모두 대단히 걱정했다. 21일 머리를 빗고 옷을 갈아입으니 병이 약간 호전되는 듯했으나 다음 날 사망하고 말았다. 어른, 아이 없이 진주 사람 모두가 밤까지 통곡하니 마치 자신들 부모님 상과 같이 하였다." 한 장수의 운명 과정을 이처럼 상세히 기술한 부분은 다른 기록 어디에서도 찾을 수 없다.

1800년대 말 일본 무사의 모습

임진왜란 당시 일본군은 오랜 내전을 겪으면서 풍부한 실전 경험과 함께 막강한 전투력을 지닌 무사들이 많았다.

　　패퇴했던 왜군은 이듬해 6월 진주성에 대한 대대적인 복수를 감행한다. 그리고 제2차 진주성 전투에서 우리 군과 백성은 몰살당한다. 《고대일록》은 리더십의 실종이 어떤 결과를 초래하는지 잘 보여준다. "왜적들이 진주성을 함락했다. 우도절도사 최경회, 창의사 김천일, 충청병사 황진, 거제현령 김준민이 모두 전사했다. … (중략) … 진주목사 서예원은 군졸들을 구휼하지 않아 식량 지급을 줄이고 활과 화살의 지급조차도 허락하지 않았다. 진주 백성들의 마음이 떠나고 용감한 군사들도 흩어졌다. 성을 지키는 모양이 김시민의 반에도 미치지 못하니 사람들이 예측할 수 없는 참화를 걱정했다. … (중략) … 적이 성을 넘어 들어온 지점은 김천일이 지키고 있던 곳이다."

임진왜란 최대의 격전지 진주성
사적 제118호, 문화재청.

1차 전투에서는 부사 김시민의 탁월한 리더십으로 대승을
거뒀지만 그가 죽은 뒤 벌어진 2차 전투에서는 조선군이
몰살당한다.

《징비록》도 똑같은 이야기를 한다. 목사 서예원과 판관 성수경,
창의사 김천일, 최경회 등이 모두 전사하고 6만 명에 이르는 병사와
백성들이 목숨을 잃었다. 닭과 개까지 살아남은 것이 없었다. 김천
일은 병법에 어두워 제멋대로 군사를 썼으며 진주목사 서예원과 사
이가 좋지 않아 서로 헐뜯느라 명령이 제대로 전달되지 않았다. 질
수밖에 없는 싸움이었다. 비가 내려 성이 무너졌다. 이를 놓치지 않
고 적들이 공격해오자 우리 병사들이 삽시간에 무너졌다. 촉석루에
서 이 모습을 지켜보던 김천일과 최경회는 손을 붙잡고 강물에 뛰어

들어 죽었다.

전쟁 초기 조선 병사들은 도망가기 바빴다. 그렇다면 조선군은 형편없는 겁쟁이였을까? 태어나면서부터 겁쟁이인 민족이 있을까? 성대중은 《청성잡기》에서 병사들의 전투 경험 부족과 제도의 부재가 나약한 군대를 만든 것이라고 했다. 명나라 장수 유정은 묘족 병사들을 데리고 조선에 왔는데, 이들 묘족 병사들이 매우 용맹스러워 '귀병(신출귀몰한 병사)'으로 불렸다. 하지만 순천 전투에서는 왜구의 맹렬한 위세에 지레 기가 꺾여버렸다. 묘족 군대도 겁에 질려 쉽게 나서지 못했다. 조선군만이 목숨을 아끼지 않고 선봉으로 나섰다. 이 일을 계기로 유정은 중국으로 돌아갈 때 용감하게 싸운 조선인 병사들을 다수 데려갔다. 유해劉海라는 인물도 그중 한 명이었다. 그는 진주 사람으로 본래 신 씨였지만 유정의 성을 따라 유 씨로 바꿨다.

수치스러운 전쟁의 기록

    태조 4년(1395) 완공돼 200년간 조선의 법궁이던 경복궁은 선조 25년(1592) 임진왜란의 혼란기에 발생한 화재로 전소된다. 아직까지도 많은 사람들이 서울을 점령한 왜군들이 경복궁을 불태운 것으로 알고 있다. 하지만 선조 때의 문신 이기는 자신의 저서 《송와잡설》을 통해 우리 백성들이 경복궁에 불을 질렀다고 증언한다. "왜적이 도성에 들어오기 전에 피란 가는 임금의 수레가 성문을 나서자 성안 사람들이 궐내에 다투어 들어가서 임금의 재물을 넣어둔 창고를 탈취했다. 그것도 모자라 경복궁과 창덕궁, 창경궁 등 세 궁궐과 6부, 크고 작은 관청에 불을 질러 연기와 불꽃이 하늘에 넘쳤다. 그리고 한 달 넘게 화재가 이어졌다. 백성들의 마음이 흉적의 칼날보다 더 참혹하다."

안중식, 〈백악춘효〉
비단에 채색, 세로 125.9cm 가로 51.5cm,
국립중앙박물관 소장.

경복궁은 임진왜란 때 왜군이 방
화한 것으로 알려져 있지만 실제
로는 왜군이 서울에 입성하기 전
조선 백성들이 불태웠다.

처음에는 선조도 도성을 사수하려고 했다. 《징비록》에 따르면 각 동네의 말단 관리, 의원, 주민, 천민을 끌어모아 성첩(성위에 낮게 쌓은 담)을 지키게 했다. 도성의 성첩에 모두 배치하려면 3만 명이 필요했으나 동원된 인원은 7,000명에 불과했다. 모두 오합지졸이었고 하나같이 도망갈 궁리만 했다. 지방에서 뽑혀온 군사들도 병조에 소속돼 있었지만 말단 관리에게 뇌물을 주고 달아나는 자가 부지기수였다. 선조는 탄금대에서 신립이 무너졌다는 전갈을 받자 4월 30일 한밤중에 서둘러 도성을 빠져나갔다.

왕의 몽진길은 다급했다. 허둥지둥 달아나면서 목숨보다 소중하게 받들던 종묘의 신주까지도 놔두고 달아나는 일까지 발생했다. 《징비록》에 따르면, 한양에서 가져온 종묘 신주를 개성 목청전에 뒀는데 왜군이 한양까지 밀어닥치자 다급한 나머지 신주 챙기는 일을 깜박하는 일이 발생했다. 종실의 한 사람이 울면서 "신주를 적의 수중에 둘 수는 없다"고 고했다. 밤새 개성에 사람을 보내 신주를 모셔왔다.

명나라의 참전
전쟁의 흐름을 바꾸다

　왜군이 점령한 한양에서는 살육과 약탈이 횡행했을까. 적어도 점령 초기에는 아닌 듯하다. 임금이 도망가고 없는 도성은 그야말로 엄격한 신분제에 억눌려 살아야만 했던 조선 백성들의 해방구였다고《송와잡설》은 진술한다. 모두 흉악무도한 왜군을 피해 피란을 갔을 것 같지만 한양은 평상시와 다름없었다. 하급 관리였던 성세령, 성세강은 피란 가지 않고 왜군에 항복했다. 성세령이 왜장에게 바친 손녀가 귀여움을 받은 덕에 그들이 살던 동네는 전체가 편안했다.

풀이 우거진 경복궁 경내
조선고적도보 10권(1930).

이들 뿐만 아니라 삼의사(의료기관 3곳)와 각 관청의 아전 등도 앞다퉈 왜병에 귀순했다. 심지어 이들이 무사한 것을 보고 피란을 갔던 종친과 사족들 중에서도 다시 성으로 돌아간 자가 허다했다. 평소처럼 시장이 열려 물자도 정상적으로 교역됐다. 백성들은 서울에 들어온 왜병들과 술판을 벌였고 서로 왕래하면서 도박판을 벌이기까지 했다.

《고대일록》에도 부역자들이 등장한다. "무주에 사는 전 군수 김종려가 적진에 들어가 투항했다. 적의 푸른 철릭(帖裏, 겉옷)을 받고 농사를 지으면서도 조금도 부끄러움이 없었다. 슬프다! 이증은 왜놈의 짐을 지고 종려는 적의 소굴에서 호미질이나 하면서 호령을 달게 받아들이고 있다. 그러면서도 조금도 부끄러워하지 않으니 이는 국가의 은혜를 저버리고 절의의 규칙을 무너뜨려 개나 말만도 못하니 애통함을 이길 수 있겠는가."

궁궐을 버리고 의주까지 도망간 지 1년 6개월여 만인 선조 26년(1593) 10월 3일 선조가 드디어 환궁한다. 그러나 이를 바라보는 백성들의 눈은 싸늘했다. 《고대일록》의 한 부분이다. "주상께서는 환궁하던 날 비단옷을 입고 들어오셨지만, 세자는 베옷을 입고 눈물을 비와 같이 흘렸다. 행색이 초췌하여 감회를 떠올리는 모습이 역력하였다. 온 나라의 사람들이 모두 우러러 받들고 기뻐하며 말하기를 '과연 우리 임금의 아들이시다'라고 했다." 왕보다 세자에게 더 시선이 집중되어 있다. 백성을 버렸던 임금이 비단옷을 걸칠 자격이 있

평양성의 서문인 보통문
북한 국보 문화유물 제3호, 조선고적도보.

명나라 원군이 본격 투입된 평양성전투에서의 승리는 임진왜란의 판도를 바꿔놓았다. 이후 전국에서 의병이 일어나자 왜군도 전의를 잃고 한반도 남쪽으로 물러난다.

느냐는 비판의 완곡한 표현일 것이다.

명나라 파병이 없었다면 전쟁의 국면은 어떻게 흘러갔을까. 명나라 군대가 전쟁의 큰 물줄기를 바꿔놓은 것은 분명했다. 비록 그들이 큰 전과를 올리지는 못했지만 우리 군과 의병들에게 희망을 줬다. 《고대일록》은 "하늘이 우리가 당한 화를 애석하게 여겨 명나라 군사를 보내주니 흉적이 도처에서 패했다. 또 각 고을의 여러 장수가 스스로 더 힘을 쓰고 분발하니 이러한 승세를 타고 국토 회복의 공을 도모하게 될 것이다"라고 했다.

특히 평양성 전투 이후 뚜렷하게 전세가 역전되었다. 왜군의 퇴각 조짐은 남쪽에서도 감지됐다. 《고대일록》은 "개령에 주둔하던 왜군들 역시 서로 도망갈 조짐을 보이고 있으니 북쪽의 적들이 살육당한 것을 듣고 간담이 서늘해졌기 때문"이라고 했다.

그러나 명나라 군대는 우리 백성들에게 많은 고통도 안겼다. 《고대일록》은 "명나라 군대가 함양 군에 가득하고 주민은 텅 비었으니 그들이 주는 피해가 왜노와 다를 바 없었다"고 했다. "명나라 장수 유참장劉參將이 운봉에서 함양으로 와 성주의 멱살을 잡고 향소로 끌고 가 마구 구타하니 지금이 어느 때인가." 명나라 제독 이여송은 우리 관리들을 모함했다. 이덕무의 《양엽기》에 의하면, 명나라 원군을 이끌고 온 이여송은 체찰사 유성룡과 윤두수가 전란 중에 집에서 술이나 마시며 국왕을 기만했다고 비석에 새겼다고 전한다. "선조 33년(1600) 1월에 제독 이여송은 자신의 비문에 '임진년 12월 25일 압록강을 건너왔는데 유성룡, 윤두수 등은 와신상담하며 치욕을 씻고 흉적을 제거할 일에 마음을 두기는커녕 사가에 편히 앉아 내키는 대로 술 마시며 즐겼다. 중국 조정을 업신여길 뿐 아니라 국왕을 기만하는 등 예의에 어긋나고 교양에 벗어나는 행동이 자못 심하였다'고 새겼다. 슬프다. 당시의 여러 점잖은 사람들이 어찌하여 명의 장수에게 이 같은 소리를 듣게 되었는가. 무고한 게 틀림없다."

명나라 장수 중에서도 목숨을 걸고 용감히 싸운 인물이 전혀 없는 것은 아니다. 정유재란 때 적의 예봉을 꺾은 인물은 명나라 장수 양호다. 이중환의 《택리지》는 천안을 소개하면서 양호에 얽힌 일화를 거론한다. 적이 남원에서 전주를 거쳐 북쪽으로 올라오자 양호가 평양에서 한양까지 700리를 이틀 만에 달려왔고 다시 천안까지 내달려 왜군과 맞붙었다. 원숭이를 태운 말을 적진에 풀어 혼란해진 틈을 타 철갑기병으로 파고들어 적을 크게 무찔렀다. 들판은 왜군 시체로 뒤덮였다. 왜적들이 우리나라에 쳐들어온 뒤로 그와 같은 승리는 없었으며, 이곳 들에서 밭을 갈다 보면 지금도 창이나 칼 따위를 줍는 경우가 있다고 《택리지》는 밝힌다. 전투 이후 양호는 무고를 당해 본국으로 소환되면서 우리의 기억 속에서 잊힌다.

도요토미 히데요시, 전쟁의 원흉

이순신을 몰아내고 삼도수군통제사 자리를 꿰찬 원균은 이순신이 전략을 논의하던 운주당에 첩을 데려와 머물게 했다. 《징비록》에 따르면 그는 장수들과 접촉하지 않았으며 술을 좋아해 술주정을 부리는 일이 잦았다. 그러는 사이 일본의 본진이 안골포와 가덕도에 자리를 잡았다. 권율의 질책에 못 이겨 출전했지만 허둥대다가 수많은 배와 군사를 잃었다. 남은 조선 수군을 이끌고 거제 칠전도에 주둔했는데 다시 적의 기습을 받아 완전히 궤멸됐다. 원균은 언덕으로 기어올라 달아났다. 누군가는 소나무 밑에 원균이 혼자 주저앉아 있다가 왜군에게 죽었다고도 하고 또 다른 누군가는 도망쳐 죽음을 모면했다고도 하는데, 정확한 사실은 알 수 없다고《징비록》은 말한다. 칠천도에서 승리한 왜군은 남원을 거쳐 충청과 전라를 유린한다.

《간양록》은 침략의 원흉인 토요토미 히데요시를 상세히 기술한다.《간양록》은 전쟁 포로로 일본에 끌려간 강항이 다시 조선으로 돌아오기까지의 체험을 기록한 책이다. 이 책에서 강항은 침략의 원흉 도요토미 히데요시가 못생기고 키는 짤막하다고 적고 있다. 그는 날 때부터 손가락이 여섯인 '육손이'였다. 성장 후 '손가락이 여섯 개나 있어서 무엇하랴' 하고는 칼로 하나를 잘라버렸다. 집안이 가난해 머슴살이를 하다가 오다 노부나가 휘하로 들어갔다. 출신은 미천했지만 배포가 커 출세 가도를 달렸다. 오다 노부나가의 부하 중 하나가 반란을 일으키자 단신으로 적진에 뛰어들어 태연하게 "항복하면 부귀를 잃지 않도록 보증하겠다"고 항복을 권유했다. 적들이 달려들어 죽이려고 했으나 적장은 "나를 위해 계책을 말하러 왔는데 어찌 죽이랴" 말하고 돌려보냈다. 그러나 히데요시는 돌아오자마자 군사를 이끌고 가서 난을 진압했다. 그 뒤 여러 전투에서 승리해 결국 일본 열도를 평정한다.

두 번이나 조선을 침략했던 도요토미 히데요시는 1598년 3월 병을 얻어 7월 17일 죽었다. 후계자 도쿠가와 이에야스는 대혼란을 우려해 그의 죽음을 비밀에 부쳤고 시체의 배를 갈라 그 속에 소금을 채워 넣고 평소 입던 관복을 입혀서 시체를 나무통에 앉혀놓았다. 그 모습이 감쪽같아 장수들도 그가 죽은 줄 알지 못했다. 8월 30일, 더는 숨길 수 없게 되자 조용히 상을 치렀다. 《간양록》은 "조선인을 소금에 절이라고 한 지 한 해도 되기 전에 소금으로 제 놈 배때기를 절이게 됐다"고 격정을 토로했다.

전쟁, 아비규환의 비극

"조카가 산에서 큰딸 정아의 시신을 찾았다. 목이 반 넘게 잘린 채로 바위 사이에 넘어져 있었다. 차고 있던 패도(작은 칼)와 손이 평소와 같았다."

《고대일록》의 저자이자 경남 함양에서 의병을 일으킨 선비 정경운은 정유재란 난리통에 맏딸을 잃는다. 조선을 재침한 왜군은 선조 30년(1597) 8월 함양 지방을 급습한다. "다른 길로 몰래 다가온 왜적 10여 명이 큰소리로 부르짖고 칼을 휘두르며 사방에서 쳐들어왔다. 그러자 한꺼번에 달아나던 사람들이 산골짜기에서 넘어져 굴렀다. 재물도 버려두고 몸만 피한 자가 셀 수 없이 많았다. 날이 저물 무렵 다시 모여 가족들을 찾아보니 큰딸, 막내딸, 노비 셋이 간 곳을 알 수 없었다."

왜적이 물러나자 정경운은 정신없이 딸들을 찾았다. "혼자서 딸을 찾아서 백운산 계곡을 돌아다녔다. …(중략)… 막내딸 단이는 계집종의 도움으로 살아 있었다."

그러나 장녀 정아는 끝내 싸늘한 주검으로 발견된다. 딸은 왜적에게 욕을 당할까봐 아버지에게서 패도를 받은 이후로 한 번도 머리를 빗지 않고 얼굴도 씻지 않았다. 정경운은 왜군에 무참히 살해당한 딸을 시신을 부여안고 절규했다. "의복을 모두 잃어버려서 시신 싸맬 옷마저 허술하니 터져나오는 통곡을 그칠 수가 없구나."

전염병와 기아의 창궐
죽음에 내몰린 백성들

포로로 일본에 끌려갔다 돌아온 강항도 아비규환의 참상을 낱낱이 보고한다. 《간양록》에 의하면 강항은 재침한 왜군을 피해 식솔들을 이끌고 피난가던 중 왜선에 발각된다. 모두 물에 뛰어드는 과정에서 둘째 형과 자식 둘을 잃는다. "어린 자식 용과 딸 애생이 밀려드는 파도에 '으악, 으악, 칵, 칵' 기막힌 울음소리를 내다가 그만 파도에 삼켜지고 말았다."

강항은 체포된 직후 통역을 통해 "왜 죽이지 않느냐"고 물었다. 왜군은 "사모를 쓰고 좋은 옷을 입고 있으므로 관원이라 판단하여 묶어 일본으로 보내는 것"이라고 했다. 그러나 포로로 끌려가는 과정은 비참했다. 겨우 여덟 살이었던 조카가 갈증이 나 바닷물을 들이켰다가 설사를 하자 왜군이 아이를 바다에 던져버렸다. 조카는 아버지를 외치다 죽어갔다. 전라좌병영 우후虞候(종3품의 무관) 역시 강항처럼 포로로 잡혀 일본으로 끌려갔다. 우후는 병사 몇몇과 함께 배를 마련해 탈출을 기도했다. 곧 왜군이 뒤쫓아왔고 더 이상 도망칠 수 없음을 깨달은 우후는 검으로 자신의 배를 관통시켜 죽었다. 왜군은 죽은 우후와 그 일행을 데려와 모두 수레에 걸어 찢어죽였다. 강항도 여섯 번이나 탈출을 시도해서 목숨을 잃을 뻔했지만 그의 학문과 인품을 흠모한 일본 승려의 도움으로 가까스로 살아났다고 《간양록》은 회고한다.

설상가상 전염병도 창궐했다. 《고대일록》은 선조 26년(1593) 5월 경상도 관찰사 겸 순찰사를 맡아 동분서주하던 학봉 김성일이 전염병에 걸려 세상을 떠났다고 했다. "김성일이 진주에서 사망했다. 그는 강직하고 방정하며 정직해 권세에 맞서다가 뭇사람들에게 미움을 받기도 했다. …(중략)… 임진왜란이 일어나자 임금의 명령을 받들어 초유사가 되었다. 뿔뿔이 흩어진 병졸들을 불러모아 의병진에 나아갈 것을 권장했다. 한 지방을 막고 흉악한 적 무리들의 칼끝을 차단하니 여러 고을 사람들의 의지함이 실로 컸다. 그런 중 전염병에 걸려 진주에서 사망하니 사람들이 이 소식을 전해 듣고서는 탄식하며 모두 눈물을 흘렸다."《고대일록》의 저자 정경운도 전염병에 딸을 잃는다.

이순신, 《난중일기》
국보 제76호, 아산 현충사 소장.

1 2
임진왜란 7년 동안의 상황을 가장
구체적으로 알려주는 일기.

"막내딸이 요절했다. 전염병에 걸려 오한과 설사로 고생하다 사망하니 슬프기만 하다."

오랫동안 농사를 짓지 못해 흉년이 되풀이되면서 백성들은 최악의 기아에 허덕였다. 《고대일록》에는 이런 사연이 고스란히 담겨 있다. "정사연을 만나 개령, 김산에서 난리를 겪고 있는 궁인宮人 등이 서로 잡아먹었다는 말을 듣고서 경악을 금치 못했다. 오늘의 세상이 이러한 극한의 상황에 이르게 된 것이 과연 누구의 잘못인지 혼자서 한탄하였다."

《징비록》의 기록도 이와 다르지 않다. 《징비록》에 따르면, 조선 전역이 굶주림에 허덕였고 전염병이 창궐해 살아남은 사람이 별로 없었고 힘이 있는 자들은 모두 도적이 됐다. 아버지와 아들이 서로 잡아먹고 남편과 아내가 서로 죽이는 지경에 이르러 길가에는 죽은 사람들의 뼈가 잡초처럼 흩어져 있었다.

《어우야담》도 임진왜란 때 식인 행위가 만연했다고 진술한다. 이에 따르면 개성의 한 백성이 한 살배기 아이를 길가에 내려놓고 잠시 쉬는 사이 두 사람이 아이를 훔쳐 달아났다. 그들을 끝까지 추적하니 아이는 이미 끓는 물속에서 푹 삶아져 죽어 있었다. 범인들을 묶어 관아로 끌고 가 실상을 아뢰었다. 죄인들이 자백을 하지 않자 죽은 아이를 증거로 제시하려고 찾으니 어찌된 일인지 뼈만 남아 있었다. 나졸들이 배가 고파 죽음을 무릅쓰고 아이를 먹어버린 것이다.

그런데 놀랍게도 중국인들 가운데 일부는 사형수의 인육을 먹었다. 유몽인의 《어우야담》에 따르면, 임진왜란의 혼란기를 틈 타 반란을 일으킨 이몽학과 송유진은 능지처참된 뒤 신체가 5등분 돼 전국에 돌려졌다. 마침 한양에 와 있던 중국 장수가 그 인육을 얻어 구운 뒤 한 그릇을 싹 비웠다. 그리고 "중국인은 인육 먹기를 꺼리지 않는다"며 그를 접대하던 이충원에게도 먹기를 권했다. 그는 명종 때 별시문과에 장원급제하고 한성부판윤과 공조판서를 지낸 인물이다. 이충원은 마지못해 저민 고기를 한 점 입에 넣었다.

상황이 이랬으니 양반의 처지도 여느 백성과 다를 바 없었다. 《고대일록》에서 정경운은 "시장에서 양식을 구걸했다. 두꺼운 얼굴이 부끄러워 마치 시장판에서 매를 맞는 것 같으니 곤궁함에 마음이 상하는구나!" 하고 비통해했다.

정유재란의 발생, 조선인을 몰살하라

왜군에 점령당했던 한양은 1년여 만인 선조 26년(1593) 4월 20일 수복된다. 그러나 한양은 이미 폐허로 변해 있었다. 《징비록》에 따르면 수복 당시 한양 백성은 10분의 1 정도에 불과했다. 성안은 사람과 말의 사체 썩는 냄새로 가득했다. 종묘와 대궐 세 곳, 종루, 각사, 관학 등 대로 북쪽에 자리 잡은 모든 것들이 남김없이 잿더미로 변했다. 민가도 제 모습을 유지하고 있는 것이 하나도 없었다.

선조 25년(1592)에 발발한 임진왜란보다 선조 30년(1597) 정유재란 때 조선이 입은 피해가 훨씬 컸다. 임진왜란 때 일본의 명분은 '정명가도征明假道', 즉 명나라를 치려고 하니 조선의 길을 빌려달라는 것이었다. 물론 임진왜란 당시 우리의 피해가 없었던 것은 아니지만 곧이어 발생한 정유재란 때의 참상과는 견줄 바가 아니다. 임진왜란 때 명나라 참전으로 크게 고전을 하자 도요토미 히데요시는 조선인의 씨를 말리려고 했다. 강항의 《간양록》에 따르면, 매년 군사를 보내 조선 사람을 모두 죽여 조선반도를 빈 땅을 만든 뒤 왜인들을 옮겨 살게 하겠다며 또다시 우리 땅을 침략한다. 이 전쟁이 바로 정유재란이다. 조선인 몰살이 목표였던 만큼 첫 번째 전쟁에 비할 수 없을 만큼 처참했다. 《간양록》은 도요토미 히데요시가 왜군 한 명당 한 되씩 조선 사람의 코를 베어 소금에 절여 바치라고 명했던 것도, 도공 등 조선의 기술자를 대거 일본으로 끌려간 것도 정유재란 때의 일이라고 고발한다.

전대미문의 국란 속에서도 신하들은 여전히 당파싸움에 급급했다. 《고대일록》은 다음과 같이 묘사했다. "온 나라의 신민들이 곧바로 죽지 못함을 한탄하고 있건만, 어가를 따르고 있는 신하들은 위기 극복을 위해 힘을 합치기는커녕 정적을 제거할 때를 얻었다고 여기니 슬프구나! 썩은 나무가 정치를 좌지우지하고 걸어다니는 시체가 권력을 쥐고 있으니 나라의 불행이 점점 가까이 다가오는구나."

왜군들 중에는 백제계 후손, 또는 그들 집안에 속했던 인물도 많았다. 각종 전투에서 혁혁한 공을 세운 모리 데루모토가 바로 그런 사람이다. 이수광의 《지봉유설》은 여러 책을 인용해 임정태자臨政太子(성왕의 아들 임성)가 백제 멸망 이후 일본으로 건너가 주방주(규슈 후쿠오카)에 도읍을 정하고 '오우치노도노大內殿'라고 칭했다고 기술한다.

교토에 있는 이총耳塚　　　일본은 정유재란 때 조선인 12만 6,000명의 귀와 코를 베어가 이곳에 묻었다.

그로부터 47대가 지나 임정태자의 대가 끊어지자 가신이었던 모리 가문이 영지를 물려받았다. 모리 가문의 후손 모리 데루모토는 임진 왜란 때 왜군의 핵심 장수로 조선에 쳐들어와 진주성전투, 울산성전 투 등에서 큰 공을 세웠다. "모리 데루모토의 풍속은 다른 왜인들과 달리 너그럽고 느려서 우리나라 사람의 기상이 있다고들 한다."

《지봉유설》에 따르면, 중세 동아시아 최대 전쟁이었던 임진왜란 은 조선, 일본, 중국 등 세 나라뿐만 아니라 전 세계 다양한 인종이 참전한 세계대전이었다. 명나라 육군 제독 유정의 군대는 다국적군 으로 구성됐는데, 그의 군사 중에는 흑인도 포함돼 있었다. "남번南蕃

출신의 '해귀海鬼'로 묘사하는데, 해귀의 낯빛은 매우 검어서 옻칠을 한 것 같았으며 얼굴은 귀신 모습이었다. 형상과 체구가 커서 거의 두 길이나 되어서 말을 타거나 수레를 타고 다닐 수 없었다고 한다."

또《고대일록》에는 중국이 아닌 제3국에서 조선에 원조물자를 보내주었다는 기록도 남아 있다. "여국女國 사람들이 우리를 구원하기 위해 군량 일천 섬을 명나라에게 바쳤는데 이것이 우리나라에 도착했다. 아! 뜻밖의 일이다."

종전, 그러나
다시 원점

율곡 이이는 생전에 왜의 정세를 심상치 않다고 판단해 '10만 양병론'의 필요성을 제기했다. 붕당의 대립이 격화되고 있던 당시 조선 조정에서는 이런 주장이 받아들여지기 힘들었다. 의외인 것은 반대 세력의 중심에 임진왜란 극복의 일등공신 서애 유성룡이 있었다는 점이다.

우리는 이이의 주장대로 임진왜란 이전에 10만 대군을 키웠다면 전쟁을 막을 수 있었을 것으로 이해한다. 그러나 17세기 후반 노론계 학자 김만중은 《서포만필》에서 "10만의 군대를 확충하는 과정에서 민심이 이반돼 병사도 제대로 갖추지 못했을 것이고, 민심마저 조선을 떠나 전쟁에서도 패했을 것"이라고 평가한다. "문성공 이이가 10만 양병설을 청했을 때 풍원군 유성룡이 불가하다고 했다. …

유성룡,《징비록》
종이에 먹, 세로 26.5cm 가로 17.2cm,
국보 제132호, 국립중앙박물관 소장.

임진왜란을 이겨낸 후 일등공신으로 꼽힌 유성룡은 뜻밖
에도 이율곡의 '10만 양병설'을 불가하다고 주장했다. 갑자
기 대군을 키우면 민심이 이반된다는 이유에서였다. 결국
조선은 멸망할 때까지 10만의 병력을 갖지 못한다.

(중략) … 작은 나라에서 10만을 양병했다면 재앙이 백성에게 반드시
미쳤을 것이 틀림없다. 임진왜란 때 우리나라가 망하지 않은 것은
그동안 각박한 정치가 없어서 민심이 이 씨를 외면하지 않았기 때문
이다. …(중략) … 민심이 한번 떠났더라면 양호(정유재란 때 명나라 총사령
관)와 이여송(임진왜란 때 명나라 총사령관)의 구원병을 어떻게 먹이고 호
남과 영남의 의병들이 어떻게 일어났을 것인가."

《서포만필》은 당나라 전성기 때 변방에 군사가 40만 명에 달했음

에도 안녹산의 난으로 국가적 위기를 맞았고, 송나라도 궁중을 호위하는 금위병으로 인해 스스로 병이 들었다면서 10만 양병설의 허구성을 비판했다. 결과적으로 10만 양병설은 조선이 망할 때까지 구현되지 못한다.

일본이 강성해질 동안
북쪽에만 집착한 조선

일본은 죽음을 대수롭지 않게 여기고 잔인하다는 인식이 강하다. 그러나 실상을 그렇지 않았다. 《간양록》에 따르면 일본 사람은 키가 작고 힘도 없다. 조선 사람과 씨름을 하면 매번 지는 쪽은 일본 사람이다. 정유년(1597) 가을부터 무술년(1598) 초여름까지 왜군이 우리와 싸우면서 군대를 지속적으로 징발했다. 사상자가 대량으로 발생했기 때문이다. 군대에 뽑힌 자들은 모두 울면서 전장으로 떠났다. 도망치는 자가 많아져 어미와 처를 가둬 강제로 입대시키기도 했다. "왜병들은 일본으로 돌아와 '일본 검은 그저 몇 걸음 안에서만 쓸 수 있지만 조선의 화살은 멀리 수백 보 밖까지 미치니 만일 조선이 힘써 싸우기만 했다면 우리가 감히 맞붙기 어려웠을 것'이라고 이구동성으로 말했다."

일본에 붙들려 간 조선인, 특히 벼슬아치들은 장인을 존중하고

〈미나모토노 요리토모 초상〉
세로 143cm 가로 112.8cm, 교토 진고지 소장.

최초의 무사정권인 가마쿠라 막부를 세워 일본을
전쟁의 소용돌이로 몰아넣은 미나모토노 요리토모
의 초상이다.

외국과의 교류가 활발한 일본의 사회상을 목격했다. 《간양록》은 호리다 오리베라는 장인을 소개하면서 그의 재산이 도쿠가와 이에야스와 견줄 만하다고 했다. 사람들은 꽃을 심거나 다실을 꾸밀 때 반드시 그의 평가를 받으려 하는데 그 대가로 황금 백 정을 서슴지 않고 낸다. 숯 담는 깨진 표주박, 물 긷는 목통이라도 호리다 오리베가 귀하다고 평가하면 다시 값을 흥정하지 않고 사간다는 것이다. 기술을 천대했던 조선의 사대부는 이런 일본의 풍속이 못마땅했다. 외국과의 통상에 적극적인 것도 꼴불견이었다. 《간양록》은 "왜놈의 성질이 신기한 것을 좋아해 외국과의 교역을 훌륭한 일로 여긴다"고 했다. 그리하여 나귀, 노새, 낙타, 코끼리, 공작, 앵무 등이 해마다 끊임없이 들어오며 왜국 시장에는 중국과 남만의 물화가 언제나 널려 있었다고 했다.

그러나 《간양록》은 그동안 조선이 일본의 강성해짐을 간과한 부분을 질타한다. 사실 12세기 중반까지만 해도 일본은 평온한 나라였다. 법령이 중국, 조선과 다르지 않아 평민들은 자기 밭이 있었고 수령도 주기적으로 교체했으며 과거로 인재를 선발했다. 하지만 막부 정치가 시작되면서 모든 게 달라졌다. 관동장군 미나모토노 요리토모源賴朝, 1147~1199가 유력 가문들을 멸족시키면서 일본 전역이 전쟁터로 바뀌었다.

무기 분야에서도 임진왜란 발발 50년 전 총포와 화약을 가득 실은 남만의 배가 표류해 일본에 닿으면서 드디어 총 쏘는 법을 배우기 시작했다. 임진왜란이 일어나기 직전에는 조총의 명수들이 온 나라에 널리 퍼져 있었다. 반면 조선은 여진족 방어가 급선무였다. 남병사, 북병사를 두고 2품의 높은 봉록으로 대우하며 또한 명망 있는 문관을 임명했다. 그러나 호남과 영남 등지의 장수들은 낮게 대우했다. 《간양록》은 "100만의 여진이 10만의 왜군을 당하지 못할 터인데 남쪽을 가벼이 여기고 북쪽을 중히 여김은 무슨 까닭인지 모르겠다"고 했다.

조선과 일본 사이에 위치한 대마도는 우리나라와 일본을 왔다갔다하며 농간을 부렸다. "대마도가 왜국에 딸린 것도 아닌데 두 나라 사이에 있으면서 왜국을 빙자해 우리에게 요구하고 우리나라를 빙자해 왜국에게 중하게 보였으니 박쥐노릇을 하면서 이로움을 취했다."

대마도는 전통적으로 일본보다 조선과 가까웠다. 여자들의 경우 한복을 많이 입었으며 남자들은 대부분이 우리나라 말을 알았다. 그들은 영리한 아이를 골라 조선말을 가르치고 여러 문서의 격식을 능숙하게 익히도록 했다. 대마도는 땅이 척박해 우리나라에서 쌀을 얻어먹어야 했기 때문이다. 그러나 도요토미 히데요시가 일본을 통일하면서 상황이 달라진다. 대마도주 소 요시토시는 겁을 집어먹고 도요토미 히데요시에 붙어 조선 공격의 선봉장이 됐다. 전쟁이 끝난 후 그의 태도는 또다시 돌변했다. 《간양록》에 따르면 대마도주의 가신은 강항에게 만나기를 청해 "도요토미 히데요시가 귀국을 침범할 때 어찌 저희가 막을 수 있었으리까, 일본이 쇠약해지고 귀국이 부

〈소 요시토시 초상〉
세로 91.2cm 가로 49.8cm,
대마도 반쇼인 소장.

임진왜란 때 왜군의 선봉을 맡았던 대마도주 소 요시토시. 대마도는
역사적으로 우리와 가까웠다. 소 요시토시의 조상도 우리 민족이
었다. 애초 송 씨였지만 대마도로 건너가서 종 씨로 성을 바꿨다.

강해져서 대군으로 바다를 건너와서 일본을 친다면 이 섬은 또한 어쩔 수 없이 귀국을 따라갈 수밖에 없을 것"이라고 변명하며 대마도에 억류돼 있는 포로들을 되돌려 보내겠다는 뜻을 전했다.

대마도를 다스리는 태수는 애초 우리나라 사람이었다. 《지봉유설》에 따르면 대마도는 종 씨(宗氏)들이 태수를 지냈는데, 그들의 조상은 우리나라 송 씨(宋氏)였지만 대마도에 들어가 성을 종(宗)으로 고쳤다. 일본의 도요토미 히데요시는 대마도 태수 종성장宗盛長을 멸하고 종씨 집안의 후손인 종의지(소 요시토시, 宗義智)를 대신 태수에 앉힌 뒤, 평 씨(平氏) 성을 하사했다. 도요토미 덕분에 태수가 된 평의지는 임진왜란 때 왜군의 선봉을 맡아 우리나라를 침략한다. 이중환은 《택리지》에서 대마도를 토벌해 우리에게 복속시키는 것이 상책이라는 의견을 제시한다.

과거제도, 등용문에서
부정부패의 온상으로

전쟁 때는 용기 있고 재주 많은 무인들이 절대적으로 부족하게 마련이다. 하지만 과거 합격자 중 자격 미달자가 넘쳐났다. 이기의 《송와잡설》에 따르면, 왜란이 발발한 이래로 과거를 통과한 이가 수만 명이었는데 그중에는 사족, 한량은 말할 것도 없고 서얼이나 천민, 백정까지 참여하지 않은 자가 없었다. 그들 중에는 글자 한 자 모르는 자도 많았고 거의 대부분이 활도 당기지 못했다. "뽑은 사람이 많을수록 장수 재목은 더욱 모자랐다. 이들로 굳세고 사나운 적을 막으려고 했으니 어찌 한심하지 않다고 할 것인가."

인재를 등용하는 과거시험은 임진왜란을 전후해 부패하기 시작했다. 이미 그 시절 부정행위는 고질적 병폐였다. 이덕형은 《죽창한화》에서 "우리나라에서 공정한 것은 오직 과거뿐이었다. 그러나 임진년 병란이 있은 후에 풍조가 크게 변하고 법 기강이 해이해졌다. 한두 시험관이 과거 시험장에서 부정행위를 행한 것이 시초가 되어 그 폐단이 점점 만연되었다. 폐조廢朝, 광해군 때에 이르러 가장 심했으니 큰 둑이 한 번 무너지자 모두 염치가 없어져서 돈에 환장한 사람보다도 심했다." 간신들이 자신들의 세력을 넓이기 위해 과거시험을 주관하는 문형文衡, 대제학을 독식하면서 능력 있는 인재 등용이라는 과거제도 본래의 취지가 사라졌다. "크든 작든 사람을 뽑는 과장에는 미리 글 제목을 빼내어 문객과 일가붙이 중 젖비린내 나는 자제들을 시켜 먼저 남에게 가서 대신 글을 받게 하였으니 이는 차천로(성균관 관원 시절 한 과거 응시생의 글을 대신 써줘 장원급제하게 함)에서 그릇된 예가 생겼고, 이재영(서얼로 이이첨의 여러 아들을 부정으로 합격시켜줌)에서 기원되었다. 관서지방에 이진이란 자가 제법 과문을 잘 지었다. 이 진이 재상의 집에 출입하면서 많은 보수를 받고 글을 지어주었는데 이것으로 과거에 급제한 자가 또한 많았다."

한시각, 〈북새선은도〉
비단에 채색, 세로 56.7cm 가로 338cm,
국립중앙박물관 소장.

변방인 함경도 길주에서 열린 과거시험을 그린 그림이
다. 전쟁은 신분상승의 기회이기도 했다. 왜란 발발 이후
황해도와 평안도에서는 부족한 무장을 충원하기 위해
매년 무과를 실시했다.

　　심노숭의 《자저실기》도 과거제가 광해군 이후에는 순기능이 사라
졌다고 했다. 훈신과 척신은 물론 사림들조차 자신들의 무리라면 시
골의 변변치 않은 이들까지도 두레박으로 물을 퍼내듯, 갈고리로 당
기듯 과거를 통해 정치에 참여시켰다. "종국에는 그 집안의 재앙으
로 집안과 나라가 함께 망하는 지경에까지 이르렀다."
　　조선은 불과 한 세대 만인 인조 5년(1627)에 정묘호란, 곧이어 인
조 14년(1636)에 병자호란을 겪는다. 하지만 끝내 정신을 못 차린다.

조선 후기의 실학자 정약용은 그의 대표작 《목민심서》에서 조선군의 실태를 고발하면서 다음과 같이 비판한다. "군대 편성을 언급하는 것은 이름뿐이고 쌀이나 베를 거두어들이는 게 실제의 목적이다. 지금과 같은 정세에서 새삼스럽게 대와 오를 바로잡는다고 하여 허위의 기록을 조사하고 도망간 자, 늙은이, 죽은 자를 밝혀내어 군정을 정돈한다고 하면 또다시 아전의 농간이 따르게 마련이므로 현명한 수령은 이것을 하지 말아야 한다. …(중략)… 백 년 묵은 옛 칼은 자루는 있으되 날이 없고 삼대를 내려온 깨진 총은 불을 질러도 소리가 나지 않는다." 그러면서 "조선의 군대는 있으나 마나한 조직이니 행여나 (일선 군대를 관장하는) 수령이 이를 고쳐보려는 생각도 하지 말라"고 권고한다. 뿌리부터 썩어서 바꾸려 하다가는 오히려 백성들만 더 고통을 받는다는 것이다.

곁들여 읽기—

일본에 다녀온 선비,
남창을 보고 아연실색하다

"일본에서는 중세 이후 전쟁이 수시로 일어났고, 각 주의 태수들은 군사를 육성하는데 혈안이 돼 백성들의 고혈을 짜냈다. 반면 군인들은 한 해 쌀 25석의 급여를 받았고 병역 이외에는 다른 부담이 없었다. 그래서 많은 백성들이 군인이 아니면 살길이 없다고 생각했다. 일단 군인이 되고 나면 죽고 사는 것은 모두 태수의 손에 달려 있었고 한번 겁쟁이라고 소문이 나면 사회에서 매장되었다. 반면 얼굴에 칼이나 창에 맞은 상처가 있으면 '용감한 사나이'라 하여 녹봉을 받았다."

조선 후기의 문장가이자 숙종 45년(1719) 조선통신사 제술관製述官, 시문과 학문 토론을 담당하던 관리으로서 일본을 다녀온 신유한은 일본에서의 경험을 정리한 《해유록海遊錄》에서 "일본인이 싸움에서 무모하게 덤

아네가와 도에이, 〈조선통신사래조도〉
종이에 채색, 고베시립박물관.

일본 인파가 조선통신사 행렬을 환영하고 있다. 《해유록》의 저자 신유한은 숙종 45년(1719) 조선통신사의 제술관(시문과 학문 토론을 담당하던 관리)으로 일본을 다녀왔다.

버드는 것은 오직 자기 몸 하나 편안해지기 위함"이라고 기술했다.

18세기 일본에는 무사, 농민, 공인, 상인 등 네 종류의 백성이 있었다. 무사는 태수에게만 복종하면 돼 가장 편하다. 그 외에도 승려, 의사, 유학자가 있었는데 이 중 유학자의 신분이 가장 낮았다. 과거 시험을 치러 관직에 나갈 수도 없으며 각 주에서 서류를 만드는 일을 하거나 무사에게 몸을 의탁해 생계를 꾸려야 했다. 그렇지만 학문과 예술에 대한 갈증은 높았는지 조선통신사에게는 글이나 그림 청탁이 쇄도했다. 신유한에게도 마찬가지였다. 그는 책에서 "날마다 시를 써달라는 일본인들에게 시달려 우울하고 답답한 심정을 견딜 수 없었다"고 토로했다. 이들의 요구는 심지어 새벽까지 계속됐다. 그는 답답한 심정을 달래기 위해 일본인 통역관과 호위병을 대동하고 밖을 거닐었다.

신유한에게 일본의 음란한 풍속은 충격적이었다. 그는 "사창가의 창녀들이 화장해서 용모를 예쁘게 꾸미고 외설스럽게 구는 형태를 알게 되었는데 너무 저질스러워 차마 입에 담을 수 없었다"고 개탄했다. 또 남창男娼 풍조에는 아연실색한다. "열서너 살에서 스물여덟 살까지의 미남자들이 향기로운 기름을 머리에 바르고 눈썹을 그리고 분을 바르고 알록달록 무늬를 수놓은 옷을 입고 모습이 마치 아름다운 꽃 한 송이 같았다. 왕족과 귀족은 물론 부유한 상인에 이르기까지 이런 남창에게 재물을 쏟아붓지 않는 자가 없는데, 밤낮으로 반드시 함께하며 남창의 애인을 질투하여 죽이기까지 했다."

신유한은 일본 유곽의 모습에 충격을 받았지만, 외국 풍속을 살펴 취할 것은 취하고 경계할 것은 경계해야 한다며 이를 사실적으로 묘사한 여러 편의 시를 남겼다.

신유한은 기술을 숭상하는 일본인들의 문화는 높게 평가했다. 그는 "집과 집을 짓는 재료는 한 치의 오차도 없이 규격화돼 있으며 집을 지을 때는 복도와 부엌, 욕실 등을 한 지붕에 배치하며 건물 주위

〈아메노모리 호슈 초상〉
종이에 채색, 나가사키역사박물관.

신유한 일행을 안내했던 아메노모리 호슈는 조선과의 실무
교섭을 담당했던 외교관이다. 신유한은 만약 그가 권력을
잡는다면 우리나라에 해를 끼칠 인물이라고 평가했다.

는 신기하게 생긴 바위와 대나무와 이름난 꽃들이 에워싸고 있다. 여자들이 짜는 비단은 매우 정밀하고 가벼우며 화초 등도 그냥 두는 법이 없이 온갖 모양으로 다듬는다"고 했다.

도요토미 히데요시가 도읍으로 삼았던 오사카에 대해서는 '천하의 으뜸 도시'라고 칭찬했다. 곧게 잘 닦인 길은 티끌 하나 없이 깨끗했다. 다리가 200여 개, 절은 300여 개나 된다. 번주나 가신의 좋은 집들은 그 두 배나 됐다. 평민 중에서도 농업, 공업, 상업에 종사해 부자가 된 집이 수천, 수만이나 됐다.

오사카는 또한 책의 도시였다. 신유한은 "천하의 장관이라 할 만하다"고 부러워했다. 우리나라 명현의 문집 가운데 일본 사람들이 가장 아끼는 것은 《퇴계집退溪集》이었다. 집집마다 읽고 외우고 있었다. 사람들은 도산서원이 어느 군에 속해 있는지 묻고 퇴계의 후손이 지금 몇 사람이나 있으며 무슨 벼슬을 하고 있는지 궁금해했다. 퇴계가 평소에 좋아했던 것이 무엇인지 등등 질문이 지나치게 많아 다 기록하지 못할 정도였다고 책은 밝히고 있다. 학자들은 최치원, 설총으로부터 김장생에 이르기까지 우리나라 문묘에 모셔진 선현의 이름을 순서대로 정확히 외우고 있었으며 우리나라 학자들의 문장과 자취도 막힘이 없었다.

국가기밀에 속하는 서적도 버젓이 일본에서 유통되고 있었다. 김성일의 《해사록》과 유성룡의 《징비록》, 강항의 《간양록》 등의 책들이다. 통역관들이 밀무역으로 일본에 넘긴 것으로 추측됐다. 신유한

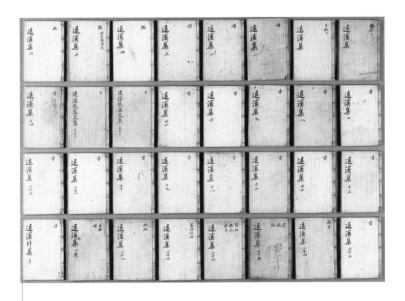

이황, 《퇴계집》
종이에 먹, 세로 31.2㎝ 가로 21.7㎝,
국립중앙박물관 소장.

18세기 초 일본인들이 가장 아끼는 우리나라 명현의 문집은 《퇴계집》이었다. 지식인이라면 대부분 《퇴계집》의 내용을 외우는 수준이었다.

은 우리나라의 기강이 엄하지 못한 때문이라며 적을 정탐하여 적에게 일러주는 것과 무엇이 다르겠는가 하고 탄식했다.

음식도 상세하게 적었다. 대부분의 일본 음식을 맛있다고 서술한다. 하지만 고래회만은 이상했다. 일본인들은 고래회를 가장 귀하게여겨 비싼 값에 사들여 손님을 접대했다. 고래는 버리는 게 없어 큰고래 한 마리를 잡으면 자신은 물론 후손까지 부유해질 정도였다.

그러나 신유한은 "먹어보니 부드럽고 미끄러우며 기름지기만 할 뿐 별다른 맛은 없다"고 시큰둥하게 반응했다.

일본인들이 평소 무릎을 꿇고 앉는 것은 복식제도에서 유래했다. 길에서 술을 파는 여자이건 곡식을 거두는 사람이건 반드시 두 무릎을 땅에 대고 옷을 여미며 앉는다. 옷이 짧고 바지가 없어 이렇게 하지 않으면 남자든 여자든 은밀한 곳을 가릴 수 없기 때문이다. 그래서 부득이하게 꿇어앉는 법도가 생겨났고 그것이 습관화된 것이다.

일왕은 허수아비로 전락해 중세 이후 그 위상이 더욱 낮아져 일본인들은 조선통신사에게 일왕의 존재가 알려지는 것조차 극도로 경계했다. 조선 국왕과 일왕 사이에 국서 교환이 이뤄져야 했지만 쇼군이 이를 대신했다. 장자를 제외한 일왕의 모든 아들들은 승려가 돼 법친왕法親王이라 불렸다. 딸도 마찬가지로 비구니가 되어야만 했다. 당연히 부마나 공주라는 명칭도 일본에는 존재하지 않았다.

일본인들은 한글에 비상한 관심을 보였다. 나고야에서 한글을 보여달라고 말하면서 어느 시대에 누가 창제했는지 물었다. 한글을 써내려가자 그들은 "글자의 생김새가 별이나 초목 같다. 용마의 등에 그려진 그림이나 거북이 등에 쓰인 글의 형상을 취해 만든 것이 분명하다"고 반응했다. 책에는 신라가 일본 본토를 공격했다는 기록도 등장한다. 한반도에서 일본 히로시마 등으로 들어가는 입구, 시모노세키에는 백마총白馬塚이 있었다. 신라왕이 장수를 보내 일본을 공격하자 일본인들이 이에 굴복하여 강화를 맺기를 청했다. 신라의 장수는 강화의 표시로 백마를 죽여 무덤을 만들었다. 일본 풍속에는 무덤에 봉분을 만들지 않는데 백마총은 봉분이 있는 것으로 미루어 보아 신라 사람이 쌓은 게 틀림없다고 저자는 설명한다. 일본인들은 그 내용을 잘 모르고 땅이 저절로 부풀어오른 것이라고 했다고 한다.

임진왜란 때 왜군은 수많은 조선인을 포로로 잡아갔는데, 마을 전체가 일본으로 끌려가기도 했다. 교토 인근 요도강 기슭에는 진주도晉州島라는 마을이 있었으며 이곳에는 진주 출신 포로들이 모여 살았다. 임진왜란이 터진 지 100년도 훨씬 지난 신유한의 방문 당시까지도 진주 출신들이 모여 살았으며 다른 지역 출신은 한 명도 없었다. 신유한은 "그때의 일을 생각해보니 모골이 송연해진다"고 썼다. 신유한 일행이 조선으로 출발할 때 길잡이를했던 아메노모리 호슈라는 일본인이 이별을 아쉬워하며 눈물을 흘렸다. 신유한은 그러나 아메노모리 호슈가 "겉으로 문인인 체하지만 마음속에 창과 칼을 품고 있어 권력을 잡았다면 우리나라에 해를 끼칠 인물"이라고 평가했다.

6장

그시절
삶의 현장보고서1

비구니 절에서
웬 아기 울음?

　고전에 등장하는 선조들의 일상은 우리 상식을 뒤집는다. 조선은 유교를 표방했지만 불교 유풍이 오랫동안 이어졌고 성적性的으로도 자유로웠다. 지은 죄가 많았던 세조는 오히려 불교를 장려하기도 했다. 다음은 성현의 《용재총화》내용이다. "세조 때 그 폐단이 극에 달해 승려들이 마을에 섞여 살면서 음탕하고 난폭한 짓을 해도 조정의 관리와 수령들이 손을 쓰지 못했다. …(중략)… 도성 안에는 비구니 절이 10여 채로 늘었는데 비단을 깔고 단청으로 꾸미는 절집도 있었다. 어린 비구니 중에는 아이를 낳는 이도 있었다."

　조선 전기에는 이상하게도 여성 인구가 남성에 비해 훨씬 많았다. 어숙권의 《패관잡기》에 따르면 남자는 첩을 두세 명씩 거느렸다. 재혼이 흠이 되지 않는 낮은 신분의 여자라도 남자가 부족해 과부로 늙는 경우가 많았다. 모든 관청이나 일반 민가에서 밥을 짓고 각종 물건을 공급하는 사람들도 모두 여자였다. 중국 사신이 올 때도 길 주변에서 일하는 사람들이 죄다 여자여서 중국인들이 괴이하게 생각했을 정도다. 심지어 《패관잡기》는 조선 조정이 통역관으로 여성을 내세워 중국 측에서 불만을 제기했다는 대목이 있어 우리를 어리둥절하게 만든다. "중국 사신 공운강은 조선이 자신들의 풍속을 따라 여자 통역관으로 응대하는 것은 예의를 따르지 않는 일이라며 조선 임금에게 여자를 남자 통역관으로 바꿔야 한다고 요청했다." 《패관잡기》는 그럼에도 불구하고 관행이 고쳐지지 않았다면서 "음양오행에 의해 동방의 숫자는 하늘(남자)이 3인 반면, 땅(여자)은 8이어서 여자가 많은 것"이라고 했다.

이처럼 여성이 많아서 그랬는지 이륙은 《청파극담》에서 조선시대에 의사, 그것도 여자 치과의사가 존재했다는 사실을 전한다. 조선 사람들은 벌레가 이를 갉아먹어서 충치가 생긴다고 여겼다. "내(이륙)가 젊었을 때 제주도에 사는 가 씨라는 사람을 본 일이 있다. 사대부 집에 드나들면서 치충을 잘 잡아냈다. 그 후 같은 제주도 출신의 계집종 장덕이가 가 씨에게서 술법을 배웠다. …(중략)… 대낮에 침으로 핏줄을 찔러 벌레를 잡아냈고 병도 조금씩 나았다. 일찍이 대궐에 들어가 이를 치료했는데 효험이 있었다. 이에 장덕이를 혜민서 여의로 삼고 나이 어린 여의 몇 사람으로 하여금 그 기술을 배우게 했으나 끝내 전한 사람이 없었다. 다만 장덕이 집에서 심부름하

던 옥매라는 아이가 그 기술을 모두 배워 장덕이 죽은 후에 다시 혜
민서에 속하게 되었다."

청계천을 거닐던
조선 사람들의 모습

"남남북녀"라는 말은 주로 '북쪽 지방은 여자들이 예쁘고 남쪽 지
방은 남자들이 잘났다'는 의미로 쓰인다. 그러나《임하필기》에 따르
면 이 말은 전혀 사실이 아니다. 여기서 '남북'은 함경도의 남쪽과 북
쪽을 지칭한다. 함경도 북쪽 지방 여자들은 체구가 크고 살갖이 밝
았다. 일도 잘해 일 년에 베를 두 단이나 짰다. 이렇게 짠 베로 시집
갈 때 치마를 네다섯 벌이나 갖추고 가마에 면포를 덮어씌웠다. 일
손 하나하나가 절실했던 시절이니 노동생산성 높은 그녀들은 사랑
을 받을 수밖에 없었던 것이다.

남녀는 때가 되면 가정을 이뤄야 했다. 정약용의《목민심서》를 보
면 조정에서는 혼수까지 지급하면서 혼인을 독려한 모습을 확인할
수 있다. "정조 15년(1791)에 백성들이 가난하여 혼인의 때를 놓치는
것을 딱히 여기고 혼기가 지난 자가 혼인을 하면 관청에서 혼례비로
돈 500냥, 베 2필을 주게 했으며 매월 상황을 보고하게 했다. …(중략)
… 남자 25세, 여자 20세 이상의 자를 골라서 이웃의 유력한 자를 시

전통혼례의 모습

조선시대에는 국가적으로 혼인을 장려했다. 혼인이 늦어지면 혼수를 지급하고 중매를 통해 짝도 맺어줬다.

켜 중매하게 하고 관에서 약간의 돈과 포목을 주어 돕는다. 홀아비와 과부를 중매하여 짝지어주는 것도 또한 선정이다."

사람 사는 세상에 불륜도 없을 수 없다. 조선시대 불륜으로 아이가 생겼을 때는 어떻게 했을까. 정약용의 《목민심서》에 따르면, 원치 않는 아이를 낳으면 청계천 같은 곳에 유기하는 일이 종종 있었다. "임몽득이 평창에 있을 때 버려진 아이를 기른 자에게 상을 주고 상평창의 곡식을 나눠주었다. 이로 인해 구제받은 아이가 3,800명이나 되었다. …(중략)… 한양의 작은 개천에는 간혹 버려진 아이들

이 있는데, 그중에는 간음으로 인해서 낳은 아이가 많다. 백성이 거두어 기르게 하고 아들이나 딸을 삼는 것을 허락해야 한다."

　오늘날 서울의 대표적인 명소로 자리 잡은 청계천은 조선시대부터 밤늦게까지 사람들이 북적이는 핫플레이스였던 모양이다. 다음은 《하재일기》의 한 부분이다. "정권과 함께 옷을 걸쳐 입고 대문 밖으로 나가서 수표교(청계2가와 청계3가 사이 다리)에 이르러 달빛과 등불빛 야경을 구경하고 돌아오다 청계천시장 앞에 이르니 달빛과 등불

빛이 서로 어우러져 비치는 속에서 북과 꽹과리를 치며 귀가 따갑도록 노래를 부르고 소리를 지르며 장안의 청춘 남녀들이 어지럽게 떠들어대는데 구경할 것이 못 되었다. 그래서 즉시 숙소로 돌아오니 대략 삼경(밤 11~오전 1시)쯤 되었다."

한국인은 뒷통수가 넙적한 사람이 많다. 예로부터 그랬던 모양이다. 서긍의 《고려도경》에 쓰인 내용이다. "고려인은 대개 머리에 침골(뒤통수 뼈)이 없다. 승려는 머리를 깎아서 그 두상이 드러나는데 매우 이상하게 느꼈다. 진사晉史에서는 삼한三韓 사람들은 아이를 낳자마자 돌로 머리를 눌러 넓적하게 만든다고 했으나 이는 사실과 다르다. 체질 때문에 그런 것이다."

또 과거에는 대부분 수염을 길렀기 때문에 덥수룩한 수염이 남성미의 상징이었을 것이라 생각하지만 그렇지는 않았던 모양이다. 《청파극담》은 목은 이색의 증손자인 좌찬성 이파는 수염이 너무 많아 놀림을 받았다고 적고 있다. "이파는 스스로 풍채로 봐서는 당세에 제일이라 하였으나 얼굴 위에 수염이 있으므로 공을 희롱하는 자가 '윤길생과 비슷하다' 하였다. 이파는 이 말을 매우 싫어하였으니 윤길생이 험상궂은 얼굴에 수염이 많기 때문이었다."

이전까지 활은 무인들의 전유물이었지만, 조선 시대에는 일반인들도 활쏘기를 취미로 즐겼다. 《하재일기》는 일반화된 활쏘기 풍습을 이야기한다. "한 소사, 박광천, 홍옥포를 불러 함께 삼관정 옛터에 올라가 시를 지었다. …(중략)… 쓰기를 마치고 아이들에게 비빔

밥과 막걸리를 소나무 그늘 아래로 가져오게 하여 함께 먹었다. 나는 우천(경기도 광주)에 나가서 활쏘기 연습을 10여 순 하고 들어왔다."

그럼 명절과 기념일의 모습은 어땠을까. 설이면 가족이 한데 모여 차례를 지내고 음식을 나눠먹는 풍경이 연상된다. 그러나 《하재일기》에 따르면 당시에는 차례를 지내고 마을 어른들께 새해 인사를 드린 뒤 출근을 했다. "차례를 마치고 곧바로 내곡으로 가서 관성제군(관우의 영)을 배알한 뒤 추첨하여 19번을 뽑으니 상길(대길)이다. 돌아오는 길에 윤 생원 분서 선생을 찾아뵙고 모시고 이야기하였다. 잠시 머물다가 인사하고 물러나와 이웃 마을의 연세 많은 어른들을 두루 찾아뵈었다. 공방(직장)에 들르니 자리에 시축(시를 적은 두루마리) 하나가 보였다. 바로 유초사의 설날 시였다. 곧바로 차운하여 가볍게 작은 목소리로 읊조렸다."

《하재일기》의 저자 지규식은 천주교도였다. 따라서 그에게는 크리스마스가 최대 명절이었다. 그 시절 크리스마스의 풍경도 엿볼 수 있다. "예수 탄신일이다. 남녀 교우가 다 같이 모여 온종일 찬송가를 부르고 성경을 외웠다. 밤에 또 찬송가(성가)를 부르며 성경을 외우고 국밥을 장만하여 함께 먹고 밤이 깊은 뒤 집회를 마쳤다." 역시 평범한 일상에 작은 세리머니가 더해진 정도였다.

기름진 땅에 모이던
인걸이 한양으로

　명산 금강산의 이름은 당시에도 외국까지 널리 알려졌다. 이수광
의 《지봉유설》은 임진왜란 때 구원병으로 온 명나라 장수들도 금강
산의 멀고 가까움을 물으면서 관심을 표시했다고 언급한다. 이유원
의 《임하필기》도 명산 금강산은 외국에서도 모르는 이가 없었다고
했다. 《임하필기》에 따르면 권근은 "천하 사람들이 모두들 이 산을
한 번 찾아와서 구경하고 싶어한다. 더러는 그 꿈을 이루지 못함을
한탄하면서 그림으로 그려 걸어놓고 예배를 드리는 자까지 있다"고
했으며, 고려 말의 학자 이곡도 "금강산은 천하에서 그 이름이 유명
해 인도 사람들까지도 찾아와서 구경한다"고 했다.

　당시 수도였던 한양의 모습은 어땠을까? 한 나라의 수도였음에
도 한양의 인구는 10만을 겨우 넘는 수준이었다. 이수광의 《지봉유
설》에 따르면, 조선을 개국하고 도읍을 한양으로 옮겼을 때는 겨우
8,000호가 살았고 한양이 가장 번성했을 때도 8만 호에 불과했다.
그나마도 임진왜란 이후 수만 호로 크게 줄어들어 20만 명도 안 되
는 인구가 한양에 모여 살았다. 고려의 수도 개성만 하더라도 민가
가 13만 호나 됐던 것과 비교하면 그 규모가 어떠했는지를 짐작할
수 있다. 현대에는 교통의 요지나 상업이 발달한 지역에 인구가 집
중되지만, 농업이 중심이었던 과거에는 땅이 기름진 곳에 사람이 몰

● 정선, 〈신묘년풍악도첩〉
견에 채색, 세로 37.4cm 가로 36cm.
국립중앙박물관 소장.

금강산은 천하의 명산으로 해외에도 널리 알려져 중국은
물론 인도 사람들까지 찾아와 구경했다.

려들었다. 생업이었던 농사를 지을 수 없는 한양에 인구가 몰리지 않는 것은 어쩌면 당연한 일이었다.

이중환의 《택리지》는 우리나라에서 가장 기름진 땅으로 전라도의 남원, 구례와 경상도의 성주, 진주를 꼽았다. 오늘날 이들 지역은 주요 교통로에서 비켜나 있어 상대적으로 발전이 더딘 곳들이다. 그러나 조선시대에는 기름진 땅이 고을 발전의 척도였다. 이들 지역 논에 볍씨를 한 말 뿌리면 최상의 논에서는 140말을 거두고 그 다음은 100말을 거두며 최하는 80말을 거둔다고 《택리지》는 소개한다. 기름진 땅에는 인걸이 많기 마련이다. 참외로 유명한 경북 성주를 언급하면서 "영남에서 땅이 가장 기름져 적게 뿌리고도 많이 거둔다. 그러므로 토박이들은 모두 부유해서 떠돌아다니는 자가 없다"고 했다. 그러나 시대가 변했다. 비단이 각광받으면서 양잠은 돈 되는 부업으로 부상했다. 《용재총화》는 양잠이 인기를 끌면서 농촌은 물론 서울의 양반가에서도 경쟁적으로 누에를 집안에서 키웠다고 전한다. "예전에는 서울의 대가大家 중에서 서너 집에서만 양잠을 했는데 지금은 모두 양잠을 하며, 뽕나무를 심어 이득을 얻는 사람이 많다."

조선 전기까지만 해도 시골 출신도 고관이 될 수 있었다. 그러나 인조 이후 인재 등용이 불평등해졌다. 인조 때부터 율곡 이이와 우계 성혼, 백사 이항복의 문하가 정국을 평정하면서부터 대대로 서울에 살아온 집안의 사람들을 집중적으로 등용했다. 특별히 퇴계 이황, 회재 이언적, 한강 정구, 일두 정여창을 배출했던 경상도가 차별

받았다고 《택리지》는 주장한다. "경상도에서 최근 백 년 동안 정2품의 정경正卿이 된 자가 둘, 종2품의 아경亞卿이 네댓이고 정승이 된 사람은 없었다."

유학자의 나라,
일본책을 수입하다

　유학을 국가의 근본으로 삼은 조선이었지만, 우리가 지금 생각하는 것과는 여러 가지로 달랐다. 비과학적인 풍수설을 맹신했다. 묘지에 대한 집착이 병적이어서 이를 둘러싼 분쟁이 빈발했다. 《목민심서》의 내용이다. "묘지에 관한 송사는 이제 폐해만 있는 풍속이 되었다. 구타와 살인 사건의 절반이 이로 인해 일어난다. 남의 묘지를 파버리는 변고를 저지르는 행위를 효행이라고 생각한다. …(중략)… 장사를 지내고 나면 자리가 나쁘다고 세 번, 네 번 개장하는 동안에 자리 때문에 송사가 생겨 마침내는 원수가 되고 마니 참으로 어리석은 일이다."

　권력자들은 남의 묘를 강제로 빼앗는 경우도 비일비재했다. "참의 홍혼이 양주목사로 있을 때, 후궁의 친족이 권세를 업고 함부로

재판하는 모습
《사진으로 본 백 년 전의 한국》, 가톨릭출판사.

조선시대 풍수설을 맹신해 묘지를 둘러싼 분쟁
이 잦았다. 좋은 묘지를 서로 차지하기 위해 살인
도 서슴지 않았다.

고을 여기저기에 아무렇게나 묘를 썼다. 홍혼이 법에 따라 (후궁 친족
의) 묘를 파내버리자, 관찰사가 이를 듣고 놀라고 주위에서 모두 몸
을 떨었다."

　무덤 쓰는 것을 놓고 종종 살인도 벌어졌다. 형사판례집《심리록》
에 따르면, 정조 18년(1794) 경북 경산의 박사읍사는 은삼손과 무덤
자리를 놓고 다투다가 발로 음낭을 차 죽였다. 당시에는 사대부뿐
만 아니라 일반 백성들도 묘지를 넓게 차지하려고 다투는 경우가 많

았다. 그러다 보니 법으로 평민들은 분묘 사이에 거리를 둘 수 없도록 금지했다. 그런데 박사읍사는 어머니 묘소가 은삼손의 조상 묘에 의해 머리가 눌리고 청룡이 침범 받고 있다고 말하면서 묘지 이장을 요구하다가 결국은 살인까지 저지른 것이다. 정조는 "범행이 사납고 간특하다"며 엄중 처벌을 지시했다.

여러 형벌 중 '나무 칼'을 씌우는 것이 가장 고통스러웠다. 《목민심서》에서 정약용이 "나무 칼을 목에 씌우는 법은 후세에 생긴 것이고 선왕의 법은 아니다. 나무 칼은 옥졸을 위한 것이다. 나무 칼을 씌워놓으면 쳐다볼 수도, 굽어볼 수도, 숨을 쉴 수도 없다. 한 시각도 사람이 견딜 수 없다. 죽이면 죽일지언정 나무 칼을 씌우는 일은 옳지 않다"고 썼을 정도다.

형벌이 엄격하고 노소의 구분이 뚜렷했던 조선시대에도 불량배는 존재했다. 《하재일기》의 내용이다. "어젯밤 이웃 서시운의 집에서 무뢰한 불량소년들이 북을 치며 시끄럽게 노래를 불렀다. 광릉소년 두서너 명도 와서 함께 놀았다. 이에 이웃에 사는 노인이 '국상(신정왕후 기년상)을 만나 국법에 저촉되는 일을 해서는 안 된다'고 타일렀지만 그들은 아랑곳하지 않았다. 소란을 피우고 더 시끄럽게 떠들었다. 통탄할 노릇이다. 그런데 그것으로도 모자랐는지 불량배들이 밤중에 노인 집으로 몰려가서 몽둥이로 문짝을 부수고 욕지거리를 엄청나게 쏟아냈다 하니 괴이하고 밉살스럽다."

모자의 나라에
사는 사람들

우리 조상들은 예의와 학문을 중시하면서도 책은 그리 귀하게 여기지 않았던 모양이다. 이익은 《성호사설》에서 우리 책을 오히려 일본에서 구입해 찍어야 하는 상황을 개탄한다. 송나라 학자 진순의 《성리자의性理字義》와 《삼운통고三韻通考》는 우리나라 사람이 일본에서 가져왔다. 뿐만 아니라 우리나라에서 발간한 《이상국집李相國集》도 국내에 남아 있는 것이 없어서 일본에서 구해다가 간행했다. 일본은 법이 엄해서 우리나라 서적이 일본 곳곳에 들어가지 않은 것이 없는데 반해 일본의 책은 나라 밖으로 나갈 수가 없었다. 게다가 일본의 인쇄술은 놀라운 수준이었다. "일본에서 찍은 책판의 문자는 자획이 정연하여 우리나라의 것과는 비교가 되지 않는다."

엄청난 양의 기록유산을 남긴 우리 조상들이기에 이런 이야기는 매우 생소하게 들린다. 이런 생소한 이야기는 복색과 생활상에서도 드러난다. 조선은 '모자의 나라'였다. 식사를 할 때도 겉옷은 벗더라도 모자만은 반드시 썼다. 그런데 갓은 여러 가지 문제가 있었다. 이덕무의 《앙엽기》의 한 대목이다. "갓의 폐단은 이루 다 말할 수 없다. 나룻배가 바람을 만나 기우뚱거릴 때 조그마한 배 안에서 급히 일어나면 갓 끝이 남의 이마를 찌르고 좁은 상에서 함께 밥을 먹을 때에는 남의 눈을 다치게 하며 여러 사람이 모인 자리에서는 난쟁이

갓
국립민속박물관.

성인남자들은 항상 갓을 쓰고 다녔다. 그러나 갓은 이만저만 불편한 게 아니었다.

가 갓 쓴 것처럼 민망하다. …(중략)… 지금의 갓은 허술하게 만들어져 갓모자(윗부분)와 갓양태(차양)의 사이에 아교가 풀어지면서 서로 빠져버린다. 역관들이 연경에 들어갈 때 요동 들판을 지나다가 비를 만나면 양태는 파손되어 달아나고 모자만 쓰고 가니 중국 사람이야 보통으로 보나 같이 간 사람은 다 비웃는데 그렇다고 어디서 갓을 사겠는가. …(중략)… 나태한 풍습과 오만한 태도가 모두 갓에서 생기니 어찌 옛 습속이라 하여 금하지 않을 수 있겠는가."

모자를 중시하는 풍습은 이미 고려 때도 존재했다. 송나라 사신 서긍의 《고려도경》은 "고려인은 모자를 쓰지 않은 맨머리를 죄수와 다름없다고 수치스러워했다. 무늬가 들어간 비단 재질의 두건을 소중히 여겨 두건 하나의 값이 쌀 한 섬에 달했다. 가난한 백성은 이를 마련할 길이 없어 죽관竹冠을 만들어 썼다"고 기록했다.

우리만의 독특한 생활양식이면서 세계적으로 진가를 인정받는 난방 시스템이 있다. 바로 온돌이다. 그런데 조선 중기까지만 해도 온돌에 의한 폐해도 적잖았다. 성대중의 《청성잡기》에 따르면, 인조 때 도성의 내사산(북악산, 낙산, 남산, 인왕산)에 솔잎이 너무 쌓여 여러 차례 산불이 나자 임금이 대책을 고심했다. 김자점의 건의로 도성 집들에 명해 온돌을 설치하도록 하자 얼마 지나지 않아 온 나라로 확산됐다. 갑자기 온 나라로 퍼져나간 온돌의 영향으로 습지나 산이 모두 민머리가 되어버려서 장작과 숯이 갈수록 부족해졌다. 성대중은 "내가 일본에 가보니 온돌이 없어 노약자들도 모두 마루에서 거처했다. 나 역시 겨울을 나고 돌아왔지만 일행 중에 아무도 병난 자가 없으니 이는 습관들이기 나름"이라며 온돌무용론을 펴기도 했다.

청계천 치수 사업,
조선인들의 경제 생활

장마철만 되면 한강이 범람해 도성까지 물에 잠겨 빠지지 않는 일이 되풀이됐다. 준설을 하지 않아서다. 《성호사설》은 한강 하류에 진흙이 날마다 쌓여 장마로 불어난 물이 서해로 신속히 빠져나갈 수 없었다고 했다. "송나라에서는 쇠스랑으로 황하를 준설한 바 있다. 모래나 진흙을 파내 배로 실어 나르든, 써레로 긁어내든 별탈이 없을 것인데 이것을 조정에 알리는 자가 없으니 한심스럽다."

청계천 등 도성 내 개천과 도랑에는 오물이 아무렇게 버려져 악취가 진동했다. 《임하필기》에 따르면 세종 때 이현로가 풍수설을 앞세워 명당의 물을 맑게 해야 한다고 건의했다. 하지만 어효첨이 "한양이라는 데는 본래 적취물이 생기게 마련"이라는 주장이 받아들여져 오물 투기가 근절되지 못했다.

300년이 지나 영조 36년(1760)에 이르러서야 임금이 이창의 등에게 명을 내려 여러 관원과 백성들을 동원해 청계천을 준설했다. 저마다 사흘씩 부역을 해야 했지만 오랜 기간 쓰레기와 오물로 고통받아온 백성들이 오히려 더 적극적으로 나서 공사는 빠른 시일 내에 끝났다. 공사에 걸린 기간은 총 57일이며 백성 20만 명, 금전 3만 5,000꾸러미가 소요됐다. 공사 후 나라에서는 상설기구인 준천사瀋川司를 설치했다.

300년 만에 청계천을 준설했을 정도니, 더러운 환경 때문에 전염병이 창궐하는 일이 잦았다. 재앙이 발생하면 유언비어가 난무한다. 이이의 《석담일기》에 따르면, 선조 10년(1577) 전염병이 전국을 휩쓸었다. 민가에서는 "독한 역신이 내려왔으니 오곡을 섞은 밥을 먹어야 예방할 수 있다"는 말이 퍼졌다. 이로 인해 잡곡을 매점매석한 사람이 큰돈을 벌었다. 이와 더불어 "쇠고기를 먹고 소피를 문에 뿌려야만 살 수 있다"는 소문이 돌면서 곳곳에서 소를 수도 없이 잡아댔다. 흉년에 이어 전염병이 돌아 죽은 사람이 이루 셀 수 없었다. 선조는 피해가 극심한 평안도, 황해도에서 전염병으로 죽은 이들을 달래는 제사를 지내도록 했다.

정수영, 〈한임강명승도권漢臨江名勝圖卷〉
종이에 채색, 세로 24.8cm. 가로 157.5cm.
국립중앙박물관 소장.

한강을 준설하지 않아 장마철만 되면 범람해 도성이
물에 잠기는 일이 빈번했다.

지규식의 《하재일기》에서도 재난으로 물가가 오르고 백성의 생활이 어려워진 상황을 찾을 수 있다. "금년 8월 초에 우역牛疫이 크게 창궐하여 각처에 소들이 거의 모두 죽었으니, 이는 근래에 보기 드문 변고다. 이로 말미암아 쌀 1되에 2냥 8~9전이요 땔나무 1짐에 5냥이 넘으니 이 또한 근래에 보기 드문 일이다. 금년 보리 파종은 모두 사람이 밭을 갈고 씨앗을 뿌렸기 때문에 자연히 많이 심지 못하였으니 내년 보리농사가 크게 걱정스럽다."

조선 말기의 물가는 어느 정도였을까. 《하재일기》 곳곳에 물건을 사고 판 가격이 나타난다. 냉면은 한 그릇에 1냥이고 참외는 어느 정도 양인지는 모르나 2냥 5전 했다. 장례식과 잔치 등에는 부조금

을 전달했다. 금액은 5냥에서 많게는 20냥에 달했다. "상경한 강릉 이 생원 아들이 죽었다. 돈 5냥을 부조하였다"는 내용이 있는가 하면 "석촌 김 교관 도문연(과거에 급제한 사람이 고향집에 돌아와 친지들을 초청하여 베푸는 잔치)에 20냥을 부조하였다"는 대목도 있다. 또 "윤 진사 댁 대상(죽은 뒤에 두 돌 만에 지내는 제사)에 10냥을 부조하였다. 공방 일동이 20냥을 부조하였다"는 기록도 찾을 수 있다. 오늘날에 냉면값이 1만 원, 부조는 5만 원 정도하므로 1냥을 1만 원으로 판단하면 얼추 비슷하다.

두루마기 세탁비·다림질 가격은 16냥이었다. "주인에게 10냥을 주고 두루마기를 세탁하여 다듬이질한 품삯으로 6냥을 주었다. … (중략) … 저녁 무렵 혜교(광화문우체국 부근 다리) 길가 가게에 가서《방약 합편》한 권과《술몽쇄언》한 권을 샀는데 값이 7냥이다."

부를 축적하는 데는 무역만 한 것이 없다. 역관들은 비록 중인 신분이었지만 중국과의 무역에 관여해서 부유한 자가 많았다. 정조 대의 학자 정동유의《주영편》에 따르면, 역관들은 명주 비단을 수십 겹씩 겹치고 안쪽에 짐승의 털을 댄 사치스런 옷을 입었다. 그 값은 털가죽 옷보다 곱절이나 비쌌지만 가볍고 따뜻하기가 이루 말할 수 없다. 백 명의 사람이 입을 옷감으로 겨우 옷 한 벌을 만들어 입은 것이다. 명주 1000여 겹 사이사이에 비단을 끼워 버선의 화려함을 극대화했던 당나라 황제를 흉내 냈다.

이렇듯 물질적 풍요뿐만 아니라 문화의 측면에서도 알게 모르게 중국의 영향을 많이 받았다. 순우리말이라고 여겨지는 단어의 상당수가 한자에 근거하며 출처를 알 수 없는 낱말도 부지기수다.《임하필기》에 따르면, 조선시대 벼슬아치의 높임말로 '영공令公' 혹은 '영감令監'이라고 불렀다. 당나라 곽자의郭子儀가 중서령中書令의 벼슬을 받자, '곽영공郭令公'으로 불리게 되었고 이 호칭은 곧 '존칭의 대명사'가 됐다. 조선 말에는 영공이 영감으로 변질돼 유행했다. 어선御膳, 임금에 진상하는 음식을 수라水剌라 하고 낮은 사람이 높은 사람을 부를 때 '나리進賜'라 하고 노비가 주인을 칭할 때 '상전上典'이라 하지만 역시 여러 출처에서 와전된 단어들이다. 아픔을 느낄 때 부모를 찾기 마련인데 감탄사 '아야阿爺'는 '아부(아비)'와 '아미(어미)'라는 한자가 변화되어 만들어졌다. 남자를 뜻하는 단어 '사내', 고려 후기 문신 이나해李那海와 연관되어 있다. 이나해는 판밀직사사判密直司事 벼슬을 지냈으며 용모와 풍채가 아름다웠다. 뿐만 아니라 인부仁富, 광부光富, 춘부春富, 원부元富 등 4명의 아들을 낳았고 이들은 모두 재상이 돼 모든 사람의 부러움을 샀다. 사람들은 아들을 낳으면 모두 이나해의 네 아들처럼 되기를 바라면서 남자를 '사나해似那海'로 부르게 된 것이다.

문화유적의
원형을 보다

　우리가 아는 문화재들은 조선시대에 어떤 모습이었을까? 고전에서 문화유적의 또 다른 모습을 찾아볼 수 있다. 조선 전기 기록 속 경회루는 화려함의 극치였다. 《용재총화》에 따르면, 성종 8년(1477)에 유구국 사신이 방문해 임금이 경회루 밑에서 접견했다. 당시에는 기둥에 꿈틀대며 날아가는 용이 조각돼 있었다. 사신은 이를 보면서 "경회루 돌기둥에 종횡으로 그림을 새겨서 날아오르는 용의 그림자가 푸른 물결과 붉은 연꽃 사이로 보였다, 안 보였다 한다"며 감탄했다. 하지만 경회루는 임진왜란 때 경복궁과 함께 불타버린다. 고종 4년(1867) 재건되었지만 기둥은 공기를 줄이기 위해 오늘날 볼 수 있는 기둥은 사각형과 원형으로 단순하게 만들어졌다.

　중국인 관광객 가운데 일부는 경복궁을 방문해서 베이징 쯔진청

경복궁 경회루
국보 제224호, 조선고적도보 10권(1930)

애초 경회루 돌기둥은 용이 조각돼 있었다. 재건하면서
공기를 줄이기 위해 사각·원형으로 만들었다.

紫禁城과 비교하면서 규모가 작다며 비웃는다고 한다. 절대왕권을 휘
둘렀던 중국과 달리 우리나라는 신권臣權이 강했던 조선은 궁궐 등
왕과 관련된 건축물을 크게 짓지 않았다. 정동유의 《주영편》은 건물
을 너무 작게 지은 것의 폐해를 지적한다. "국상이 나서 장례를 치를
때마다 흥인문(동대문)을 통해 드나드는데 큰 수레는 지붕이 걸려서
나갈 수가 없었다. 그래서 반드시 문 밑의 땅을 파서 움푹하게 했다
가 장례가 끝난 뒤에 다시 메워야 했다. 이는 고려 시대 때도 다르지
않아 강종(고려 제22대 왕, 1152~1213) 원년 금나라 책봉사가 상아로 꾸민
수레를 선물했지만, 수레의 높이가 19척이었는데 개성의 광화문 높

이가 15척에 불과해 성문 문지방 아래 땅을 파고 수레지붕을 떼어낸 뒤에야 끌고 들어갈 수 있었다." 그러나 이런 불편함에도 불구하고 궁궐을 작게 지은 다른 이유도 있다. 정동유는 《주영편》에서 다음과 같이 설명한다. "우리나라는 산이 많아서 건물을 크게 지으면 양陽이 넘쳐 손해보고 쇠퇴한다고 믿는 전통이 작용했다는 것이다. 나라에서 대궐이든 민가든 집을 높게 짓지 못하도록 해 음양의 조화를 꾀했다."

아무튼 이런 음양의 조화를 고려해 만들어진 조선의 법궁 경복궁은 임진왜란 때 화재로 폐허가 된다. 수복 이후 경복궁 재건이 논의되었으나 성사되지 못했다. 《주영편》은 조선은 역대 왕의 위패를 모신 종묘와 토지와 곡식신을 모신 사직을 우선시했다고 밝힌다. 《주영편》은 전쟁이 끝난 후 종묘를 중건하느라 가뜩이나 부족한 재정을 모두 쏟아부어서 경복궁까지 새로 지을 여력이 없었다고 전한다.

걸어다니는 부처와 숭례문의 현판

'국보 1호' 숭례문 현판은 과연 누가 썼을까? 이와 관련해 태종의 장남 양녕대군이라는 설과 신숙주의 아버지 신장이라는 설, 조선 전기의 명필 안평대군이라는 설이 교차한다. 그러나 《주영편》은 중종

때의 명신 죽당 유진동이 글씨의 주인공이라고 보았다. 그의 집안에 죽당이 '숭례문'이라는 세 글자를 쓴 종이가 수백 장이나 전해 오는데 숭례문 편액을 연습한 것이라고 했다. 숙종 때 후손 유혁연이 문루를 수리하려고 편액을 떼어내니 뒷면에 "가정(청나라 가정제 치세의 연호, 1522~1566) 모년 죽당이 쓰다"라고 씌어 있었다는 것이다. 개국 초기에 문루가 세워졌음을 감안할 때 원래는 양녕대군이 썼으며 화재로 손상된 것을 훗날 유진동이 고쳐 쓴 것으로 짐작된다.

이렇게 사적과 문화재에는 저마다의 다양한 이야기가 전해진다. 현재 서울 한복판 종로2가 탑골공원에 우뚝 서 있는 원각사지 10층 석탑도 마찬가지다.《패관잡기》는 원래 원각사에는 석탑 외에도 대리석으로 된 대불입상이 있었다고 말한다. 조선에서 가장 큰 입상이어서 일본에서도 참배하러 왔다고 한다. "세조가 원각사를 창건하고 서 있는 부처를 만들어 모셨다. 어떤 일본 사신이 이를 보고 '모든 부처는 앉아 있는데 원각사 부처는 걸어다니는 형상이니 절이 오래 가지 못할 것'이라고 했다. 결국 연산군 때 절이 허물어지고 부처는 밖으로 내쫓기어 서너 군데 절을 돌아다니니 걸어다닌다는 말이 과연 맞았다." 잘 알려진 대로 연산군은 원각사에 기생들과 악사를 관리하는 장악원掌樂院을 설치했고 중종반정 이후에는 공신들이 절터에 집을 지어 원각사의 흔적은 영원히 사라졌다. 불상도 여러 사찰을 전전하다가 없어졌다.

불교 국가였던 일본은 우리나라 불경을 집요하게 탐냈다. 이덕무의 《앙엽기》에 따르면 일본은 진귀한 특산물을 바치거나 포로가 된 우리 백성을 풀어주면서 불경을 달라고 간청했다. 심지어 정체불명의 국가를 사칭해 불경을 받아가려 하기도 했다. "성종 13년(1482) 윤8월에 구변국주久邊國主 이획李獲이 사신을 보내어 특산물을 바쳤다. 이들은 '이전에는 일본과 주로 외교를 했지만 이번에 향료, 후초, 납과 은, 비단, 염소 등을 바치고 대장불경을 얻어가고자 한다'고 했다. 동남해에 있는 여러 나라들을 두루 살펴봐도 구변국이란 명칭은 없으니 이는 왜인이 교활한 수법으로 엉뚱한 나라의 이름과 왕의 성명, 산물의 명목을 만들고 사신을 가장하여 감히 우리나라를 속이고 《대장불경》을 얻어가려는 시도였다."

일본이 불경만 탐했던 건 아니다. 임진왜란 당시 왜군들은 보물을 얻기 위해 여러 곳의 왕릉을 도굴했다. 이수광의 《지봉유설》에 따르면, 김해의 수로왕릉도 임진왜란 때 도굴당했다. 조선인들이 무덤을 파는 데 동원됐던 모양이다. 이수광은 인부들에게 전해 들었는지 무덤 내부를 매우 사실적으로 그려낸다. "무덤을 팠더니 그 속이 매우 넓었으며 머리뼈는 물론 손발이나 정강이뼈가 매우 컸다. 널 옆에 순장된 것으로 보이는 여자 두 명의 시신이 있었는데 모습이 마치 산사람 같았고 나이는 20세쯤 돼 보였다. 이것을 무덤 밖에 내다 놓았더니 즉시 삭아서 없어졌다."

서울 원각사지 10층 석탑
국보 제2호, 문화재청.

1 2
원각사에는 애초 대리석 대불
입상이 있었지만 연산군이 절
을 허물어버리고 기생과 악사
를 관리하는 장악원을 설치한
뒤 입상은 여러 사찰을 전전하
다가 사라져버렸다.

우리나라 최고의 보물
영광과 치욕을 나눠 갖다

전 세계에 160여 점밖에 존재하지 않는 고려불화는 청자와 더불어 고려 문화의 독보적 위상을 보여준다. 한치윤은 《해동역사》에서 고려불화의 우수성을 소개한다. 중국에서도 고려불화의 높은 예술성을 극찬했다. "〈화감〉은 '외국의 그림 가운데에는 고려에서 그린 관음상이 매우 정교하다. 그 원류는 당나라 울지을승尉遲乙僧. 서역 풍의 작풍을 대표하는 작가의 붓놀림에서 나왔으며 점차 발전시켜 섬세하고 아름다운 데 이르게 되었다'고 하였다."

보물 제463호로 지정되어 있는 강원도 원주 흥법사지 진공대사 탑비는 당시에도 최고의 보물로 대접받았다. 이제현의 《역옹패설》에 따르면, 진공대사는 고려 초기에 활약한 고승으로 비석은 태조 왕건이 직접 글을 지었고 서예가 최광윤이 글자를 집자해 새겼다. "말의 뜻은 웅대하고 심원하고 거룩하며 …(중략)… 글자는 큰 글씨, 작은 글씨 그리고 해서와 행서가 서로 사이를 맞춰 봉황이 물 위를 헤엄치는 것처럼 그 기상이 하늘 밖까지 삼킬 듯하다. 정말 천하의 보물이었다." 현재는 탑비 몸체가 사라졌고 거북 모양의 귀부(받침돌)에 용을 새긴 이수(머릿돌)만 옛 흥법사터에 남아 있다.

차천로는 《오산설림초고》에서 송도와 관련된 다양한 일화를 전하는데, 그중에서 고려시대 개성에 있던 절 가운데 규모가 가장 컸던 연복사를 소개한다. 연복사에는 5층 목탑이 우뚝 서 있어 장관을 이뤘다. 고려 멸망 이후에도 명맥을 유지해오다가 명종 18년(1563) 당시 송도 유수가 사위를 맞기 위해 사람을 시켜 횃불로 비둘기를 잡게 하는 과정에서 불똥이 떨어져 대와 비석을 제외한 모든 것들이 타버렸다. "내(차천로) 나이 겨우 여덟 살이었지만 불꽃이 밤에 하늘로 치솟던 일을 아직도 기억한다"며 아쉬워했다.

이어서 《오산설림초고》는 백두산 근처에 있던 비석도 거론한다. "선춘령宣春嶺은 갑산甲山과 닷새 길 거리에 있는데 백두산 밑에 가깝다. 고개에 짤막한 비석이 풀 가운데 묻혀 있었다. 신립 장군이 남병사(함경도 북청 남병영의 병마절도사)가 됐을 때 끌어와 나도 볼 수 있었다. 높이는 다섯 자(155센티미터) 쯤이고 넓이는 두 자(62센티미터) 쯤이며 …(중략)… 여기서의 '황제'는 고구려왕을 뜻하지만 '탁부啄部 아무개 예닐곱 명' 중에서 탁부는 어떤 관직인지 알 수 없다."

비석에 새겨져 있다는 '황제'라는 단어가 제일 먼저 눈에 들어온다. 차천로는 황제가 고구려의 왕을 의미한다고 적었지만 고구려가 직접 황제를 칭했다는 기록이 없어 아리송하다. 중국을 위협할 만큼 국력이 강성하기는 했지만 고구려는 '태왕'이라는 호칭을 썼을 뿐이다. 고구려가 '탁부'라는 벼슬명을 사용했는지도 현전하는 문헌에서 찾을 수 없다.

우리 역사에서 고려만이 유일하게 '황제'라는 칭호를 썼다. 고려 예종 2년(1107) 윤관은 여진족을 물리친 뒤 6진을 설치하고 '선춘령先

春嶺'에 고려의 경계를 나타내는 비석을 설치한 바 있다. 하지만 고려가 황제 명칭을 사용한 것은 왕조 초기에 국한되는 일이다. 역시 탁부라는 벼슬도 이후 고려에서 찾아볼 수 없다. 선춘령 고개의 한자 명칭도 조금 다르다. 따라서 윤관의 고려경계비라고 보기에는 무리가 있다. 그렇다면 차천로는 과연 어떤 비석을 두고 이런 말을 했던 걸까.

반대로 치욕적인 역사가 담긴 사적 관련기록도 고전에서 발견된다. 병자호란 때 청 태종의 공덕을 기리는 삼전도비(서울 송파구 석촌호수 소재)를 지어 지탄받은 이경석은 아이러니하게도 척화의 상징이었던 청음 김상헌의 제자였다. 《좌계부담》에 따르면, 이경석은 스승보다 항상 먼저 승진했다. 이경석은 인조 23년(1645) 김상헌에 앞서 우의정에 오른다. 왕과 주요 중신들이 함께 대면하는 경연이 열릴 때마다 이경석은 매번 자리를 피했다. 그러면서 임금에게 "저의 스승은 당대의 큰 어른인데도 아직 예전 자리에 머물러 있고 못난 제가 선생보다 앞에 있으니 어찌 부끄럽지 않겠습니까"라고 아뢰었다. 이듬해 김상헌이 좌의정으로 승진하자 이번에는 이경석이 영의정에 올랐다. 불편한 이경석은 자주 사퇴를 청했다. 사람됨이 이러했으니 《좌계부담》은 그를 나쁘게 평하지 않는다. "세상 사람들은 간혹 삼전도 비석의 글 때문에 그를 비방하지만 이것은 당시의 불행한 일이니 어찌 그에게 잘잘못을 따질 일인가."

일제강점기, 유리건판, 국립중앙박물관 소장.

병자호란 때 세워진 청 태종 공덕비. 비문
을 지은 이경석은 아이러니하게도 대표적
척화신인 청음 김상헌의 제자였다.

세종이 눈을 씻었던 초정약수
중국 황제의 유배지 대청도

청주공항 근처 충북 청주시 청원구 내수읍에 유명한 약수가 있
다. 바로 천연탄산수가 샘솟는 초정약수다. 이륙의 《청파극담》에는
초정약수에 얽힌 일화가 자세히 나와 있다. "서원西原. 청주의 옛 지명에
초수椒水. 후추 맛이 나는 물가 있다. 어떤 늙은 농사꾼이 언덕 위에서 잠이
들어 귓가에 은은히 군마의 소리가 들리기에 일어나 보니 평지에서

물이 솟아나왔다고 한다. 그리하여 달려가 사또에게 고하였고 소문이 널리 퍼졌다. 불로 끓이면 맛과 독이 사라지고 가려움증 같은 병은 이 물로 씻기만 하면 바로 나았다. 내(이륙)가 안찰사가 되어 살펴보니 물이 땅속으로부터 솟아나오는데 아주 차고 맛이 쓰다. 뱀이나 개구리가 뛰어들면 곧 죽는다. 세종이 만년에 안질이 있어서 행궁을 지어놓고 행차하여 눈을 씻었다. 여러 날이 지나자 효험이 있어 그곳의 목사 박효성을 당상관에 임명하였다. 하류에 있는 수십 이랑의 논에 이 물을 대니 땅이 매우 비옥해졌다."

이처럼 고전에는 사람뿐만 아니라 땅과 나무에 얽힌 이야기들도 많다. 퇴계 이황의 서울 집은 서소문동에 있었다. 퇴계의 집에 오래된 소나무가 있었는데 임진왜란 때도 무사했건만 안타깝게도 당쟁의 과정에서 그만 죽어버렸다. 다음은 《죽창한화》의 한 토막이다. "퇴계 선생의 옛집 뜰에 늙은 노송나무가 있는데 길이가 수십 길이나 되었다. 난리를 치른 뒤 서울 안에 있던 큰 나무들이 남은 것 없이 다 없어졌건만 유독 이 나무만은 그대로 남아 푸른빛이 하늘에 닿으므로 원근에서 모두 쳐다볼 수 있었다. 이 나무가 광해군 3년 (1611) 봄에 갑자기 꺾어지자 사람들이 모두 괴상히 여겼다. 그해 여름에 정인홍(이황과 대립했던 조식의 수제자이며 북인의 영수)이 박여량, 박건갑 등을 시켜서 상소를 올려 퇴계를 헐뜯었다. 그러자 팔도 유생들이 모두 대전 아래에 모여들어 상소해 이를 비판했으니 이 어찌 유학자들의 큰 불행이 아니겠는가. 노송나무가 꺾인 것이 그 징조였다."

이렇게 흉조가 있는 반면 길조가 전해지는 경우도 있다. 인조는 반정 이듬해인 갑자년(1624) 일어난 반란(이괄의 난)으로 충청도 공주까지 피난을 간다. 《택리지》에 따르면, 도망가다가 나무 두 그루에 기대어 쉬고 있는데 마침 한양에서 달려온 군사가 관군의 승리를 아뢰자 나무를 기특하게 여겨 두 나무 모두에 통정대부(당상관 최하위의 품계)의 벼슬을 내린다. 그 뒤 관아에서 나무 옆에 정자를 지었는데 나무는 말라죽고 정자만 남았다.

《택리지》는 우리나라가 한때 중국인들의 귀양지로 활용됐다고 이야기한다. 원나라 문종은 순제(원나라 마지막 임금)를 대청도로 귀양 보냈다. 순제는 대청도에 집을 짓고 살면서 순금으로 만든 부처를 모시고 매일 해가 돋을 때마다 고국에 돌아가게 해달라고 기도했다. 그의 기도가 하늘에 닿았는지 훗날 귀국해 황제의 자리에까지 오른다. 왕위에 오른 순제는 장인 100명을 보내 해주 수양산에 큰 절을 짓는데, 이것이 바로 신광사神光寺이다. 웅장하고 화려하기가 우리나라에서 으뜸이었는데 화재로 불타버렸다.

우리가 몰랐던
뜻밖의 역사

고대사는 사료가 극히 제한적이다. 고전은 우리가 모르는 고대사의 일면을 전한다. 고구려를 세운 동명왕의 어머니 유화의 정체는 모호하다. 삼국사기와 삼국유사에는 하백의 딸이지만 천제의 아들 해모수와 사사로이 정을 통해 주몽을 낳았다고 기술되어 있다.

그런데 서거정은 《필원잡기》에서 유화가 중국 황제의 딸일 가능성을 제기한다. 《삼국사기》를 쓴 김부식은 송나라에 사신으로 가게 된다. 그를 맞이한 중국 관리가 우신관이라는 건물 안에 놓인 여선상女仙像을 가리키며 "이 상은 귀국의 신인데 누구인지 아느냐"고 물었다. 김부식이 머뭇거리자 중국 관리가 다시 이렇게 말했다. "옛날 황제의 딸이었던 여자 선녀는 남편이 없었음에도 회임을 하여 사람들에게 의심을 받았다. 어쩔 수 없이 바다를 건너가 진한에 이르러

경주 나정
경북 경주시 탑동, 사적 제245호,
문화재청.

신라의 시조 박혁거세가 출생한 전설을 간직한 우물이다.
일연의 삼국유사는 중국황제의 딸이 진한(신라의 옛 땅)에
와서 동국의 첫 임금을 낳았다고 기술한다.

아들을 낳으니 해동의 첫 임금이 되었다. 그녀는 지선이 되어 선도
산(경주 효현동에 소재한 산)에서 영생永生하고 있다."

  서거정은 "신라, 고구려, 백제의 시초에 황제의 딸이 있었다는 기
록이 없다"며 "아마도 중국에서 잘못 알고 이런 말이 나온 것이 아닌
가 한다"고 논평한다. 진한이 신라의 옛 지역이고 신라를 건국한 박
혁거세가 알에서 태어난 것으로 기록된 점을 들어 중국 황제의 후손
은 동명왕이 아닌 박혁거세라는 의견도 제시된다. 일연의 《삼국유
사》 혁거세왕조에도 이와 비슷한 내용이 일부 언급되어 있다.

"이것(박혁거세가 나온 알)은 서술성모(신라의 수호여신)가 낳은 것이다. 그래서 중국 사람들은 선도성모를 찬양하면서 '어진 이를 임신해서 나라를 열었다'라고 하였으니 바로 이것이다."

이와는 반대로 이중환은 《택리지》에서 중국 4대 미녀 중 한 명이 한반도 남부 출신이었다는 믿기 어려운 전설을 다룬다. "서해에서 금강을 거슬러 올라오면 서시포西施浦, 전북 군산시 나포면 서포리라는 큰 마을이 펼쳐지는데 배가 머무는 곳이다. 충청도 강경의 황산촌과 더불어 금강에서 이름난 마을로 불린다. 서시포라는 이름은 옛날 중국 월나라의 미인인 서시가 이곳에서 태어났다고 해서 붙여졌다."

월나라 미인 서시는 전한의 왕소군, 후한의 초선, 당나라 양귀비와 함께 '중국 4대 미녀'로 꼽힌다. 널리 알려진 대로 서시는 춘추시대 말기 양쯔강 하류에 위치했던 오吳나라와 월越나라 사이의 전쟁사에 등장하는 여성이다. 이처럼 중국 고대사의 한 장면을 장식하고 있는 서시가 과연 한반도 남부 태생이었을까. 서시가 살던 기원전 5세기 한반도 남부 지역은 역사의 여명이 밝아오기도 전이었다. 북부와 요동, 요서 일대의 고조선 영향권에 있기는 했지만 부족국가 수준을 벗어나지 못하고 있었다. 그녀가 한반도 출신이라면 어린 나이에 어떤 연유로 황해 건너편 중국 양쯔강 일대까지 흘러 들어갔는지 알 수 없는 일이다.

한국사에서 가장 강성한 국가였던 고구려는 중국과 대등한 관계를 유지했다. 산악지대가 많아 중국에 비해 척박한 환경이었던 고구려가 중국에 맞설 만한 군사력을 가지려면 그만큼 왕권이 강해야만 한다. 중국 사서에 나타나는 수정성이 그 증거다. 다음은 한치윤이 쓴 《해동역사》의 한 대목이다.

"고구려는 오직 왕궁과 관청, 사찰만 기와로 덮었다. 고구려의 왕궁 안에는 수정성水晶城이 있는데 사방이 1리가량 되며 날씨가 좋지 않아도 밝기가 대낮과 같다. 갑자기 성이 보이지 않으면 월식이 일어난 것이다." 고구려 수정성의 크기는 가로, 세로 각 400미터(1리)다. 전체 규모는 16만 제곱미터다. 축구장 16배 크기에 해당하는 실로 엄청난 크기다.

연나라 왕이 된 고구려인
정체불명의 인물, 왕건

우리는 문약했던 조선을 평가절하 한다. 한반도 고대국가들은 호전적이어서 자주 조선과 비교된다. 백제도 말을 타고 가면서 자유자재로 활을 쏘는 마상무예에 능했다. "부여는 집집마다 갑옷과 무기를 가지고 있다. 예는 보병전투에 능하며 길이가 3장(1장은 사람 키 정도의 길이)이나 되는 창을 만들어 사용한다. …(중략)… 소수맥小水貊, 고구려의 별종에서는 좋은 활이 산출되는데 이른바 맥궁貊弓이 그것이다. 동옥저는 사람들의 성품이 굳세고 용감하다. 창을 잘 다루며 보병전투를 잘한다. …(중략)… 고구려 사람들은 무武를 숭상하며 전투에 능하다. …(중략)… 백제의 병기에는 활, 화살, 칼, 창이 있으며 기사騎射, 말을 타고 달리면서 활을 쏘는 무예를 숭상하는 습속이 있다."

고구려, 백제, 신라 등 삼국 출신 중 중국에서 관리나 장수를 한 사람은 여럿 있지만 왕위에 오른 인물은 찾기 힘들다. 그런데 《해동역사》는 중국 5호16국 중 하나인 연나라의 왕 모용운이 바로 고구려인이었다고 전한다. 연나라와 고구려는 애초부터 철천지원수였다. 전연前燕을 건국한 모용황은 고국원왕 12년(342) 고구려를 쳐들어와 고국원왕의 어머니 주 씨와 왕비를 포함해 고구려인 5만여 명을 포로로 끌고 갔다. 모용황은 이것도 모자라 고국원왕의 아버지 미천왕 시신도 훼손했다. 전연은 전진에게 망하고 일시적 공백기를 거쳐 모용황의 아들 모용수가 다시 후연을 일으킨다. 모용수의 넷째 아들 모용보는 태자 시절 자신을 호위하던 무사 가운데 하나를 양자로 삼는다. 그가 바로 고구려 출신의 고운이라는 인물이다.

"모용운은 후연의 왕 모용보의 양자다. 모용운의 조부인 고화는 고구려의 왕족으로 스스로 성을 고 씨라 했다. 모용보가 태자가 되자 고운이 호위무사로서 동궁을 모시게 되었는데, 모용보가 고운을 양자로 삼고는 모용 씨 성을 하사하였다. 훗날 (고운을 연나라 왕에 추대한) 풍발이 모용운에게 고하기를 '공은 명가인 고 씨인데 어찌 다른 이의 양자가 되었습니까?' 하니 모용운이 천왕天王의 자리에 오르고는 성씨를 다시 고 씨로 고쳤다."

● **진감여, 〈이제현 초상〉**
비단에 채색, 세로 177.3cm 가로 93.0cm,
국보 제110호, 국립중앙박물관 소장.

고려 후기 문신이었던 익제 이제현은
고려 태조 왕건의 할아버지가 사생아
며 왕건이라는 이름도 본명이 아니라
고 밝힌다.

● 광개토왕릉비
조선고적도보 1권(1915), 중국 지린성 소재.

광개토왕릉비는 고구려 전성기를 상상한
다. 고구려는 중국조차 두려워했던 동북아
의 패자였다. 조선 후기 실증사학자 한치
윤은 《해동역사》에서 중국 당나라의 역사
서를 인용해 고구려 도성에 거대한 수정성
이 존재했다고 전한다.

　　고려 태조 왕건은 한 나라의 개국 시조인데도 뜻밖에 정체불명의
인물이다. 고려 후기의 대학자이자 정치가 익재 이제현의 《역옹패
설》은 고려 태조의 계보에 강한 의문을 제기한다. 실제 왕건의 할아
버지인 작제건 이전 부계 조상의 기록이 전혀 전해지지 않는다. 왕
건은 삼국을 통일한 후 조상들에게 시호를 올리는데 조부모, 부모
등 단 2대뿐이었다. 서거정의 《필원잡기》는 "고려 태조가 자기의 증
조를 두고서도 조상으로 모시지 않고 도리어 증조모의 아버지를 조
상으로 모시니 천하에 어찌 이런 이치가 있을까"라고 비판했다.
　　왕건의 계보를 정리한 《고려세계》에 따르면 작제건의 어머니는

보육이라는 인물의 딸이었다. 보육의 딸은 예성강을 거쳐 개성으로 들어온 당나라 귀인과 동침해 아이를 갖게 되는데 그가 바로 작제건이다. 당나라 귀인을 두고 당나라 제9대 황제 숙종(711~762·재위 756~762)이라는 설이 파다했지만 당대에 이미 이는 사실무근임이 판명 났다. 왕건이 고려를 건립하면서 고구려를 계승하고 고토 회복을 내세운 것으로 미루어 보아 작제건의 아버지가 상당한 부를 가진 고구려계 상인이었을 것이라는 견해가 오늘날 제시된다.

심지어 《역옹패설》은 "고려 태조의 이름도 왕건이 아니"라고 했다. 《역옹패설》은 고려계보에 할아버지(작제건), 아버지(용건) 등 3대에 걸쳐 '건建' 자 이름을 붙이면 왕이 나온다고 기록돼 있지만 왕건이 건자를 조부와 부친의 이름을 범해 쓰는 것은 불가능한 일이라고 했다. 이는 호사가들의 이야기를 전한 것에 불과하다고 덧붙였다.

신라시대에는 임금을 마립간이라고 일컫고 신하를 아간이나 대아간으로 불렀다. 아간을 쓸 때는 아찬 또는 알천이라고도 했다. 간干, 찬贊, 찬粲 등 3글자는 비슷하게 소리 나 함께 적혔다. 민간에서도 서로 높이는 존칭으로 '간'을 이름에 종종 붙여 불렀다. 《역옹패설》은 이처럼 태조의 '건'도 '간'처럼 존칭이었을 뿐 실제 불리던 이름은 아니었다고 했다. 고려 왕 씨 역시 고려 건국 이후 어느 시점부터 붙여졌을 것으로 결론짓는다. 후고구려의 궁예는 의심이 많았다. 아버지에 이어 궁예 밑에서 벼슬을 한 왕건이 처음부터 왕 씨 성을 썼다면 목숨을 부지하기 힘들었을 것이기 때문이다.

남녀가 평등했던 고려
매일 목욕했던 고려인

고려는 제도와 풍습이 조선과 많이 달랐다. 《역옹패설》에 따르면, 고려시대에는 딸과 아들에게 재산이 공평하게 분배됐다. 손변렴은 경상도 안찰사(지방5도의 장관)로 파견돼 소송사건을 맡았다. 어떤 사내가 부모님의 유산을 누나가 혼자 독차지했다며 유산 배분을 요구했다. 그러나 누나는 아버지 임종 시에 가산을 모두 자신에게 물려줬으며 이를 증명하는 증서도 갖고 있다고 반박했다. 안찰사는 "부모는 아들이나 딸이나 똑같이 사랑한다. 그대들의 아버지가 사망할 당시 아들은 일곱 살이었고 어린 아들이 의지할 곳은 누나 밖에 없었다. 만일 그때 유산을 둘에게 똑같이 나눠줬다면 누나가 동생을 사랑으로 키웠겠느냐. 그대들의 아버지는 이를 염려해 딸에게 재산을 모두 물려준 것"이라고 판단했다. 이 말을 듣고 누나와 동생은 서로를 보면서 울었다. 그리고 손변렴은 재산을 반씩 나눠 배분했다.

송나라 사신 서긍의 《고려도경》도 낯선 고려 풍경을 담고 있다. 고려는 부처를 숭상하고 살생을 경계해 국왕이나 재상이 아니면 양과 돼지고기를 먹지 못했다고 한다. 따라서 도축 기술도 매우 서툴렀다. 도축할 때는 짐승의 네발을 묶어 타는 불 속에 던져 그 숨이 끊어지고 털이 없어지면 물로 씻었다. 만약 다시 살아나면 몽둥이로 쳐서 죽인 뒤 배를 가르는데 장과 위가 다 끊어져서 똥과 오물이 홀

러넘쳤다. 굽거나 국을 끓이더라도 고약한 냄새가 사라지지 않았다.

고려인들은 아침에 일어나면 목욕을 한 후에야 집을 나서며 여름에는 하루에 두 번씩 목욕을 했다. 흐르는 시냇물에 남녀가 모여 모두 의관을 언덕에 놓고 속옷을 드러내는 것을 이상하게 여기지 않았다. "고려인들은 중국인들을 때가 많다고 늘 생각했다. 중국문헌에 고려인은 예로부터 깨끗하다고 했는데 여전히 그러했다."

조선 중기에 활동했던 학자 이수광은 《지봉유설》에서 우리 민족과 여진족의 연관성을 언급한다. 중국의 금나라를 일으킨 완안 씨는 본래 고려에서 나왔다고 주장한다. 이 때문에 금나라는 고려를 극진히 대우해 침략하거나 횡포하게 굴지 않았다. 의주는 본래 고려의 땅인데 요나라에 함락됐다. 금나라가 요나라를 멸망시키자 이 땅을 고려에 되돌려 주었다고 《지봉유설》은 서술한다. 금나라가 바로 여진족 국가다. 여진족은 역사적으로 숙신, 읍루, 말갈 등으로 불리면서 우리의 북방에서 국경을 맞대고 살아왔다. 《지봉유설》은 뿐만 아니라 "건주여진(남만주 일원의 여진족)의 추장 노추奴酋가 고려 왕 씨의 후손이라고도 한다"고도 했다.

노추, 즉 누르하치奴兒哈赤, 1559~1626는 후금, 즉 청나라를 건국한 태조다. 그에게는 모두 열여섯명의 아들이 있었다. 성대중의 《청성잡기》는 이 누르하치 장남이 조선에 망명했다고 한다. 《청성잡기》에 따르면 누르하치가 사망한 뒤 황제 자리를 물려받은 인물은 여덟 번째 아들 홍타이지皇太極, 1592~1643였다. 홍타이지는 청나라 제2대 황제

태종으로 우리에게 막대한 인적·물적 피해를 안겨준 병자호란을 일으킨 장본인이다. 맏아들(장남이 사망해 실제로는 둘째) 귀영개貴永介는 동생 홍타이지가 두려워 황제 자리를 양보했다. 그러고도 생명의 위협을 느낀 귀영개는 처자식을 모두 이끌고 조선으로 도망쳤다.

그런데 조선은 귀영개와 그의 가족을 푸대접했다. 그들을 포로 취급해 곤궁하고 굶주리게 했다. 귀영개는 병자호란이 발발하자 자신을 감시하던 남양부사 윤계를 죽이고 다시 청나라에 항복한다. 《청성잡기》는 이를 두고 다음과 같이 말한다. "우리나라가 귀영개의 충심을 받아들여 후하게 대접하고 병자호란 초기에 그에게 북쪽 지역의 군사를 줘 만주로 쳐들어가게 했다면 오랑캐가 군대를 돌렸을 것이다. 진귀한 보배가 제 발로 들어왔는데도 쓸 줄을 몰랐으니 애석할 따름이다."

조선 최고의 스캔들
남자이자 여자였던 사방지

"아녀자의 깊숙한 방에 몇 번이나 몸을 숨겼는가〔縫羅深處幾潛身〕, 치마와 비녀 벗기니 정체가 드러났네〔脫却裙釵便露眞〕, 물건이 본래 모습으로 변환하니〔進物從來容變幻〕, 세상에는 양성을 가진 사람이 있는가 보다〔世間還有二儀人〕."

조선 초 서얼 출신의 문인 어숙권은 세조 대에 세상을 떠들썩하게 했던 '사방지 스캔들'을 소재로 이 같은 시를 지어 그의 저서《패관잡기》에 실었다. 《패관잡기》에 따르면 조선 초 천문학자로 역법서《칠정산외편》을 지은 이순지에게는 과부가 된 딸이 하나 있었다. 이순지의 딸은 과부로 살면서 사방지라는 노비를 데려다 10년간 함께 지냈다. 사방지는 그 어미가 어려서부터 여자 옷을 입혀 연지와 분을 칠하고 바느질을 시켰다. 그런데 사방지가 성장하자 사대부집에 드나들면서 여자 종들과 동침하는 일이 빈번했다. 사헌부에서 그와 사통한 여승을 심문하니 여승이 "그의 남경이 장대하더라"고 실토했다. 여의사 반덕에게 시켜 확인해보니 과연 그러했다. 사헌부의 조사 결과를 보고받은 세조는 껄껄 웃었다.

　　세조는 그러면서 "이순지의 가문을 더럽힐 염려가 있으니 따지지 말라"고 특명을 내린 후 이순지에게 처분을 맡겼다. 이에 이순지는 곧장 10대의 가벼운 처벌을 내렸다. 그러나 이순지가 죽고 나서 과부 딸이 또다시 사방지를 불러들여 다시 흉흉한 소문이 돌자 그제야 조정에서는 사방지를 잡아다 매질하고 충남 아산으로 귀향을 보냈다. 《패관잡기》는 "사방지의 불알은 늘 살 속에 묻혀 있어서 양성인兩性人이라는 말이 생겼다"고 했다. 워낙 파격적인 사건이라 조선 초 문인들 저서 속에서 자주 소개된다. 조선 사림의 사표로 추앙받는 점필재 김종직도 사방지의 충격적인 이야기를 문집에서 다뤘을 정도다.

곁들여 읽기—

정조가 장수했다면
조선이 바뀌었을까?

    조선 중기까지만 해도 지방의 사림이 중앙정치 무대를 장악했으나 인조반정 이후 한양과 경기, 충청 일원의 기호지방에서 권력을 독식했다. 조선 22대 왕 정조는 인재가 고르게 쓰이지 못하는 현실을 안타까워했다.

    "인조 이전에는 조정에서 호남과 영남의 인재를 모두 등용했으니 호남의 기대승, 고경명, 김인후와 영남의 김종직 등 여러 현인은 논할 바도 없다. 영남과 호남의 인재를 등용하지 못한 것이 이미 100여 년의 고질병이 되었으니 어찌 인재가 옛날만 못해서 그런 것이겠는 가. 문인으로 반석평과 무인으로 유극량은 원래 천한 노비의 신분이었다. 그런데도 한 사람에게는 감사(관찰사)의 직책을, 한 사람에게는 병사(병마절도사)의 직책을 맡기어 한 시대의 성대한 영걸이 되었다.

근세에 와서는 감감하게 그런 소문이 없으니 이것은 인재를 등용하는 길이 넓지 못하고 문벌에 국한되어서 그런 것이다."

정조 16년(1792)《일득록日得錄》에 실린 내용이다.《일득록》은 규장각 학자들이 정조의 언행을 수록한 수상록이다. 인조반정 이후 많은 것들이 달라졌다. 사대부들이 조세와 병역의 의무에서 면제된 것도 이때부터다. 정조 23년(1799)에 왕은 "옛날에는 종1품 이하가 모두 군포軍布를 냈다. …(중략)… 인조반정 후 연평부원군 이귀 등 여러 훈신들의 말로 인해 혁파하였다. 지금 군역에 응하는 자는 어디에도 호소할 데 없는 소민小民들뿐이니 양인 장정을 어떻게 충원할 것인가"라고 탄식했다.

정조는 인과 덕으로 백성을 다스리는 맹자의 '왕도정치'에 심취했던 인물이다. 그래서 그의 애민정신은 지극했다. 그의 침실 동쪽과 서쪽 벽에 재해를 입은 고을과 그곳 수령의 이름을 3등급으로 나눠 나열해놓고 그 위에 조세를 면하거나 구호품을 제공한 사실을 친히 기록했다. 그러면서 다음과 같이 말했다. "백성이 굶주리면 곧 나도 배고프고 백성이 배불리 먹으면 나도 배부르다. 흉년의 재해를 구제하여 돌보는 것은 더욱이 빨리 서둘러야 할 일인데 말할 것이 있겠는가. 이는 백성의 목숨이 달려 있는 바이니 잠시라도 중단이 있어서는 안 된다."

애민정신을 보여주는 또다른 일화도 있다. 정조 13년(1789) 봄 왕이 파주 영릉(정조의 양아버지인 효장세자 무덤)을 찾아가다가 고양에서 냇

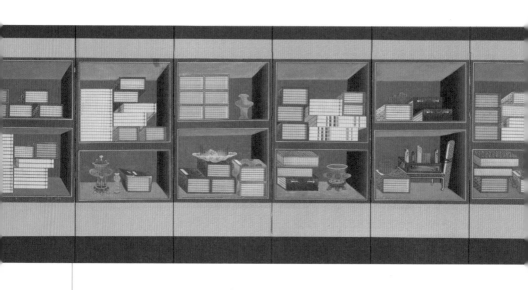

〈**책가도**冊架圖 **병풍**〉
비단에 채색. 세로 125.9㎝ 가로 296.6㎝,
국립고궁박물관 소장.

책장과 서책을 그린 책가도는 정조 재위할 당시 크게
유행한 궁중회화 양식이다. 정조는 독서광이면서 일
벌레였다.

물을 건너는데 부교가 끊겼다. 경기관찰사가 부교를 만든 자들을 찾아내 처벌하려고 하자 정조가 "저들이 어찌 정성을 다하려 하지 않았겠는가. 비가 내리고 물살 또한 빠른데 군사와 말이 앞 다투어 건넜으니 부교가 밑으로 무너지는 것은 당연한 것"이라고 관찰사를 꾸짖으며 죄를 묻지 말라고 했다.

영조는 아들 사도세자를 '호학군주'로 키우려고 했다. 그러나 사도세자는 그런 아버지의 바람을 거역하다가 끝내 죽임을 당했다. 이 모든 과정을 지켜봤던 세손 정조는 공부에만 전념했다. 왕위에 올라서도 늘 책을 곁에 두었다. 빼어난 학문을 앞세워 신하들을 심하게 다그치기도 했다. "나는 젊어서부터 독서를 좋아해서 바쁘고 소란스러운 와중에서도 하루도 정해 놓은 분량을 읽지 않은 적이 없었다. 읽은 경經, 사史, 자子, 집集을 대략 계산해보아도 그 수가 매우 많다."

정조는 또 엄청난 일벌레였다. "나는 한밤중이 되기 전에는 일찍이 잠자리에 든 적이 없었고 날이 밝기 전에 반드시 옷을 준비시켜 입는다. 위로 보고된 한양과 지방의 문서와 서찰을 하루도 책상에 적체시킨 적이 없고 매일같이 조정 신하를 접견하지 않은 적이 없다." 그러나 정조는 사상적으로는 완고한 보수였다. 성리학을 맹신했다. 나라를 지탱하는 것은 군대가 아니라 성리학이라고 인식했다. 정조 13년(1789)에 그가 한 말에서 그의 생각을 미루어 짐작할 수 있다. "우리 왕조가 밖으로는 변경의 근심이 없었고 안으로는 고집을 굽히

지 않는 무리가 끊어져 400년의 예악과 문물이 중국의 성대함에 부
끄럽지 않은 것은 유술 때문이다. 명분이니 의리니 기세니 절개니
하는 것이 빈말 같다고 하더라도 알지 못하는 사이에 (나라를) 유지하
고 지탱시키는 데는 병력이나 재용만으로 미칠 수 없다. 근래에 보
면 조정 신하들은 매번 외적을 막는 것이 소홀하고 나라 살림살이가
어렵다고 근심한다. 그러나 내가 실로 우려하는 바는 올바른 학문이
미미해져 선비의 발전이 날로 낮아지는 데 있다."

　문학도 경계했다. "경술(성리학)에 근본하지 않고 오직 분장에만 주
력한다면 이것이 바로 이단이다. 사대부가 경서에 통달하지 못함을
수치로 여기지 않는다면 다른 것은 논할 가치도 없다. 문장이 사람
을 현혹시키는 것은 음란한 음악이나 아름다운 여색보다 더 심하다.
…(중략)… 내가 젊었을 적에 문학을 좋아했지만 지금은 매우 후회스
럽다."

　정조 생각이 이와 같으니 무신들이 좋은 점수를 받을 리 없었다.
"근래 무신들이 세력을 믿고 멋대로 행동하는 것이 너무 심하니 이
또한 기강에 관계되는 바이다. 조정에서야 한결같이 본다는 의미로
가차假借를 내리기도 하지만, 문을 귀히 여기고 무를 천히 여기는 것
은 곧 우리 왕조의 가법이다."

　그러나 충무공 이순신에 대해서는 정조도 극찬을 아끼지 않았다.
"이 충무공이 명나라 등자룡과 함께 시마즈 요시히로를 협공할 때
창해가 치솟아오르고 풍운이 아연실색하였으니 수전의 장대함이 이

〈이창운 초상화〉
비단에 채색, 세로 153cm 가로 86cm,
개인 소장.

정조 때 종2품 어영대장, 총융사 등을 지낸
이창운. 정조는 스스로 성리학자임을 자부해
학문이 못 미치는 무인을 낮게 평가했다.

보다 큰 적이 없었다. 일찍이 그에 대한 기록을 보았는데 초라하여 보잘 것 없었다. 내(정조)가 그의 비문을 새로 지어 그의 공로를 기술하여 드러내려고 한다. 우리나라의 인물 중에 문무를 겸비한 사람을 꼽는다면 충무공 한 사람만이 해당된다."

정조는 유교적 이상정치를 추구했지만 기술에도 관심이 높았다. 그런 그는 조선의 낙후된 성에 크게 낙담했다. 당시 조선은 벽돌조차 만들지 못했다. "중국은 축성에 대부분 벽돌을 쓰지만 우리나라는 전적으로 돌만 쓴다. 우리나라 습속은 벽돌 굽는 방법을 몰라 벽돌을 굽고자 하면 그 비용이 돌을 캐오는 것에 비해 갑절이나 비싸 감히 벽돌을 써서 축성할 계획을 세우지 못한다. 죽은 상신(정승) 이항복도 이에 대해 일찍이 깊이 개탄하였다."

당시 조선에는 산성이 많았는데 효과적으로 왜적을 방어하려면 그들이 쳐들어오는 길목에 성을 쌓아야 한다고 정조는 생각했다. 그 결과물이 바로 수원화성이다. "우리나라는 산성이 많다. 산성은 들어가 지키기에는 유리하지만 적의 진로를 차단하는 데는 불리하다. 지금 화성은 삼남대로의 요충에 자리 잡고 있으니 이 성이 끓는 못에 둘러싸인 무쇠 성의 견고함을 지니게만 된다면 실로 나라 안에서 첫째가는 요새가 될 것이다."

지금으로 말하자면 인프라에 해당하는 것들이 당시에는 너무 부족했다. 한강은 준설이 안 돼 배가 갇히기 일쑤였다. 이에 대해서도 정조는 다음과 같이 안타까워했다. "경강(한강)이 예전에 비해 점차

얕아지고 있다. 조운선이 얕은 여울을 만나면 반드시 밀물을 기다렸다가 올라가니 만약 한번 쳐낸다면 어찌 백세토록 이익이 되지 않겠는가. 포구를 파냈던 김안로 같은 큰 역량을 지닌 사람이 없으니 한스러운 일이다."

식목의 필요성도 제기했다. "매일같이 벌목을 하면서도 재배하는 사람에 대해서 들을 수가 없어 점차 처음만 못해지고 있다. 살림을 꾸려나가는 개인 가정에서도 10년 계획으로는 나무를 심는 것만 한 것이 없다고 하는데, 더구나 나라의 만년을 내다보는 계획에 있어서야 말할 것이 있겠는가."

이런 말과 행동을 통해 우리는 정조를 '개혁군주'로 칭하며 그가 좀 더 오래 통치했다면 조선이 많이 달라졌을 것이라고 아쉬워한다. 그러나 정조가 백성을 아끼고 사회제도를 바꿔보려는 의지가 강렬했던 것은 사실이나 그것만으로는 깊어질 대로 깊어진 조선의 병폐를 근원적으로 치유하기 역부족이었다. 당시 조선 사회는 새로운 이념이 필요했고 현실 속에서 그러한 싹들이 움트고 있었지만 정조는 이를 장려하기는커녕 오히려 성리학 근본주의에 집착하면서 사상의 발전을 저해했다는 것도 함께 생각해보아야 한다.

7장

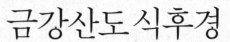

금강산도 식후경

오랜 역사만큼이나
다양한 음식문화

"밥을 먹은 뒤 집리(서리) 집에 갔으나 만나지 못했다. 종로에 내려와서 민상순에게서 돈 닷 냥을 갖고 와서 두 냥을 주고 천유와 함께 냉면을 사 먹었다."

요즘 냉면의 대명사는 평양냉면이다. 한국전쟁 과정에서 북한 출신자들이 대거 월남하면서 그곳의 냉면 문화가 남한에도 보편화된 것으로 알려져 있다. 하지만 1800년대 말 한양에서도 냉면은 여름철 인기 메뉴였다. 《하재일기》를 쓴 지규식은 오늘날 서울 사람들처럼 냉면 마니아였다. 그의 일기에는 여름철 냉면 먹은 일이 자주 소개된다.

"장동 신상인 집으로 돌아왔다. 두 냥 오 전을 주고 참외를 사다가 주인아주머니에게 선물했다. (아주머니가) 냉면 한 그릇을 또 내와

단원, 《풍속도첩》 중
〈점심〉(위)과 〈주막〉(아래)
보물 제527호,
세로 28cm 가로 23.9cm,
국립중앙박물관 소장.

1 2
금강산도 식후경이라는
말이 있다. 식사를 하는
사람들이 모두 즐거운
표징이다.

배불리 먹고 이야기했다."

세계인들로부터 열광적인 반응을 얻고 있는 한국인의 쌈은 독창적이면서도 건강에도 좋은 식품이다. 우리의 쌈 문화는 오랜 역사를 갖고 있다. 상추는 쌈 문화의 대표주자이다. 상추라는 말은 채소를 날 것으로 먹는다는 뜻의 '생채生菜'에서 유래한다. 고구려인들이 상추를 즐겨 먹었다고 한다. 한치윤의 《해동역사》에는 고구려의 상추씨가 중국에서 인기 절정이었다고 서술한다. "고려국 사신이 오면 수나라 사람들이 채소 종자를 구하면서 대가를 후하게 쳐줘 이름을 '천금채千金菜'라고 했는데 지금의 상치다. …(중략)… 고구려 사람들은 생채로 밥을 싸 먹는다."

쌈만큼이나 인기가 높은 비빔밥도 역사가 오래돼 이미 조선 중기부터 먹기 시작했다. 계유정란의 핵심 공신 홍윤성은 세조의 신임을 배경으로 무소불위의 권력을 휘둘렀다. 그런 그의 집에 도둑이 들 뻔했다. 도둑들은 포도청조차 홍윤성의 집 근처에 얼씬 거리지 못하는 점을 노렸다. 그런데 홍윤성 집 근처를 순찰하던 포도부장 전임이 이들을 잡아 홍윤성에게 넘겼다. 그러자 홍윤성은 기쁨을 감추지 못했고, 이를 박동량이 《기재잡기》에 기록했다.

"공이 크게 기뻐하며 뜰에 내려와 그의 손을 붙잡아 끌어올리면서 '이런 좋은 사람을 어찌 이제야 알게 되었는가. 자네 술은 얼마나 마시며 밥은 얼마나 먹는가'라고 물었다. 전임이 대답하기를 '오직 공께서 명하시는 대로 먹겠습니다' 하니 곧 밥 한 대접에다가 생선과 채소를 섞어 세상에서 말하는 '혼돈반混沌飯' 같이 만들고 술 세병들이나 되는 한 잔을 대접하니 전임이 두어 숟갈에 그 밥을 다 먹어 치우고 단숨에 그 술을 들이켰다."

여기서 혼돈반이 바로 비빔밥이다. 채소와 생선을 밥에 섞어 먹는 것을 박동량은 자신이 살던 시대에 유행하던 혼돈반에 비교했던 것이다.

소에서 개, 사슴, 곤충까지
우리 민족의 먹을거리

우경牛耕의 의존도가 높았던 조선에서 소고기 먹기를 꺼렸을 것 같지만 실제로는 쇠고기에 열광했다. 조선은 소의 도축이 엄격히 금지됐지만 실제로는 매일 많은 수의 소를 잡았다. 박제가의 《북학의》를 보면, "성균관과 한양 5부 안에 푸줏간이 24개, 300여 고을의 관아에 소를 파는 고깃간을 열었다. 혼사, 연회, 장례, 활쏘기를 할 때처럼 법에서 허용해서 잡는 것과 법을 어기고 도축하는 것까지 포함하면 전국에서 날마다 500두의 소를 도살하고 있다"고 적혀 있다.

소는 임신 기간이 길고 한꺼번에 낳는 새끼 수도 많지 않다. 그러나 돼지고기와 양고기는 식성에 맞지 않았고 혹시 병에나 걸리지 않을까 우려해 기피했다. 소가 날로 품귀를 겪을 수밖에 없는 구조다.

우경
일제강점기, 세로 9.1㎝ 가로 14.2㎝,
수원광교박물관 소장.

조선시대 농사는 소에 대한 의존도가 높아 소 도살이
금지됐지만 뜻밖에도 소고기 파는 고깃간은 많았다.

박제가는 중국처럼 돼지와 양을 키워 소고기를 대신해야 한다고 목
소리 높였다.

임금의 수라에는 늘 산해진미가 올라오기 마련이다. 하지만 임금
도 국상 중에는 육식을 멀리했다. 이이의 《석담일기》에 따르면, 왕
들은 국상 중 아예 스스로 육식 자체를 금지해 건강을 해치는 경우
도 많았다. 단명한 인종은 지나치게 채식을 고집해 피부로 뼈가 드
러날 만큼 야위었다. 중국 사신이 왕의 몰골을 보고 육식을 해야 한
다고 권했을 정도다.

주색을 즐겼던 성종은 도저히 견딜 수가 없어 국상 중 채식을 포기했다. 그러면서 "채소만 먹으니 점점 지쳐간다. 채식이 과연 어려운 일이구나"라며 "나는 고기를 먹겠다. 다만 여색을 가까이 하지 않는 것으로 장례에 정성을 다하겠다"고 변명했다.

홍만선의 《산림경제》는 고기 중에서 사슴고기를 최고로 쳤다. 사슴은 신령한 풀을 먹어 다른 육류와는 다르다고 했다. 사슴고기를 요리하는 방법은 구이와 곰탕, 국, 포 등 여느 육류의 조리 방법과 크게 다르지 않다. 사슴의 혀와 꼬리는 곰탕 재료로 활용했다. 꼬리는 주로 절임용으로 썼는데 칼로 꼬리의 털을 깎아내고 뼈를 발라낸 뒤 그 속에 소금을 넣어 막대기에 끼워 바람에 말려서 먹는다.

고기를 논할 때 개고기가 빠질 리 없다. 개고기는 누런 것이 우리 몸을 보호하며 검은 것은 누런 개에 못 미친다고 전해진다. 《산림경제》는 '호견糊犬'이라는 독특한 요리법을 소개한다. 개 한 마리를 잡아 깨끗이 씻어 뼈를 발라내고 소금과 술, 식초, 양념을 적당히 쳐 고루 섞은 뒤 동과冬瓜, 박과의 식물 속에 넣는다. 김이 새지 않게 동과를 잘 밀봉해 겨를 태운 불 속에 하루를 재우면 된다고 설명한다.

이유원의 《임하필기》도 개고기를 다룬다. 개고기 마니아였던 공자를 모방해 조선의 유학자들도 개고기를 즐겨 먹었다. 하지만 그 시대에도 개를 애지중지했던 사람이 없었던 것은 아니다. 판서 조상진이 그런 사람으로 그의 반려견 사랑은 유별났다. 개가 병이 나자 대궐의 의원을 불렀다. 기가 막힌 의원이 "저는 어의요"라고 하자 공

김홍도, 〈필선록도筆仙鹿圖〉
비단에 채색, 세로 131.5cm 가로 57.6cm,
국립중앙박물관 소장.

우리 조상들은 육류 중 사슴고기
를 으뜸으로 쳤다.

손히 돌려보냈다. 그 개가 통통하게 살이 찌자 주위에 자랑하고 다녔다. 누군가 "복날이 머지않았으니 안타깝소"라고 하자 조상진은 "늙은이가 아끼는 것에 대해 무슨 말이 그렇게 경박한가"라고 버럭 화를 냈다고《임하필기》에서 전한다.

무더위가 절정인 복날이면 삼계탕이나 보신탕 등 보양식을 먹지만 조선시대에는 술과 함께 음식을 배부르게 먹었다. 지규식의《하재일기》는 우리 민족이 조선 말까지는 한여름에도 특별한 보양식을 먹지 않았음을 보여준다. "초복이다. 일을 마치고 모두 본청에 모여서 술과 고기를 차려 놓고 취하도록 마시고 실컷 먹었다. 석양에 함경빈과 못에 가서 목욕하고 돌아왔다." 말복도 다르지 않다. "말복이다. 공소(천주교 교회)에 모두 모여서 술과 고기를 차려 놓고 취하도록 마시고 실컷 먹었다."

곤충도 훌륭한 음식이었다. 이익은《성호사설》에서 중국 서적을 인용해 먹을 수 있는 곤충을 나열한다. "참새, 종달새와 함께 매미와 벌을 임금에게 진상하며 개미알과 메뚜기 새끼 등은 잔칫상에 올린다. 이 중 개미집 속에 흰 좁쌀처럼 생긴 개미알은 매우 작아서 모으기가 어렵다"고 적고 있다. 또 "메뚜기는 떼를 지어 날아다니며 벼싹을 파먹는데 우리나라 메뚜기는 벼의 싹과 잎을 파먹기는 해도 재앙은 되지 않으니 이상한 일"이라고 했다.

아몬드와 땅콩
외래종의 유입

이덕무의 《앙엽기》는 아몬드가 18세기 조선시대에 존재했다고
말한다. 아몬드는 밤이나 도토리 같은 견과류처럼 보이지만 실제로
는 복숭아나 자두 같은 핵과에 속한다. "교서관(숭의여대 자리에 있던 인
쇄 기관) 숙직실에 복숭아나무 한 그루가 동쪽 담장 아래에 심어져 있
었다. 그 복숭아나무에 납작한 열매가 맺었는데 '구수시', 우리말로
는 '또애감'이다. 사람들이 '감복숭아'라고만 할 뿐 다른 나라에서 진
품으로 여기는 줄은 알지 못한다. 당나라 단성식이 지은 《유양잡조》
에 따르면 '편도는 파사국(페르시아)이 원산지다. 파담수婆淡樹 열매라
고 부르며 복숭아와 비슷하나 형상이 납작하다. 서역의 여러 나라가
모두 편도를 보배로 여긴다'고 돼 있다."

반면 오늘날 흔해진 땅콩은 이보다 늦게 들어왔다. 이덕무는 땅콩
을 중국에서 처음 먹어보고 참깨 맛이 난다고 했다. "낙화생은 형체
가 누에 같으면서 몸뚱이가 옹크려져 있다. 허리는 묶은 듯이 오목하
고 빛깔은 말린 생강 같다. …(중략)… 알맹이는 번데기 같으며 자색
꺼풀이 감싸고 있으며 꺼풀을 벗기면 말갛게 희고 맛은 참깨 같다.
…(중략)… 정조 2년(1778) 내가 연경에 갔다가 이조원(청나라 문인)의 종
제 이기원을 만나서 그것을 심고 기르는 법을 자세히 들었다."

궁핍해도 배부르게
조선인의 식습관

조선시대 대부분 궁핍했지만 대식가들이 많았다. 《어우야담》은 중종의 재종 외삼촌인 김계우가 매달 소를 여섯 마리씩 잡아먹었다고 했다. 그는 부인과 더불어 큰 은쟁반에 잘 삶은 소고기를 저며 놓고 하루에 세 번씩 배부르게 먹었다고 한다. 김계우는 중종이 잠저에 머물 당시 사제의 연을 맺어 평생 임금이 깍듯이 모셨다. 부부는 각각 80세까지 살다 죽었다. 《어우야담》은 병조판서, 판중추부사를 지낸 정응두도 먹성이 좋았다고 서술한다. 한 노인이 술과 안주, 홍시 200개 등 여러 날 먹을 만큼의 많은 음식을 그에게 바쳤다. 그런데 정응두는 눈 깜짝 할 사이에 그 많은 술과 음식을 싹 비우고 홍시까지 입에 탈탈 털어 넣었다. 노인은 "대감이 한 자리에서 다 드실 줄은 몰랐다"고 혀를 내둘렀다.

개다리소반

조선시대 한사람이 한 끼에 먹는
식사량은 엄청났다. 18세기에 거의
2리터의 곡식을 먹었다.

　18세기 말까지만 해도 우리는 아침과 저녁, 하루에 두 끼만 먹었
다. 이덕무의 《앙엽기》는 한 사람이 하루에 먹는 식사량을 거론하면
서 다음과 같이 말한다. "한 사람이 아침과 저녁에 각 다섯 홉을 먹
는다면 합해서 1되(1.8리터)가 된다. 한 달이면 서 말이고 일 년이면
서른여섯 말(649리터)이 된다."

　하루에 한 사람이 거의 2리터짜리 생수병 하나씩의 쌀을 먹었다
고 하니 오늘날 식사량과 비교할 때 엄청난 양이다. 이익의 《성호사
설》도 우리나라 사람들은 가난한데도 다른 나라에 비해 유난히 식사
량이 많았다고 증언한다. 유구국 사람은 조선 사람에게 "당신 나라

사람들은 항상 큰 사발에 밥을 퍼서 쇠숟가락으로 푹푹 떠먹으니 어찌 가난하지 않겠는가"라고 비웃기도 한다. 특히 바닷가에 사는 사람들은 세 사람이 나누어 먹어도 배고프지 않을 정도의 음식을 한 사람이 먹어치운다. "어려서부터 배불리 먹는 습관이 생겨 창자가 점점 커져서 음식을 채우지 않으면 허기를 느끼게 된다. 습관이 굳어질수록 점점 굶주림을 느끼게 된다."

부유하거나 귀한 집에서는 더욱 도가 지나쳐 하루에 일곱 번이나 먹는다. 《성호사설》은 매 끼니마다 술과 고기가 넉넉하고 진수성찬이 가득하니 하루에 소비하는 것이 백 사람을 먹일 수 있는 양이라고 했다.

예나 지금이나
술 좋아하는 민족

우리 민족에게서 술 이야기를 빼놓을 수 없다. 밤낮을 가리지 않고 술을 마셨다. 대궐에서도 관리들이 이른 새벽부터 음주를 하는 것을 당연하게 생각했는데 사간원(국왕의 행위를 비판하고 관리를 탄핵하던 오늘날 언론과 같은 기능의 관청)이 특히 심했다. 《필원잡기》에 따르면, 사간원과 사헌부(관리들의 부정부패를 감시하고 처벌하던 오늘날 검찰과 같은 기능의 관청) 관리들의 근무 태도가 극명하게 비교된다. 사간원 관리들은 송

작자 미상, 풍속화
종이에 채색, 세로 76cm 가로 39cm,
국립중앙박물관 소장.

조선시대에는 밤낮을 가리지 않고 술을 마셨다. 관리들은
아침식사 전 술을 마시면서 하루를 일과를 시작했다.

사나 옥사를 심리 판결하는 사헌부와 달리 할 일이 없어 날마다 술 마시는 것을 업으로 삼았다. 조선 초 조운흘은 이런 세태를 꼬집어 "한 잔 한 잔 다시 한 잔〔一杯一杯復一杯〕, 대사간이 춘풍 앞에 취해 쓰러졌도다〔大諫醉倒春風前〕"라고 시를 썼다.

사간원에서는 식전부터 술이 제공된다. 숙직한 관원이 일어나기 무섭게 잡무를 보는 서리들이 아침인사를 하면서 술상을 차려 올린다. 안주는 약과였고 잔은 거위 알처럼 컸다. 관원들이 모두 출근한 후에도 과일상을 차려놓고 종일 술을 마셔댔다. 요즘 사람들이 커피나 차를 수시로 마시듯이 사간원 관리들은 술을 마셨던 모양이다. 서거정은 "내가 대사간이 되고서 과일상을 폐지했지만 서리들의 아침인사상은 전과 다름없었다"고 탄식했다.

임금의 금주령이 내려져도 사간원은 개의치 않는 것을 큰 자랑으로 여겼다. 반면 사헌부는 일 속에 파묻혀 살았으며 사무 처리가 또한 엄정해야 해 몸가짐이 철저했다. 하인들도 주인과 행동거지를 같았다. 사간원 관원은 붉은 옷을 입은 하인을, 사헌부 관원은 검은 옷을 입은 하인을 앞세웠다. 주인처럼 한껏 취한 사간원 관원의 하인들은 사헌부 관원의 하인들에게 "재미없이 술도 못 마셔 얼굴빛도 검고 옷도 검구나"하며 놀렸다.

조선의 제9대 왕 성종도 술을 즐기고 놀기를 좋아했다. 조선 중기의 문신 차천로의 《오산설림초고》에 따르면, 성종은 주로 독한 소주를 주로 마셨다. 성종은 술로 인한 비사가 유독 많다. 내시 한 사람이 왕의 건강을 위해 소주에 물을 타서 올렸다. 술맛을 보고 이상하게 생각한 왕이 주위에 자초지종을 묻고는 내시를 괘씸죄로 내쫓아버렸다. 성종은 커다란 옥잔을 늘 곁에 두었다. 매번 임금이 거나하게 취하면 옥 술잔을 가져와 신하에게 술을 하사하기도 했다.

충무공 이순신은 술을 소통의 수단으로 활용했다. 성대중의《청성잡기》에 따르면 충무공은 전라좌수사로 부임해 날마다 포구의 백성들을 불러놓고 술과 음식을 마련해 대접했다. 처음에는 백성들이 충무공을 두려워했지만 시간이 지나면서 서로 웃으면서 농담까지 하게 됐다. 대화 내용은 모두 고기를 잡고 조개를 캐면서 지나다닌 바닷길에 관한 것들이었다. 충무공이 해전에서 연전연승했지만 전라좌수가 되기 전까지만 해도 이순신은 수군으로서의 경력이 일천했다. 충무공은 술자리를 통해 백성들과 소통하면서 남해 앞바다를 손바닥 보듯 알게 된 것이었다.

"어느 곳은 물이 소용돌이쳐서 들어가면 배가 뒤집힌다. 어느 여울은 암초가 숨어 있어 반드시 배가 부서진다'는 말을 공이 일일이 기억했다가 다음 날 아침 직접 나가 조사했다." 왜군과 전투를 하면서 번번이 적들을 이런 험지로 유인했는데 그때마다 왜선이 여지없이 부서져 힘들여 싸우지 않고도 승리했다.《청성잡기》에서 우암 송시열은 이 일화를 거론하면서 "장수뿐만 아니라 재상 역시 그처럼 해야 한다"고 했다.

배고픔 앞에서는
임금도 죽음도 두렵지 않다

배고픔 앞에서는 임금도, 죽음도 두렵지 않았던 모양이다. 임진 왜란 때 몽진을 떠난 선조 일행은 배고픔에 허덕여야 했다. 《징비 록》에 따르면 임금에게 올릴 음식마저 도둑질당하기 일쑤였다. "오 후 8시께가 돼 파주 동파역에 닿자 파주목에서 임금을 접대하기 위 해 음식을 준비했지만 하루 종일 아무것도 먹지 못한 호위병들이 주 방에 들어가 닥치는 대로 먹어치웠다. 나중에는 임금에게 올릴 음식 조차 없어지자 파주목사와 장단부사는 처벌이 두려워 그대로 도주 하였다."

이렇게 먹는 걸 밝혔지만 학자들의 초상화를 보면 대체로 깡말랐 다. 육식 대신 주로 채식을 해서다. 화담 서경덕은 늘 저염분에 채소 위주의 담식淡食을 했다. 고기를 멀리했지만 유독 말린 밴댕이만큼 은 챙겨 먹었다고 《오산설림초고》는 밝힌다. 장시간 글 읽기와 사색 에 소모되는 체력을 유지하기 위한 최소한의 에너지원이었던 것이 다. 지금은 잘 안 잡혀서 귀한 생선이 되었지만 명태는 조선 말까지 함경도 앞바다에 지천으로 널려 있었다. 이유원의 《임하필기》에 명 태라는 이름이 붙여진 유래가 적혀 있다. 함경도 명천에 사는 태 씨 성을 가진 어부가 낚시로 물고기 한 마리를 낚아 관찰사에게 갖다 바쳤다. 관찰사가 맛있게 먹고 물고기 이름이 무엇인지 물었으나 아무도 알지 못했다. 관찰사는 명천의 태 씨가 잡았으니 '명태'라고 부르면 되겠다고 해, 이때부터 명태가 해마다 수천 석씩 잡혀 팔도에 두루 퍼졌다. "내가 원산을 지나다가 명태 더미를 보았는데 한강에 쌓인 땔나무처럼 많아 숫자를 헤아릴 수 없었다."

육류를 흔히 접하기 힘들었던 조선시대에 민물고기가 주요한 단백질 공급원이었다. 전쟁 중에도 고기잡이를 하면서 시름을 잊었다. 임진왜란의 참상을 기록한 정경운의 《고대일록》에도 천렵 장면이 여러 차례 소개된다. "최계형 어른이 천렵을 가자고 부르시기에 함께 혈계(남강의 지류인 남계천)로 가니 산음에 사는 배응종 형제가 먼저 도착해 있었다. 배 군이 작은 배를 띄우고 작대기로 크게 소리를 내니 누치가 여울을 거슬러 올라왔다. 시내 한가운데 그물을 쳐서 여든아홉 마리나 잡았다. 평생에 이보다 좋은 일이 더 있겠는가." 누치는 우리나라에서 오래 전부터 먹어온 민물생선이지만 냄새가 강하고 가시가 많다. 주로 회로 먹거나 소금구이를 해서 먹었다.

조선시대에는 위생 개념이 없었다. 그래서 음식물도 청결하지 않았다. 쓰레기장이 제대로 있을 리 없었던 당시에는 오물을 그냥 거리에 버려두었다. 박제가의 《북학의》에 따르면, 집집마다 매일 나오는 재도 전부 거리에 그대로 버려져 그 수가 몇 만 섬이나 되는지 알수가 없었다. 조금이라도 바람이 불면 눈을 뜰 수가 없으며 바람에 날린 재는 가가호호 음식에 들러붙어 더럽혔다. "간장은 더러워서 입에 댈 수조차 없다. 콩을 씻지 않으며 좀이 슬거나 모래가 들어 있

● **정선, 〈고기잡이〉**
종이에 먹, 세로 111.2㎝ 가로 70.3㎝,
국립중앙박물관 소장.

육류를 흔히 접할 수 없었던 조선시대에는 민물
고기가 주요한 단백질 공급원이었다.

지만 아무렇지도 않은 듯 태연자약하다. 옷을 벗고 맨발로 콩을 밟
아대는데 수많은 남정네의 침과 콧물, 땀이 메주 안에 섞인다. 간장
에서 손톱과 발톱, 털은 물론이고 모래나 지푸라기 같은 잡물을 걷
어내야만 먹을 수 있다."

　지금은 식사 후에 커피나 차를 마시는 게 일상이 되었지만 예전
에는 차를 잘 마시지 않았다. 그래서 중국인과 만날 때면 차를 마셔
야 했는데 이것은 여간 고역이 아니었다. 《어우야담》에 따르면 저자
유몽인이 한번은 중국인 통역관 왕군영을 만나 차를 대접받은 일이
있다. 한두 주발을 마시자 기분이 상쾌해졌다. 그러나 서너 사발을
넘어서자 감당해내지 못할 지경에 이르렀다. "이쯤 되면 수액水厄, 물
로 인한 재액과 다름없다"고 유몽인은 너스레를 떨었다.

옛 사람의 건강법

　건강을 잃으면 모든 것을 잃는다는 말이 있다. 조선 선비들은 그들만의 방식으로 건강한 삶을 살려고 노력했다. 홍만선의 《산림경제》는 음식을 급하게 먹으며 쾌락만 일삼으면 내장에 찌꺼기만 채워질 따름이라고 했다. 한평생 '늘 부족하구나'는 마음이 들도록 반만 먹어야 한다. 갈증 난다고 물을 급하게 마시면 신경통이 생긴다. 밥 먹은 뒤 즉시 눕거나 종일 가만히 앉아 있어서는 안 된다. 기혈을 막아 수명을 줄인다. 또한 항상 손으로 배를 수백 번 문지르고 고개를 뒤로 젖혀 기운을 수백 번 내뿜으며 느릿느릿 수백 보를 거닐어 음식을 소화시켜야 한다고 권고한다.

　뜨거운 것을 먹으면 뼈가 손상되고 찬 것을 먹으면 폐가 손상된다. 음식은 사계절을 막론하고 항상 따뜻해야 한다. 여름엔 소화가 더디기 마련이다. 그래서 여름철에는 음식물을 적게 먹고 날것과 찬 것을 멀리해야 한다. 오미五味, 맵고 짜고 달고 시고 쓴맛가 강한 음식과 구운 음식은 비장과 간, 폐를 망친다고 했다. 게다가 음식 섭취에는 금기 사항이 있다. "메밀과 돼지고기를 같이 먹으면 머리털이 빠지며 쇠고기와 돼지고기를 막걸리와 동시에 섭취하면 촌충이 생긴다. 감이나 배와 게를 함께 먹지 말아야 한다. 개고기는 마늘과 함께 먹으면 해롭다."

적게만 마신다면 술은 살결을 윤택하게 하고 혈기를 소통시킨다. 《산림경제》는 술을 마신 뒤 냉수나 냉차를 마시면, 신장에 냉독이 들어가 좋지 않다고 했다. 놀랍게도 《산림경제》에서 이야기하는 건강법은 오늘날의 것과 크게 다르지 않다.

임금에게 똥물을 먹이고
제비똥을 눈에 처방하다

임금이 위급할 때, 희한한 약을 응급용으로 처방했다. 이이의 《석담일기》에 따르면 명종 22년(1567) 6월 27일, 임금이 갑자기 병환이 위중해져 인사불성이 됐다. 명종은 극심한 스트레스로 인해 '심열증心熱症'이라는 고질병을 앓았다. 심장에 뜨거운 기운이 뭉쳐 가슴이 답답하고 소화가 잘 안되는 병이다. "의관이 야건수野乾水를 쓰고 싶다고 하자 좌의정 이명이 '어찌 다른 약이 없어 이 더러운 약을 쓰겠느냐'고 질책했다." 그러나 영의정 이준경은 "질병에 약을 쓰는데 어찌 위아래가 있겠는가. 병증세에 따라 쓰면 될 일"이라며 야건수를 속히 쓸 것을 재촉했다. 야건수는 '야인건수野人乾水'로도 불리는데 인분을 물에 섞은 것이다. 동의보감은 "성질이 차서 심한 열로 미쳐 날뛰는 것을 치료한다. 잘 마른 것을 가루로 만들어 끓는 물에 거품을 내어 먹는다. 남자 똥이 좋다"고 처방한다.

윤중년은 말을 치료하는 마의였지만 사람도 잘 고치는 명의였다. 그중에서도 안과 전문이었다. 이륙의 《청파극담》의 이야기다. "윤중년은 의술이 매우 정묘했고 눈을 고치는 데도 신묘하였다. 그는 '대체로 말이 병에 걸리는 것은 사람과 다름이 없다. …(중략)… 나는 눈을 가지고 눈을 고치므로 백 번 약을 써도 낫지 않는 적이 없다. 제비는 항상 하늘을 날아다니면서 온갖 벌레를 잡아 먹이로 한다. 벌레의 살은 소화가 되지만 눈은 소화가 안 되고 변에 섞여 나온다. 제비 똥을 많이 구하여 냇물에 일면 더러운 찌꺼기는 모두 없어지고 눈만 남는데, 하루에 얻는 양이라고 해봐야 극소량이다. 이를 갈아약에 타서 앓는 눈에 넣으면 자연히 신묘한 효과가 있다' 하였다."

조선시대에는 흉년 등으로 기근이 끊이지 않았다. 그럴 때마다 사람들은 우리나라 산에 많이 자생하는 소나무로 혹독한 기근을 이겨냈다. 《산림경제》는 솔잎이 굶주림을 면하게 하면서 속도 편히 만든다고 한다. 솔잎과 콩을 10대 1의 비율로 섞어 말린 뒤 가루로 만

● 보은 속리산 정이품송
천연기념물 제103호. 문화재청.

과거엔 기근이 다반사였고 솔잎과
소나무 껍질을 먹으면서 굶주림을
이겨냈다.

들어 쌀가루를 약간 혼합해 죽을 쑤면 시장기를 면할 수 있으며 맛
도 감미롭다고 했다.

　나이가 들면서 흰머리가 늘어나는 것은 자연의 이치지만 이를 감
추려고 염색을 하는 이가 많다. 그러나 이것도 적잖은 고역이다.《산
림경제》에 따르면 조선 사람들은 염색 대신 빗질을 자주 했다. 하루
천 번씩 빗질을 하면 머리털이 세지 않을 뿐만 아니라 두피도 건강
해진다고 한다. 또 고환은 차게 해야 몸에 좋다고 알려져 있지만 우
리 조상들은 오히려 따뜻하게 해야 유익하다고 여겼다.《산림경제》

는 두 손으로 고환을 감싼 뒤 천천히 호흡을 천 번 하면, 양쪽 고환 속 액체가 허리로 흘러들어가 체력을 강화시킨다고 했다. 그러면서 "이슬람교도들의 경우 고환을 따뜻하게 해주는 것이 유일한 보양법"이라고 강조한다.

우리나라도 일본 못지않은 온천의 나라였다. 전라도를 제외하고 전국에 온천이 없는 곳이 없다. 의료기술이 발달하지 못했던 때라 온천에 대한 관심이 더욱 높았다. 그러면 그중에서 가장 효험이 좋았던 온천은 어디일까.《지봉유설》은 "눈병을 앓던 세종대왕이 내시에게 명하여 전국의 온천물을 길어오도록 했다. 이를 저울에 달아보니 경기도 이천의 갈산온천물이 가장 무거웠다. 세종대왕은 몸소 갈산온천에 행차해 목욕을 하였더니 실제로 효험이 있었다. 이후 갈산온천을 최고로 쳤다"고 했다. 온천물이 무겁다는 것은 그만큼 함유물이 많은 것으로 이해된다.

이덕무는《앙엽기》에서 다소 황당하지만 "글을 쓰거나 시를 짓는 사람은 수명이 짧다"고 기술한다. "생각이 많으면 마음속의 열이 위로 타오르고 신수腎水, 정액가 고갈되어 심장과 신장의 교통이 안 되므로 사람의 생리가 끊어진다. 그러므로 문인의 대다수가 자식을 두지 못하고 단명하니 이는 글쓰는 일이 이런 까닭이라고 하였다. 반면 명나라의 서예가이자 화가 동기창은 '그림을 그리는 것이 우주가 손에 달려 있어 눈앞에 있는 모든 것이 생동하지 않는 것이 없다. 그러므로 그림을 그리는 사람이 왕왕 오래 산다'고 했다. 그런데 이 두 이야기가 모두 거짓은 아니다. 문학을 하더라도 만약 온화하면 수명을 연장할 수 있으며 그림을 그려도 너무 기교만을 추구하면 단명하기도 한다."

죽은 사람도 살린다는
당시의 민간요법

지규식의 《하재일기》에는 당시 쓰이던 민간 구급법이 적혀 있다. "스스로 높이 목을 맨 자는 한 사람이 발로 그 양 어깨를 밟고 손으로 그 정수리 머리카락을 움켜잡아 혈관을 팽창시키고 맥박이 급하게 하라. 다른 한 사람은 손으로 가슴을 문지르고, 팔다리를 굽혔다 폈다 하라. 익사한 자는 사다리에 태워 거꾸로 놓고 소금으로 코를 막아 가득 채운다. 소금이 녹으면 곧 깨어난다. 소금으로 배꼽 위를 문지른다. 동사로 숨결이 조금 있는 자는 쌀을 볶아 뜨거운 것을 주머니에 담아 가슴 위를 다림질하고 식으면 즉시 바꾼다. 없으면 뜨거운 아궁이 재도 괜찮다. 다치거나 혹 타박상으로 갈비뼈가 부서지고 창자가 나왔으면 급히 기름을 발라 집어넣고, 인삼과 구기자를 끓인 즙을 환부에 뿌려라. 그리고 양신죽(산양의 콩팥을 쑨 죽)을 계속 먹으면 10일이면 낫는다. 비상 중독에는 살아 있는 양을 찔러 나온 피를 복용하라. 복어 독에 중독됐을 때는 참기름, 대두즙, 감람즙

이 모두 해독할 수 있다. 침을 잘못 삼켰을 때는 잠경(고삼)을 달여 부추와 함께 먹으면 저절로 내려간다."

《산림경제》는 죽은 사람을 살려내는 묘책도 제시한다. 목매어 죽은 자는 숨이 넘어갔더라도 아랫배가 따뜻하면 살릴 수 있다. 닭의 볏을 찔러 피를 내서 입 안에 떨어뜨리면 그 즉시 정신을 차린다. 남자는 암탉, 여자는 수탉을 사용해야 한다. 익사한 사람도 살릴 수 있다. 소 한 마리를 끌어다가 죽은 사람을 가로 싣되 배가 소의 등에 닿도록 엎어서 싣고 소를 서서히 몰고 가게 하면 물이 나와서 깨어난다.

이것뿐만 아니라 눈알이 튀어나왔을 때, 고환이 터졌을 때, 창자가 밖으로 나왔을 때 어떻게 해야 하는지도 친절하게 알려준다. 어떤 이가 말에서 떨어지면서 날카로운 쇠에 고환이 찢겨 알맹이가 빠져나왔다. 다행히 고환은 끊어지지 않았지만 고통은 상상을 초월했다. 의원이 고환을 천천히 넣고 납거미(거미의 일종)를 잡아 짓이겨 상처에 계속 붙여주자 다치기 전과 같아졌다. 소에게 받혀 창자가 나왔다면 참기름으로 장을 씻어 손으로 밀어 넣은 다음 상백피(뽕나무 뿌리를 말린 껍질)를 뾰족하게 해 뱃가죽을 봉합한다. 그리고 상처 위에 혈갈血竭이나 백초상百草霜 가루를 뿌려준다. 눈알이 빠졌을 때는 신경이 끊어지지 않게 조심스럽게 눈꺼풀 안에 집어넣고 생지황生地黃을 찧어 눈 주위에 두껍게 붙여줘 바람이 들어가지 않도록 해야 한다.

건강하게 살려면 건강한 성생활도 중요하다. 《산림경제》는 성행위를 할 때 금기사항을 나열한다. 추울 때, 더울 때, 배부를 때, 취했을 때, 노했을 때, 두려울 때, 피곤할 때, 소변이 마려울 때, 목욕 직후, 생리 중일 때, 애정이 없을 때 억지로 성행위를 하면 만병의 근원이 된다고 지적한다. 또한 나이가 많거나, 오래된 질병이 있거나, 입술은 얇은데 코는 크거나, 이가 엉성하고 머리털이 노랗거나, 음모가 너무 억세거나, 소리가 웅장하거나, 살갗이 거칠고 기름기가 없거나, 성격이 온화하지 못하거나, 성품이 사나운 사람은 성행위가 건강을 해친다고 설명한다.

《산림경제》는 오늘날에는 상상조차 힘든 기상천외한 건강법도 제시한다. 각종 젖 중에서 사람의 젖, 그중에서도 남아를 초산한 부인의 젖이 건강에 좋다고 했다. 특히 눈에 핏발이 서고 아프며 눈물이 많이 나는 증세에 특효라고 했다. 옛날 장창張蒼이라는 사람은 이가 없어서 유부乳婦, 젖 먹이는 여자를 십여 명 두고 식사 때마다 젖을 배부르게 먹었다. 그 덕에 장창은 백 세가 넘어서까지 살결이 희기가 박속같았고 정신도 소년보다 나았다고 한다. 그 나이에 아들도 둘이나 낳았다.

《산림경제》는 더 놀랍게도 월경의月經衣를 물에 빨아 즙을 마시면 음열(가슴이 답답하고 식은땀이 나는 증세)을 치료하는 데 제일 좋다고 했다. 처녀의 첫 번째 월경은 사람의 생명을 연장시켜주는 '지극한 보배'라고까지 했다. 또 호랑이 두개골로 베개를 만들어 베고 자면 악귀를 물리치고 이를 문 위에 달아두면 귀신을 물리칠 수 있다고 덧붙였다.

조선시대까지 우리나라에는 호랑이가 많아 민가에까지 내려오는 일이 빈번했다. 산속에서 호환虎患을 피할 수는 없을까.《산림경제》는 밤에 길을 갈 때에는 무섭다고 노래를 하거나 크게 소리를 지르면 안 된다고 했다. 호랑이는 밤에 사람이 노래 부르는 소리를 들으면 쫓아와 잡아먹는다고 했다.

왜적이나 도적을 만났을 때 동반한 갓난아기가 울면 큰 곤경에 처한다. 실제 전란 때 적에게 발각되지 않으려고 우는 아기를 길가에 버리는 슬픈 일이 빈번했다.《산림경제》는《동의보감》을 인용해 감초 달인 물이나 꿀물에 적신 솜뭉치를 아기의 입 안에 넣고 동여매 주면 된다고 했다. 아이가 단맛을 빨아 소리를 내지 않으며 솜뭉치는 부드러워 아이의 입을 상하게도 하지 않는다고 설명한다.

縱橫唐手就就逢發生東海

聲黃公

于今跋意橫行者誰識入中

此顯同

甲午南畵

심사정, 〈맹호도〉
종이에 채색, 세로 96cm 가로 55.1cm,
국립중앙박물관 소장.

조선시대에는 호랑이가 민가까지 내려와 어린
아이나 개를 물어가기 일쑤였다.《산림경제》는
산속을 걸어갈 땐 떠들지 말고 조용히 해야 호
환을 당하지 않는다고 했다.

곁들여 읽기 —

정부인이 꼽은
최고의 음식 '개고기'

동물의 내장 속에 각종 음식을 넣어 삶아낸 순대 요리의 대표격은 돼지순대다. 그러나 개고기를 즐겨 먹었던 조선시대에는 개순대가 양반가에서 인기였다. 우선 개를 잡아 뼈를 모두 발라 버리고 고기에 후추, 산초, 생강, 참기름, 진간장을 넣어 만두소를 이기듯 한데 섞는다. 돼지 피가 들어가는 돼지순대와는 달리 개순대에는 개의 피가 들어가지 않는다. 만두소를 깨끗하게 뺀 개 창자에 넣고 시루에 담아 한나절 정도 약한 불에 찌면 개순대가 완성된다.

정부인(정2품·종2품인 문·무관의 처에게 주는 등급) 안동 장 씨(장계향, 1598~1680)가 저술한 17세기 조선 양반가의 음식조리서 《음식디미방》에는 실로 다양한 개고기 요리법이 소개된다. 저자는 개순대를 어슷어슷 썰어 식초와 겨자를 쳐서 먹으면 맛이 아주 좋다고 했다.

조선시대 최고의 음식 재료는 개고기였다. 《음식디미방》에
서도 다양한 개고기 조리법이 등장한다. 개 중에서는 누렁개
가 가장 선호됐다.

반려동물을 키우는 인구가 1000만 명인 시대이지만 여전히 개식용은 논란거리다. 조선시대에는 신분의 고하를 막론하고 개고기를 일상적으로 먹었다. 고대 중국에서는 개고기가 제사상에 올랐고 유교의 창시자 공자도 개고기 애호가였다. 다만 삼국시대와 고려시대에는 불교를 국교로 신봉해 개고기를 멀리했다. 하지만 조선시대에 들어와 성리학을 숭배하면서 유학자들도 공자를 따라 개고기를 본격적으로 먹기 시작했고 그 맛에 흠뻑 빠져 들었다.

현재 개 요리법은 탕과 수육, 전골 정도만 겨우 남았지만 조선시대에는 요리법이 수를 헤아릴 수 없을 만큼 많았다. 《음식디미방》에서도 개순대를 비롯한 많은 수의 개고기 요리가 등장한다. 개장꼬지누르미는 꼬치구이와 유사하다. 개고기를 살짝 삶은 뒤 썰어 후춧가루, 참기름, 진간장을 함께 섞어 뒀다가 다음 날 꼬챙이에 꿰어 굽는다. 구운 누르미는 꿩고기 육수에 장, 기름, 후추, 산초, 생강가루 등을 섞어 데운 즙에 찍어 먹는다. 개는 어떻게 삶아야 맛이 좋을까. 먼저 황계黃鷄 한 마리를 먹여 오륙 일 후에 개를 잡는다. 고기를 잘 씻어 맑은 장 한 사발, 참기름 다섯 홉을 타 김이 새지 않도록 봉한 항아리에 중탕한다. 그리고 초저녁부터 다음 날 아침까지 삶아야 한다. 《음식디미방》은 오늘날 먹지 않는 허파와 간 등의 내장을 요리하는 방법도 전한다. 저자는 가장 맛있는 개의 종은 황백견, 즉 누렁개라고 했다.

《음식디미방》의 또 다른 특징으로는 현재 양념의 상당 부분을 차지하는 고추가 보이지 않는다는 점이다. 고추는 임진왜란 때 전래되고 17세기 초반부터 재배되기 시작했지만, 17세기 말에 쓰인 이 책에는 전혀 언급하지 않는다. 이때까지만 해도 경상북도 북부 지역에서는 고추를 키우지 않았던 것으로 짐작된다. 대신 향신료로 산초와 함께 후추, 마늘, 파가 단골로 등장한다.

조선 중기 양반가에서는 만두를 메밀가루로 빚어 먹었다. 저자가 책을 쓸 시기에는 밀 재배가 일반화하지 않았다. 만두를 만들기 위해서는 메밀을 빻아 가는 모시나 비단에 거듭 쳐서 이 가루를 죽처럼 풀로 쒀야 한다. 이 풀로 반죽을 해서 만두피로 썼다. 끓인 메밀풀로 만두피를 만드는 게 무척 생소하다. 그리고 오늘날 만두소는 두부, 부추와 돼지고기를 주로 이용하지만 당시에는 무를 무르게 삶아 덩어리 없이 다지고 꿩고기를 으깨어 간장에 볶은 뒤 잣, 후추, 산초가루와 함께 넣어 빚었다. 꿩고기가 없으면 쇠고기를 넣기도 했다. 만두는 삶아서 초간장에 생강즙을 혼합한 소스에 찍어 먹었다.

책에서 쇠고기는 개고기나 꿩고기 등의 다른 고기에 비해 맛이 떨어지는 것처럼 기술된 부분이 색다르다. 늙은 닭과 함께 쇠고기가 질긴 고기로 분류하여 연하게 만드는 법이 소개되어 있다. 쇠고기는 산앵두나무, 뽕나무잎 스무 장, 껍질을 벗긴 살구씨 대여섯 개 등을 한데 넣고 뽕나무로 불을 때 삶으면 고기가 연해진다. 그리고 쇠고기를 삶을 때는 반드시 뚜껑을 열어둬야 해가 없다고 덧붙인다. 돼지고기 조리법 역시 멧돼지 고기 삶는 법, 집돼지 볶는 법 정도만 간

략하게 다루고 넘어간다. 돼지고기도 인기가 없었다. 중국에서 진미로 꼽는 곰발바닥 요리도 소개된다. 물론 중국 요리법과는 전혀 다르다. 우선 곰발바닥을 불로 그을려 털을 태운다. 가죽을 벗기고 깨끗이 씻어 무르게 삶는다. 곰발바닥은 다 힘줄로 돼 있어서 약한 불로 오랜 시간 고아야 한다. 다 익으면 간장기름을 발라 다시 한 번 굽는다.

빈대떡도 지금과는 많이 다르다. 녹두를 갈아 기름을 부어 지진 뒤 그 위에 꿀로 반죽한 팥소를 얹고 다시 녹두반죽을 부어 잘 익힌다. 녹두와 돼지고기 등을 섞어 굽는 지금의 빈대떡과 비교할 때 그 모습은 차라리 호떡에 가깝다.

여름 과일 복숭아를 한겨울에도 싱싱하게 먹을 수 있는 비법도 일러준다. 밀가루 풀을 쑤어 소금으로 간을 해서 깨끗한 독에 넣는다. 그리고 갓 딴 복숭아를 밀가루 풀 속에 넣고 단단히 봉하면 한겨울에도 제철 과일처럼 싱싱한 복숭아를 즐길 수 있다. 수박도 오랜 기간 저장할 수 있는 방법이 있다. 깊은 광주리나 큰 독에 쌀겨를 넣고 거기에 수박을 묻어 얼지 않는 방에 간수하면 썩지 않는다.

안동 장 씨는 정성을 다해 이 책을 썼다. 그래서 "눈이 어두운데 간신히 이 책을 썼으니 그 뜻을 알고 이대로 시행하라. 딸자식은 각각 베껴가되 이 책을 가질 생각은 절대로 하지 말라. 부디 상하지 않게 간수해 빨리 떨어져버리게 하지 말아라"고 당부한다.

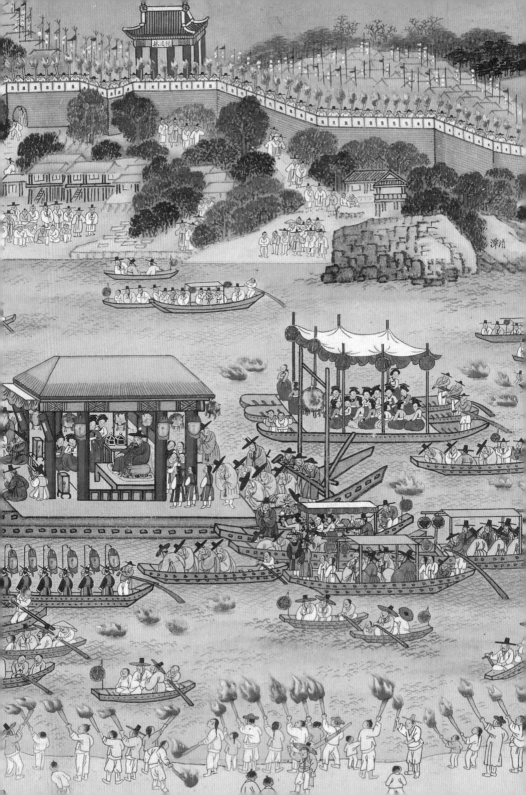

8장

그 시절
삶의 현장보고서2

상전은 빼앗고
백성은 속이고

　고전들은 세태 비판에 많은 부분을 할애한다. 《용재총화》에서 성현은 우리 민족이 간사하고 경솔하다고 했다. 참을성이 부족하며 하는 일 없이 밥만 축낸다고 가혹하게 비난했다. "조선 사람은 간사하고 교묘하게 남을 속이며 의심이 많아 항상 다른 사람을 믿지 않는다. 조그마한 일에도 경솔하게 떠들어 사람이 많아도 성취하는 일은 별로 없다. 많이 먹고 마시며 한 끼라도 굶으면 배고파 어쩔 줄 몰라 한다. 군사가 출정하면 군량의 운송이 절반 이상을 차지한다. 게다가 노비가 인구의 절반을 차지해 크고 유명한 고을이나 읍도 군졸이 적다."

　조선은 작은 벼슬자리라도 하나 얻으면 모두 이를 통해 팔자를 고치려고 드는 '뇌물천국'이었다. 중종 대 권신 김안로는 뇌물을 큰 배에 실어 통째로 받아먹었다. 이기의 《송와잡설》에 따르면, 김안로가 정승에 있을 때 황침은 충청병사가 되어 인사를 하면서 참깨 20말을 보냈다. 훗날 임기를 마치고 새벽 일찍 김안로 집에 가서 인사를 청하는데 김안로는 대꾸조차 하지 않았다. 황침은 들어가지도 물러나지도 못한 채 오랫동안 문 밖에 서 있어야 했다. 해가 중천에 걸렸을 때 임천손이 충청수사를 마치고 인사를 하러 왔다. 기별을 넣자마자 김안로가 바로 나타나 환한 얼굴로 반겼다. 황침은 임천손에게 비결을 물었다. 그러자 임천손은 "내가 수영에 있을 때 김 정승이 혼숫감을 요구하기에 큰 배를 만들어 혼수에 필요한 일체의 물건을 구입해 가득 실어 배째 보냈다"고 귀띔했다. 황침은 "참깨 스무 말을 바다에 던졌으니 자취를 찾을 수 없는 것은 당연지사"라고 스스로를 위로했다.

그릇을 구워 궁궐과 관청에 납품하던 지규식은 《하재일기》에서 관원들의 고질적인 갑질에 분노한다. 그는 그릇을 납품하면서 약간의 운영비 등을 지원받고 한양에서의 시장 판매권을 보장받았다. 그 과정에서 그릇 납품과 분원의 일을 총괄하는 공당과 그 수하들의 수탈이 극심했다. 정기적인 뇌물과 함께 각종 명목의 비용을 부담시켰다. 중앙과 지방 관리들은 물론 상궁, 대전 군사들도 반상기, 접시, 사발, 항아리 등 각종 그릇의 상납을 요구했다. "내가 종일토록 애걸하였으나 도무지 들어주지 않고 기어코 며칠 안으로 마련해 바치라고 하였으므로 나는 몹시 분함을 견딜 수 없었다. 칼자루를 쥔 자와 칼날을 쥔 자의 형편이 같지 않으니 어찌하겠는가." 여기저기 선물 보내는 일도 여간 고역이 아니었다. 《하재일기》를 보면, "각 처에 고기를 올려보냈다. 하가덕, 김정윤, 조창식, 신창원에게 각각 보낸 것이 있다"고 적혀 있다. 또 이틀 만에 "역시 종일 곤욕 당한 것을 이루다 기술할 수 없다. 박 판서댁 대소가와 조 고양, 석촌 박운산, 김 주서댁에 각각 세의歲儀, 연말선물를 봉상했다"고 썼다.

이것도 모자라 생필품까지 갈취해갔다. "집 아이가 남성에서 내려와 말하기를 '박 이방이 무와 배추를 사달라고 청했다'고 한다. 그래서 하인을 시켜 집에 있는 무와 배추를 보냈다."

호랑이보다 무서운
탐관오리의 가렴주구

군정의 폐단은 이미 선조 때부터 비일비재했다. 이이의 《석담일기》에 따르면, 관리들이 군적을 등록하면서 머릿수를 채우기 위해 군역을 져야 하는 자의 가족이나 이웃까지 마구잡이로 올리는 것으로도 모자라 노비는 물론, 개와 닭까지 포함시켜 백성을 도탄에 빠뜨렸다. 이이는 "8도 감사들에게 명령하여 군액을 고르게 배정하고 그 수효가 부족하면 문서를 비워두고 천천히 한가한 장정들을 찾아 보충한다면 백성들의 고생도 면할 수 있을 것"이라며 병조에 논의를 붙였다. 하지만 시행되지 않았고 백성의 고통도 해소되지 않았다.

　그 시절 호랑이보다 더 무서운 게 탐관오리였다. 선조 4년(1571) 겨울 경기도에 호랑이가 자주 출몰해 백성들이 불안에 떨었다. 나라에서 장수를 뽑아 군사를 거느리고 내려가 호랑이를 잡게 했다. 그런데 군사들은 호랑이를 잡기는커녕 마을에 주둔하면서 노략질을 해 백성들이 호랑이보다 관군을 더 두려워했다고 《석담일기》는 고발한다. 이익의 《성호사설》은 탐관오리의 가렴구주로 고을마다 주민들이 떠나고 도처에 거지들이 들끓었다고 했다. 나라에서는 이들을 다시 고향으로 돌려보내려고 의복과 쌀을 주고 있지만 그들은 다시 돌아가려고 하지 않는다. 가혹한 정치를 피해서 달아났기 때문이다. 백성들이 미워하는 것 중에서 이보다 더 심한 것은 없다.

　포교와 나졸들은 백성들을 학대했으며 더러 죽이는 일도 있었다. 설령 죽이더라도 살인죄가 적용되지는 않았다. 형사판례집 《심리록》에 따르면, 정조 14년(1790) 경북 안동에서 진영鎭營의 장교인 권득문이 평소 나쁜 감정을 갖고 있던 원복이라는 노비를 도적이라고 누명 씌워 묶어놓고 때려죽였다. 정조는 "근래 도적을 잡는 포교와 나졸들이 민간인을 침학하는 일은 실로 하나의 고질적인 폐단이 됐다"고 꾸짖었다. 그러나 결국 "죄인을 엄하게 세 차례 형문한 후 절도絶島에 종신 유배하라"며 죽이지는 않았다.

　중국을 상국으로 모시는 외교 정책은 폐단이 컸다. 정동유의 《주영편》에 따르면, 청나라 사신들이 외국에 사신으로 나왔다가 돌아

서울 서대문 독립문과 모화관 원경
유리건판, 16.4 × 12.0cm,
국립중앙박물관 소장.

독립문과 바로 앞 모화관(중국 사신이 머무는 건물)이 묘한 대조를 이룬다. 중국을 상국으로 모시는 사대외교는 큰 폐단을 가져왔다. 중국 사신들은 조선에 올 때마다 막대한 양의 뇌물을 챙겨갔다.

갈 때 주머니가 두툼하기로는 조선이 '으뜸'이라고 생각했다. 청나라 관작은 뇌물로 얻는 데다 매년 그 값이 올라서 사신으로 나온 자가 제대로 챙기지 않으면 상납한 비용을 메울 수 없을 지경이었다. 인조 3년(1625)에는 환관 왕민정이 은 10만 7,000냥과 함께 인삼 2,100근, 표범 가죽 204장, 큰사슴 가죽 200장, 종이 1만 600권, 호랑이 가죽, 부채, 기름먹인 종이, 강원도 평창에서만 생산되는 설화지雪花紙, 기름먹인 베 등의 물품을 챙겼다. 순조 3년(1803)에는 중궁전 책봉칙사로 온 후성덕侯成德과 명지明志는 음식 대신 그 값을 은銀으로 쳐서 받아갔을 정도다.

원나라 간섭기에는 원 황제에게 아부해 고려 조정에서 고위직을 얻는 자가 많았다. 이제현의 《역옹패설》에 따르면 그 시절 원나라 조정을 통하면 고려에서 벼슬 한자리는 쉽게 얻을 수 있었다. 환관으로 원나라 궁궐에 들어간 이대순은 고려의 태안 사람으로 쿠빌라이의 총애를 받았다. 이대순은 원나라 황제에게 자기 형의 파격적인 승진을 청했다. 그러자 쿠빌라이는 "그 나라에 임금이 있거늘 내가 어찌 관여하겠느냐"면서도 원나라 대관에게 명하여 충렬왕을 불러 술잔치를 베풀고 부탁하도록 했다. 충렬왕은 처음에는 영문을 모른 채 이대순의 청탁을 불쾌하게 여겼으나 쿠빌라이의 뜻이라는 이야기를 전해 듣고 이대순 형의 벼슬을 올려줬다. 이대순은 이후에도 황제를 사칭해 형과 동생을 고위관직에 등용했고 막대한 재산도 끌어모았다.

서북 사람과 혼인하지 말라
차령 이남 사람은 등용하지 말라

전염병에 걸리면 환자를 격리시켜 자연스럽게 죽도록 방치했다. 《성호사설》은 염병(장티푸스)에 걸려 마을에서 쫓겨나 동구 밖 길가에 기거하던 한 환자의 딱한 사연을 전한다. 이 환자는 기적적으로 병이 나았지만 마을 사람들이 계속 외면해 굶어죽을 지경에 이르렀다. 그는 거적으로 자기 몸을 싸매고 새끼로 허리 아래를 묶은 뒤에 죽었다. 개가 자신의 시신을 뜯어먹을까 염려해서 이 같은 행동을 한 것이었다. 이익은 "이 사람이 측은해 차마 밥을 먹을 수 없었다"고 슬퍼했다.

예나 지금이나 술김에 사건 사고가 일어나는 것은 다르지 않다. 형사판례집 《심리록》에 따르면, 정조 19년(1795)에도 이런 일이 발생했다. 경남 산청에 사는 김선이가 박성문과 함께 술을 마시던 중 취기가 오른 박성문이 김선이의 갓을 망가뜨렸고 이에 화가 난 김선이가 박성문을 마구 발로 차 숨지게 하는 사건이 발생했다. 형조에서 "살인한 사람을 사형하는 법을 굽히기 힘들다"고 아뢰었다. 그러자 임금은 "오늘은 입춘이다. 천지의 대덕大德은 살리는 것이니 한 등급을 감하는 형벌을 시행토록 하라"고 전교했다. 이처럼 살인자라 하더라도 24절기나 명절이 끼면 감형 받는 행운을 얻기도 했다.

사소한 일에 감정이 상해 살인하는 일도 있었다. 《심리록》에 따르면 정조 23년(1799) 한양 사는 이중한의 처는 인두를 잃어버렸다. 그녀는 이웃 정의복 처가 가져간 것으로 의심해 말다툼을 하다가 결국 치고받는 지경에 이르렀다. 여자들의 싸움은 남자들의 싸움으로 커졌다. 이중한은 정의복과 서로 밀고 밀치며 싸웠다. 이 과정에서 정의복의 목이 부러져 죽고 말았다. 형조는 "비록 죽일 마음은 없었으나 무거운 형률을 피할 수 없다"고 했지만 정조는 "서로 뒤엉켜 싸우다가 먼저 넘어진 자는 죽었고 그 위에 넘어진 자는 살았는데 어찌 무거운 형벌을 적용할 것인가"라며 가벼운 처벌을 주문했다.

과거에도 지역차별이 있었고 고질적이었다. 평안도, 함경도 등 서북부 사람들은 조선사회에서 크게 따돌림을 당했다. 이중환의 《택리지》에 따르면, 태조 이성계는 왕 씨에게서 왕위를 물려받았는데 그를 옹립한 공신들 가운데에서는 서북 출신의 맹장들이 많았다. 태조는 나라를 세운 뒤 이 같은 일이 또 일어날 것을 경계해 "서북 사람을 쓰지 말라"고 명령했다. "이로 인해 평안도와 함경도에서는 300년 동안이나 벼슬을 한 사람이 없었다. 혹 과거에 오른 자가 있다 해도 종5품 현령 정도였고, 서울의 사대부들은 서북 사람과 혼인하거나 벗으로 사귀지 않았다. 차츰 서북 양도에는 사대부들이 사라졌고 사대부들도 그곳에 가서 살지 않았다."

고려 태조 왕건도 '훈요 10조'를 통해 전라도 사람을 등용치 말라고 당부한다. 그 이유는 뭘까. 《택리지》에 따르면, 후백제의 견훤이 전라도를 차지한 후 고려 태조와 여러 번 싸웠는데 매번 왕건을 위태로운 지경에 빠트렸다. 그래서 왕건은 이 지역에 대한 원한이 컸다. 고려 태조는 견훤을 평정한 뒤 "차령 이남의 강물은 모두 엇갈려 흐른다"며 "차령 남쪽 사람은 쓰지 말라"고 유언하고 죽었다. 그 뒤로 벼슬한 자가 드물었다. 《택리지》는 조선왕조에 들어와서야 드디어 금령이 느슨해졌다고 강조했다. "전라도에는 땅의 신령스러운 기운을 타고난 인걸이 적지 않다. 고봉 기대승은 광주 사람이고 일재 이항은 부안 사람이며 하서 김인후는 장성 사람인데 모두 도학으로 이름이 높았다. 절의가 높기로 이름난 제봉 고경명과 건재 김천일은 모두 광주 사람이다. 문학의 대가였던 고산 윤선도는 해남 사람, 천묵재 이상형은 남원 사람이었다. 무장으로 명성을 떨친 정지와 금남 정충신도 모두 광주 사람이었다."

아전들 대물려
도적질하다

    나라에서 봄에 곡식을 빌려줬다가 가을에 다시 받는 환곡은 춘궁기에 곡식을 빌려주고 수확기에 이를 환수하는 진휼 제도다. 일부 폐단이 있다고는 알려져 있지만, 《성호사설》에서 이익이 적고 있는 실태는 충격적이다. 한 마을의 90퍼센트가 파탄났는데 그 원인이 환곡에 있다는 것이다. "우리 마을에서 망한 집의 8에서 9할은 관청에서 빌려먹은 환곡과 사채 때문에 그 지경에 이른 것이다. 이자로 1할을 미리 제하지만 받아온 곡식에는 썩은 것들이 섞여 있다. 게다가 이동 과정에서 흘리는 양이 적지 않으며 오가는 길에 먹는 양식과 인부들의 품삯까지 빌리는 이에게 부담시킨다. 이 때문에 빌려주는 기간은 일고여덟 달이 채 못 되는데 반드시 갑절이나 갚아야 한다. 만일 본인에게 세금을 거두다 모자라면 먼 일가나 인척들까지 찾아

관아는 진휼제도 환곡을 이용해 백성들을 착취했다. 이익의
《성호사설》은 지방의 가구 중 90퍼센트가 환곡의 폐해로 망
했다고 고발한다.

가 집을 샅샅이 뒤져서 모조리 받아낸다. 이를 위해 고을 수령은 거
리를 가리지 않고 각 마을로 군졸을 자주 보낸다."

　조선 후기 서리(아전)의 폐해는 실로 막심했다. 심노숭의 《자저실
기》에 따르면 지방 감영이나 관아에서는 범이나 이리, 한양에서는
쥐새끼나 좀과 같은 존재였다. 젊은 시절 뚫어놓은 농간질을 늙어서
까지 부리며 재정을 담당하는 서리들은 자손에게 자리를 물려주는
자가 절반이다. 이에 대해 심노숭은 "지방 감영과 관아에서는 정원

을 줄이고 한양에서는 임기를 정해야 서리들의 농간과 폐단을 막을
수 있다"고 적었다.

천 가지, 만 가지
농간을 부리는 아전

《목민심서》를 보면 정약용도 같은 생각을 했다. 아전들을 모든 폐
단의 근원으로 보고 수령이 그들을 엄히 단속해야 한다고 인식했다.
"고을 백성을 괴롭히고 못살게 구는 온갖 폐단과 갖은 간사하고 악
랄한 행위는 모두 아전의 농간에서 생긴다. 아전들의 이런 악행과
간계를 단속하지 않고서는 고을을 잘 다스릴 수는 없다. 그러나 아
전을 단속하려면 수령 자신이 먼저 공명정대하고 청렴결백한 몸가
짐을 한 뒤라야 가능하다. …(중략)… 수령이 하나를 맛보면 아전은
백을 먹는다."

그들이 백성들을 고혈을 짜내기 위해서 존재하는 집단으로 인식
될 만큼 착취의 형태가 실로 다양했다. 그들의 악행이 《목민심서》에
일목요연하게 정리되어 있다. "농간은 천 가지, 만 가지로 이루 헤아
릴 수 없으나 그 명칭은 대략 열두 가지가 있다. 반작(봄에 환곡을 나눠줄
때는 주지 않고도 주었다고 하고, 가을에 거두어들일 때는 회수하고도 회수하지 않았다
고 해 중간에 이득을 나눔), 입본(농사 상황과 곡식 시세를 살펴서 돈과 곡식 간의 교환

을 통해 이득을 챙김), **가집**(상급 부서에서 지시한 것보다 더 많은 곡식을 방출하고 남는 것을 횡령), **암류**(환곡을 제때에 대출하지 않고 창고에 쌓아 두었다가 값이 오르면 팔고 내리면 사들임), **반백**(농민을 속여 대출 때 곡식의 절반을 가로채고 갚을 때는 모두 갚게 함), **분석**(곡식에 돌, 쭉정이를 섞어 늘어난 양만큼 횡령), **집신**(묵은 곡식은 나눠주고 햇곡식은 자기들이 가짐), **탄정**(흉년이 들면 정부에서 환곡의 수량을 감해주는데 백성들에게는 환곡을 전량 징수하고 감액만큼 착복), **세전**(환곡으로 받은 곡식과 세금으로 받은 곡식을 이리저리 돌려 이익을 남김), **요합**(민간이 부역 대신 곡식으로 납부할 때 거슬러주어야 할 쌀을 횡령), **사혼**(아전이 환곡을 징수하면서 자기들의 수고비를 같이 징수), **채륵**(아전이 개인 채무까지 환곡과 혼합해 착복)이 그것이다."

그러다보니 농간을 부린 아전과 그의 가족이 무참히 살해되는 사건도 종종 발생했다. 《심리록》에 따르면, 정조 3년(1779) 강원도 철원의 노일봉은 아전 김이태가 첨정(장정을 군적에 기록하는 일)을 중복해서 올린 데 불만을 품고 김영재와 공모해 한밤중에 김이태의 집을 방화했다. 이 일로 세 명이 화마에 희생됐다. 사건을 보고받은 정조는 "김이태의 행위는 분명 잘못이지만 한밤중에 가정집에 불을 질러 무고한 희생자를 냈다"고 격노했다. 주모자 노일봉은 능지처사에, 김영재는 부대시참(참형은 추분 이후 춘분 이전에 집행하도록 법에 규정돼 있는데 이를 기다리지 않고 즉시 참하는 형벌)에 처해야 한다고 형조가 의견을 내자 정조는 이를 그대로 윤허했다. 《심리록》에 이처럼 능지처사 처분이 내려진 경우는 거의 찾아보기 힘들다.

아전의 농간은 전적으로 수령의 책임이다. 대개 아전과 결탁해

● 김홍도, 〈평안감사향연도〉 중 '월야선유도'
세로 71.2cm 가로 196.9cm,
국립중앙박물관 소장.

평안도 관찰사의 부임환영 잔치가 사치스럽기
이를 데 없다. 잔치비용은 결국 고스란히 백성들
의 몫이다.

김홍도, 〈평안감사향연도〉 중 '부벽루연회도'
세로 71.2㎝ 가로 196.9㎝,
국립중앙박물관 소장.

평안도 관찰사의 부임환영 잔치가 사치스럽기
이를 데 없다. 잔치비용은 결국 고스란히 백성
들의 몫이다.

제 주머니를 채우는 수령이 부지기수여서 아전의 행태를 수수방관하는 경우가 많았다. 《목민심서》에 따르면, 시와 문장, 글씨에 뛰어나 '3절'로 불리며 성종이 '친구'라고 칭하며 크게 아꼈던 유호인도 시나 읊고 바둑이나 두면서 아전들에게 공무를 맡겼다. "성종 때 뇌계 유호인이 부모를 봉양하겠다 청하여 산음현감이 됐다. 경상관찰사(감사)가 새로 임명돼 임금에게 하직 인사를 할 때 성종은 '내 친구 유효인이 산음현감으로 있으니 경은 잘 돌봐주도록 하라'고 부탁했다. 그러나 유호인은 백성을 다스리는 데 소홀하고 시 짓는 일만 계속하므로 감사가 (임금의 부탁에도 불구하고) 그를 쫓아내버렸다."

지방관은 백성의 고혈을
양반은 노비의 피땀을

중앙에서도 외관직으로 지방에 내려가면 한몫 단단히 챙기는 것으로 인식했다. 사령을 받은 지방관이 임지로 떠날 때면 대궐 내에서 돈을 갈취하는 무리가 많았다. "대궐 안 잡배 대전별감과 승정원 사령들이 예전例錢, 전례에 따라 받는 돈을 내라고 하는데 많게는 수백 냥, 적어도 오륙십 냥을 뜯어낸다. …(중략)… 잡배들이 떼를 지어 욕을 하고 옷을 잡아당기는 등 욕을 보이는 자까지 있으니 이는 큰 악풍이다. 신임 수령의 주위에서도 '부유한 고을을 손에 넣었으니 백성들의 고혈을 먹을 터인데 어찌 돈을 쓰지 않느냐' 하고 …(중략)… 이렇게 나온 돈이 수령 자신의 것을 쥐어줬을 리는 만무하고 백성들에게 받아낼 것이 너무도 명백한 일이다."

수령들은 임기가 끝났을 때 백성들이 유임시켜 달라고 나라에 청하는 것이 드물어 큰 영광으로 여겼다. 그러다 보니 거짓으로 이런 일을 꾸미기도 했다. 《목민심서》는 "목민관 중에는 사사로운 이익을 얻기 위해 아전들과 공모하고 촌로들을 술과 음식으로서 회유하여 재임을 청하게 하는 경우도 있었으니 이는 목민관이 행할 바가 아니"라고 했다.

지방관의 공덕을 새긴 선정비善政碑도 백성들에게 고충만 안겨줬다. 《목민심서》의 내용이다. "선정비를 세운다는 것은 또한 백성들에게 쇄마전刷馬錢, 교통비, 입비전立碑錢, 공덕비 세우는 비용의 부담을 안기는 것이다. … (중략)… 비록 목비木碑라고 해도 민폐를 끼치는 것은 마찬가지다. 만민이 기뻐하더라도 그중에 누군가는 원망하는 자가 있을 것이니, 세워서 욕을 먹을 바에야 세우지 않음만 못할 것이다."

노비 문제도 조선 사회의 병폐였다. 노비는 귀한 재산 품목이었다. 그래서 노비에 대한 양반들의 집착은 대단했다. 노비가 도망가면 추노를 고용해 땅끝까지 추적했다. 그럴 형편이 못되는 사람은 노비가 도망가지 못하게 주술에라도 매달렸다. 《산림경제》는 "《물류상감지》(송나라 승려 찬녕이 지은 백과사전)에 도망간 노비의 옷을 가져다가 우물 속에 늘어뜨리면 노비가 저절로 돌아온다고 적혀 있다. 본

초本草에는 도망자의 머리카락을 물레 위에 놓고 돌리면 혼란스러워
어디로 갈지 몰라 한다고 기록돼 있다"고 했다. 그러면서 "지금의 풍
속에는 종이에 도망친 노비의 이름을 적어 대들보 위에 붙여놓는데
모두 같은 유형"이라고 허황됨을 질타했다.

'백의민족'의 진실

　우리는 스스로 흰옷을 즐겨 입는 민족, 즉 '백의민족'으로 부른다. 그러나 이수광의 《지봉유설》에 따르면 실제로는 조선 중기 이전에는 붉은색 옷을 주로 입었다. 오히려 조선 초기에는 흰옷 입는 것을 금지하고 단속하기도 했다. 관리는 물론 관직이 없는 선비들도 나들이할 때 붉은색 외투를 입었다. 《지봉유설》은 《계림지》(중국 송나라 때 고려의 물산을 기록한 서적)를 인용해 "고려 사람은 옷감에 물을 잘 들였다. 붉은빛과 자줏빛 물을 더욱 잘 들인다"고 했다. 그러던 것이 조선 제13대 명종 20년(1565) 이후 국상을 여러 번 치르면서 흰옷을 계속 입다가 하나의 풍습으로 자리 잡은 것이다. 《지봉유설》에서는 "온 나라가 모두 흰옷을 걸치고 있으니 중국 사람들이 비웃는다"고 적고 있다.

우리나라 옷은 소매가 넓고 큰 두루마기를 겹겹이 입어 활동하기가 이만저만 불편한 게 아니었다. 반면 중국은 폭이 좁은 실용적인 옷을 입었다. 《어우야담》에 따르면, 임진왜란 때 우리나라에 원병 온 명나라 군사들이 품이 넓고 넉넉한 우리나라 옷을 보고 비웃으면서 모욕했다. 우리 조정에서도 이 같은 의복으로는 말을 타고 활을 쏘기가 적합하지 않으니 차제에 여러 고을에 공문을 보내 의복 제도를 고치고자 했다. 이 소식을 듣고 명나라 제독 이여송이 "조선의 의복이 옛날 제도에 가까운데 무슨 이유로 지금의 중국을 본받아 고치려 하느냐"고 제지했다. 옛 제도는 당나라의 것을 말한다. 우리나라는 신라시대 당나라 예법과 제도를 적극적으로 수용해 그 기본 틀이 조선에까지 이어지고 있었던 것이다.

고려 말 중국에 사신으로 갔던 문익점이 목화씨를 붓뚜껑에 넣어 몰래 가져오면서 우리나라에도 면화가 도입됐다. 바다 건너 일본은 어떨까. 조선 후기 실학자 이덕무의 《앙엽기》에 따르면, 이미 통일신라 때 일본인들은 면화를 본격적으로 키우기 시작했다. 한일 간 면화 재배에 600년 가까운 격차가 있는 것이다. 그만큼 우리의 의복 문화가 일본에 뒤처졌다는 이야기다.

"왜인이 지은 일본일사에 '800년 4월에 곤륜 사람이 가져온 목화씨를 기이, 담로, 아파, 찬기, 이예, 토좌, 태재부 등 여러 지역에 나누어주고 심게 했다'고 되어 있다. 문익점이 처음 목화씨를 얻어온 것이 일본보다 600여 년이나 뒤진다. 우리나라는 생활을 부유하게

조선 사대부 겉옷인 학창의 비단, 국립민속박물관.

우리는 스스로를 백의민족이라고 부르지만 흰색 옷을 입기 시작한 역사는 그리 길지 않다.

하고 기물을 편리하도록 하는 정치가 다른 나라에 비해 한참 뒤떨어졌다. 예로부터 나라를 위한 일에 마음 쓰지 않았던 것이다. 유리를 녹여서 물건을 만들고 도자기에 채색화 그려넣는 것은 지극히 사소한 것이지만 끝내 배우려고 하지 않는다. 그러면서 담배를 심어 연기를 빼는 일에 재물을 허비하니 심하게 건강을 해친다. 담배는 중국에 들어온 지 얼마 되지도 않았지만 널리 퍼졌으니 참 알 수 없는 일이다. 고구마는 담배보다 유익하지만 종자가 전해진 지 이미 300년이 지났는데도 아직도 일부 지역에서는 심지 않고 있으니 어찌 개탄할 일이 아니겠는가."

물질적 풍요를
거부한 조선

놀랍게도 당시 조선에는 바늘이 없었다. 정동유는 《주영편》에서 "바늘이 생산되지 않아 중국 연경에 가서 사와야 하며 그렇지 못하면 베와 명주가 있더라도 옷을 꿰맬 길이 없다"고 지적한다.

우리 민족은 이미 기원전 8세기 고조선 때부터 인류 최고의 발명품이라는 수레를 활용했지만 정작 수천 년이 흐른 조선시대에는 수레 제조 기술이 발전하기는커녕 사용이 중단되고 말았다고 박제가의 《북학의》는 적시한다. 말이나 가마, 도보 등의 원시적인 방법에 의존할 만큼 이동수단이 크게 낙후됐던 것이다.

《북학의》는 조선의 백성들이 가난한 이유 중 하나로 수레가 없는 것을 꼽으면서 수레의 도입이 시급하다고 역설한다. 사신 행차만 보더라도 몇 사람만 말을 타고 갈 뿐 대부분의 사람들이 짐을 짊어지고 1만 리나 되는 중국까지 걸어간다. "중국에 도달할 때쯤이면 모두가 죄수처럼 봉두난발한 모습이 되며 땀을 흘리거나 숨을 헐떡거려 다른 나라에 보이기 부끄러울 지경이다."

성리학을 국가이념으로 삼은 조선은 상업이 사치를 조장하고 사람을 속이는 행위라고 보고 장려하지 않았으며 외국과의 교역도 철저히 통제했다. 조선의 지배층은 길이 넓고 다리가 견고할 경우 조선이 잦은 외침을 받아 남아나지 않을 것으로 판단했다. 상업이 퇴

한반도의 고대국가들은 수레를 활용했지만, 조선은 그러지 못했다.
수레가 없다 보니 자급자족 경제를 벗어날 수 없었다.

보하고 도로를 정비할 의지가 없었던 조선에서 수레의 필요성도 없
어졌다. 수레가 없다 보니 자급자족 경제를 벗어나기 어려웠다. 산
골에서는 팥을, 바다에서는 창란젓만 물리게 먹는다《북학의》는 주
장한다. "백성들이 자기 땅에서 나는 물건과 다른 지역에서 산출되
는 필요한 물건을 교환해 풍족하게 살고자 하나 수레가 없어 그렇게
하지 못한다."

　12세기 고려시대에는 세계 최고 수준의 비색청자를 만들었다. 고
려 인종 1년(1123) 송나라 사절단의 일원으로 고려에 왔던 서긍은《고
려도경》에서 고려 문물 가운데 고려청자를 최고로 꼽았다. "도기의

푸른빛을 고려인은 비색翡色이라고 한다. 근래 들어 제작기술이 정교해져 빛깔이 더욱 좋아졌다. 그러나《북학의》는 18세기가 되면서 우리의 자기 기술은 오히려 현저히 퇴보했다고 보고한다. '조선의 자기' 하면 달항아리로 대표되는 백자를 주로 떠올리지만 기교적 측면에서 고려청자에 비교할 바가 못 된다.

임진왜란 때까지만 해도 왜군이 조선의 도공들을 납치해갈 만큼 도자기 제조 수준이 뛰어났으나 불과 200년 만에 사정이 크게 달라진 것이다.《북학의》에서 박제가는 "중국은 아무리 외진 마을의 쓰러져 가는 집이라도 모두 금벽의 그림을 그려 넣은 병과 술병, 물동이, 주발을 가지고 있다. 그런데 우리의 자기는 지극히 거칠어 바닥에 모래가 그대로 붙어 있으며 자기를 바닥에 놓으면 기우뚱 잘 넘어지고 빛깔도 추하다. 운종가(종로)에서는 수천 개의 자기를 놓고 팔

〈사자형 뚜껑 향로〉
세로 21.2cm 가로 11.1cm,
국보 제60호, 국립중앙박물관 소장.

송나라 사신 서긍은 "고려 문물 중 고려
청자가 최고"라고 극찬했다.

지만 깨버려도 조금도 아깝다는 마음이 생기지 않는다"고 했다. 또 "자기 굽는 자가 기술을 배워 정성과 힘을 다해 그릇을 빚더라도 나라에서는 그릇을 사주기는커녕 세금부터 매기려고 달려드니 도공은 기술을 배운 것을 후회한다"고 개탄한다.

기술의 퇴보,
쇄락으로 이어지다

집도 변변한 게 없었다. 《북학의》에 따르면, 우리나라는 1,000호가 사는 마을이라 해도 살만한 집 한 채 찾기도 힘들다. 평평하지 않은 언덕에 다듬지도 않은 나무를 세우고 새끼줄로 묶어 기둥과 들보로 삼는다. 구들장은 울퉁불퉁해서 앉고 누우려면 늘 몸이 기운다. 불을 때면 방안에 연기가 가득하여 숨이 꽉 막힐 지경이다. 도성에 간간이 있는 화려하고 사치스러운 저택도 대청이나 구들장이 바둑판처럼 반듯하게 놓인 곳이 없다.

중국에서는 분뇨와 재를 황금처럼 여겨 길거리에 아무렇게나 버려진 분뇨와 재를 찾기 힘들다. 모든 분뇨와 재를 거름으로 알뜰하게 재활용하는데 조선에서는 똥을 제대로 거둬들이지 못해 길마다 악취가 가득하며 개똥이나 말똥이 항상 사람 발에 밟힌다고 《북학의》는 서술한다.

삼한시대부터 외국에 수출할 정도로 앞서갔던 동아시아 최고 철제련 기술도 쇠퇴하기는 마찬가지였다. "중국의 병기와 농기구는 견고하고 날카롭기가 조선 물건의 곱절이었다. 혹여 중국에서 사들여온 철제품이 손상되면 조선에서는 이를 다시 단련하지 못했다."

광해군 2년(1610) 발간한 《동의보감》은 동양의학의 본고장 중국에서도 크게 주목을 받았지만 정작 조선에서는 의술의 발전으로 이어지지 못했다. 박제가는 이를 《북학의》에서 안타까워한다. "조선의 여러 기술 중 의술을 가장 믿을 수 없다. 약재는 연경에서 수입해오지만 대부분이 가짜다. 엉터리 의원이 엉터리 약재로 처방하니 병이 낫지 않는 것이 당연하다."

조선 후기 외국 선박이 우리나라 해변에 자주 표류했다. 조정은 그들의 선진문화를 배우지 않으려고 했고 유럽에 우리나라가 알려지는 것을 필사적으로 막았다. 하지만 일부 학자들은 그들에게 적극적으로 배워야 한다고 생각했다. 다산 정약용이 그런 사람이다. 《목민심서》에 그런 생각이 잘 드러나 있다. "표류 선박 안의 문서는 모두 베껴서 보고해야 한다. …(중략)… 표류 선박을 조사할 때는 배의 구조, 크고 작고 넓고 협소함과 사용한 재질, 운전법, 속력, 기타 장치와 기계를 자세히 기록해야 한다. 조난한 외국인에 대해서는 인자하게 대하고 좋은 의복 등을 제공할 것이며 성의와 호의를 표시하여 그들이 호감을 가지고 돌아가도록 해야 한다."

우리나라가 잘하는 것도 있었다. 이수광은 《지봉유설》에서 조선이 중국보다 나은 점 네 가지를 꼽는다. 첫 번째는 부인네가 절개를 지키는 점이다. 미천한 사람도 장례의식을 치르는 것은 두 번째 잘 하는 것이며, 세 번째는 소경이 점을 잘 치는 것, 네 번째는 무사들이 활을 잘 쏘는 것이라고 했다. 장점이라고 꼽은 것들도 있으나 마나한 장점들이다.

《북학의》는 낙후한 현실을 벗어나기 위해서는 폐쇄적인 국가를 과감히 개방해야 한다고 했다. 서양선교사를 받아들이고 청나라에 기술교육생 파견하고 기술자를 우대하는 등 당시로서는 금기시 되던 주장도 거침없이 폈다. 나아가 지배층인 유자儒者를 도태시켜야 한다는 혁명적 발언도 서슴지 않았다. 매우 강력한 개방을 요구했지만 그의 이런 주장이 받아들여지기는커녕 조선은 더 강력한 쇄국을 향해 내달렸다.

소소하지만
특별한 이야기

차천로는 《오산설림초고》에서 뛰어난 문장으로 옥에 갇힌 아버지를 살려낸 열세 살 소년의 효성을 다룬다. 성종 시절 큰 가뭄이 닥쳐 나라에서 신이란 신에게 모두 제사를 드렸다. 임금도 친히 경회루 연못가에서 기도를 올렸다. 그러기를 12일, 주변에서 갑자기 요란한 음악소리가 들렸다. 임금이 물으니 방주감찰(사헌부 우두머리 감찰)이 연회를 벌이는 것이라고 했다. 임금은 크게 노해 "내 스스로 정무를 피하고 음식을 줄이면서 백성을 위해 여러 날 빌고 있거늘 녹을 먹는 무리가 감히 음악을 벌여 즐긴다 말인가"라며 모조리 잡아들이라고 명했다. 그렇게 잡혀온 사람이 스물네 명이었다.

이들의 자식들이 대궐로 몰려와 상소를 올리고 아버지를 풀어달라고 애걸했다. 왕은 더욱 화를 내면서 "예에 어긋난다"며 모두 체포하라 지시했다. 그러자 모조리 도망가고 어린아이 한 명만이 남았다. 임금이 아이에게 "왜 달아나지 않았느냐"고 묻자 "죄를 받기를 각오했는데 어찌 감히 도망가겠나이까"했다. 상소는 누가 지었느냐고 하자 아이는 자신이 지었다고 말했다. 임금이 아이를 시험하기 위해 글제를 제시하자 막힘없이 글을 술술 지어 올렸다. 임금은 글씨체가 수려하고 글도 잘 짓는 이가 드문데 아이는 둘 다 막힘이 없다며 칭찬했다. 그러면서 나이와 이름을 물었다. 아이는 나이는 열셋이며 이름은 '김규'라고 답했다. 임금은 "너의 그 효성을 충성으로 옮기라"며 스물네 명을 모두 특별 방면했다. 김규는 후일 문과에 합격해 벼슬이 정2품에 이르렀다. 김규는 성종의 기제가 있을 때마다 사흘씩 울었고 달이 바뀔 때까지 고기도 입에 대지 않았다.

점괘만 믿고 백성을
함부로 죽인 자의 최후

정해진 운명이란 게 과연 있는 걸까. 성대중의 《청성잡기》는 이인좌의 난 때 자신의 상전을 밀고해 공신이 된 박동형의 비화를 소개한다. 청성잡기에 따르면, 박필현은 의금부도사까지 지냈지만 노론 세력과의 불화로 벼슬에서 쫓겨났다. 그리고 영조의 즉위에 불만을 품고 이인좌가 일으킨 무신란에 가담했다. 박필현에게는 자신이 수

족처럼 부리는 박동형이라는 자가 있었다. 관상을 볼 줄 알았던 박필현은 박동형에게 "훗날 꼭 귀하게 될 상"이라고 했다. 난이 일어나자 박필현은 태인(정읍)을 근거지로 삼았다. 그리고 박동형을 불러 고을에서 거둔 세금의 절반을 주면서 "일이 성공하면 곧바로 너를 태인현감에 제수할 것이요, 성공하지 못하면 내가 네 집에 숨을 것이다. 그때 너는 이 돈으로 나를 먹여 살려라"고 했다. 반란이 실패하자 박필현은 박동형의 도움을 받아 아들 등 식솔들과 함께 상주에 몸을 숨겼다. 하지만 박동형은 박필현의 은신처를 관아에 고발한다. 박필현은 아들과 함께 참수되고 이들을 포획하는 데 결정적인 기여를 한 박동형은 반란에 가담했음에도 공신의 반열에 오른다. "박필현은 박동형이 반드시 귀하게 될 줄은 알았지만 자기로 인해 그렇게 될 줄은 몰랐다."

《청성잡기》에 따르면 이 같은 운명의 장난이 박엽에게도 벌어진다. 박엽이 평안감사로 있을 때 중국인 점쟁이에게 자신의 운명을 물어보았다. 점괘는 "일만—萬을 죽이면 살 것"이라고 나왔다. 박엽은 이 말을 믿고 형벌을 남용해 사람을 죽였으나 만 명을 모두 채우기 전에 처형됐다. 인조반정이 일어난 후, 박엽의 부인이 세자빈의 인척이라는 이유로 죽임을 당한 것이다. "박엽을 죽게 만든 사람은 반정의 주역 김자점인데, 어릴 때 그의 자字가 바로 일만이었으므로 점괘는 틀리지 않았다."

어린 나이에 과거에 급제한 것을 '소년등과登科'라 한다. 《지봉유

〈이덕형 초상〉
비단에 채색, 세로 50.1㎝ 가로 35㎝,
개인 소장.

소년등과와 장원급제가 출세를 보장해주지는 않았다.
그러나 한음 이덕형은 예외적으로 서른한 살에 대제
학, 마흔두 살에 영의정에 올라 사람들을 놀라게 했다.

설》에 따르면 조선시대를 통틀어 가장 어린 나이에 급제한 사람은 박지와 곽간으로 이들은 열여덟 살에 과거에 합격했으며 그중에서도 박지는 장원으로 급제했다. 박지와 곽간뿐만 아니라 적잖은 이들이 약관 이전에 등과했다. 그렇지만 훗날 크게 이름을 떨친 이는 한음 이덕형(20세 때 합격) 등 극히 소수에 불과하다. 《지봉유설》은 "젊은 시절 대과에 급제하는 것은 불행"이라고 했다.

연산군의 충복,
반정의 공신이 되다

유교 국가였던 조선에서는 불도가 높은 고승들도 천대받았다. 이륙의 《청파극담》에 따르면, 세조 대의 승려인 자비수좌慈悲首座는 헐벗은 자를 만나면 자기가 옷을 벗어주고 관청이나 사찰에서 매 맞는 자가 있으면 대신 맞았다. 그리고 귀천을 가리지 않고 모두 '너'라고 했다. "자비가 원각사에 있을 때, 큰 불교 행사가 있어 종친들과 재상들이 일시에 다 모였다. 자비가 무릎을 꿇고 앉아서 홍윤성(계유정난 공신)에게 말하기를 '너는 지금 귀하게 되었구나' 하니 윤성이 무례하다 자비를 주먹으로 때렸다. 그러자 자비는 웃으면서 '홍윤성은 나를 때리지 말라. 아프다. 아프다' 하였다." 자비는 또 판중추부사(종1품) 이석형에게도 "낯익은 얼굴이지만 이름을 잊었다. 아! 이석형이로구나"라고 말해 주위 승려들을 당혹케 했다.

천민 등 낮은 계층에서 주로 승려로 출가하지만 양반으로서 승려가 된 이도 있었다. 《좌계부담》에 따르면 '9차 직교라틴방진'을 발견한 조선 최고의 수학자 최석정이 청나라 사신으로 가게 되자 많은 사람들이 모여 시를 지어줬다. 그들 중에 '처묵'이라는 승려도 있었다. 그의 성은 최 씨이며 양반으로 중이 됐다. 여러 곳을 유람하면서 시를 지었는데 대부분 뛰어난 작품이었다. "요하의 만 리 바람은 거센데. 천 년의 화표주(고대 중국 궁궐 입구에 세우던 기둥)에 달빛은 다시 비추네."

기생과 악사를 관리하는 장악원掌樂院 제조로서 연산군의 충복이었던 구수영은 뜻하지 않게 중종반정에 참여해 공신이 된다. 《어우야담》에 따르면, 그에게는 현휘라는 서자가 있었다. 구현휘는 동대문 밖에 있는 훈련원 근처 술집에서 거나하게 술에 취해 기생을 끼고 잠들었다. 주위가 소란스러워 옷도 제대로 입지 않고 바깥으로 나가보니 그곳에 높은 벼슬아치들과 군졸들이 모여 있었다. 벼슬아치들은 반정을 모의하면서 왕의 심복인 구수영부터 처단해야 한다고 목소리를 높였다. 구현휘는 뛰쳐나와 그들 앞에 무릎을 꿇고 "소인의 부친은 여러 대감들이 거사를 일으키려는 것을 알고 서둘러 오려고 했지만 곽란이 일어나 대신 저를 보내 먼저 의거에 참여하라고 일렀다"고 고했다. 반군들이 크게 기뻐하며 허락했고 거사 뒤 구수영과 그의 서자 구현휘 모두 큰 상을 받았다. 구수영은 꼼짝없이 죽

조선시대 양갓집 부녀자가 신던 당혜唐鞋
가죽, 22㎝, 국립민속박물관.

세종대왕의 증손자 이옥견은 왕족인데도
생계를 위해 신발을 만들었다. 기생들이
그의 신발에 열광하면서 최고의 장인으로
대접받았다.

을 운명이었지만 서자의 기지 덕분에 목숨도 구했고 공신까지 하사
받았다.

이옥견은 왕족이었지만, 생계를 이어가기 위해 신발을 만들었다
가 조선 제일의 장인이 됐다. 《어우야담》에 따르면 이옥견은 세종대
왕의 넷째아들 한남군의 손자다. 한남군이 단종 복위 사건에 연루돼
유배지에서 죽으면서 그의 집안이 몰락했다. 이옥견은 살길이 막막
해지자 신분을 내던지고 이웃의 장인에게서 신발 만드는 법을 배웠
다. 손재주가 좋아 금방 최고의 장인이 됐다. 기생들에게 예쁜 신을
사주려는 명문가 자제들의 발길이 쇄도했다. 기생들은 "이옥견이 만
든 것이 최고"라고 입을 모았다. 그의 솜씨는 급기야 대궐에까지 알
려져 벼슬도 받고 조부의 관작도 회복했다.

《좌계부담》은 어린 시절 청나라에 포로로 끌려갔다가 구사일생으
로 귀국한 우의정 이숙의 고생담도 소개한다. 그는 열한 살에 병자

호란을 맞아 심양에 잡혀갔다. 그곳에서 노비가 돼 갖은 고생을 했다. 청나라 주인이 그의 이름을 묻자 도령님, 서방님, 진사나리, 영감, 대감이라고 속여 말했다. 그와 함께 잡혀온 사람이 거짓말이라고 일러바치자 청나라 주인이 이숙을 모질게 매질했다. "몇 년을 고생하다가 우리나라로 송환돼 돌아왔는데 이전에 중국에서 변발했던 머리가 더 이상 자라나지 않았다. 포로로 잡혀 있던 당시 이야기를 들은 원로들은 이숙의 그릇이 크다고 칭찬했다."

이숙은 귀국 후 과거시험을 준비해 효종 6년(1655) 서른의 나이에 급제해 경상도관찰사, 대사간, 이조판서를 두루 거쳐 숙종 13년(1687) 우의정에 제수됐다.

임금들의 초상화가 불타다

　광무 4년(1900) 10월 한밤중에 경운궁(덕수궁)에 화재가 발생해 선원전이 소실됐다. 선원전은 역대 임금의 초상화, 즉 어진을 모셔두던 건물이다. 선원전이 불타면서 이곳에 있던 태조, 숙종, 영조, 정조, 순조, 문조(순조의 아들이자 헌종의 아버지 효명세자), 헌종 등 7대의 영정이 한꺼번에 화마에 사라졌다. 뿐만 아니라 효종이 심양에서 입고 있던 홍전 및 마고자, 역대 임금들의 필적 등 옛 자취들이 모두 화마에서 벗어나지 못했다.

　화재는 실화나 방화가 아니었다. 사고의 전말을 보고받은 고종황제는 화재가 발생했다는 전갈을 받고 달려온 신하들에게 "향을 올리지 않았고 또한 진전眞殿, 어진을 모신 건물에 어찌 잡스러운 사람이 왕래를 했겠느냐"라며 "갑자기 동북 변두리에서 불이 하늘로 치솟더니

덕수궁(사적 124호) 전경
문화재청.

고종은 덕수궁에서 살았으며 또한 이곳에서 승하했다. 1900년 10월
어진을 모셔두던 덕수궁 선원전이 화재로 불탔다. 이 불로 숙종, 정조,
순조, 헌종 등 7대 임금의 영정이 함께 소실됐다.

삽시간에 불길이 전각에까지 번져서 끌 수 없게 되었다"고 말했다.
이 말로 미루어보아 민가에서 일어난 불이 바람을 타고 대궐로 번진
것으로 추정된다.

 광무 5년(1901) 발간된 《영정모사도감의궤影幀模寫都監儀軌》에 수록
된 내용이다. 조선 전기의 어진들은 임진왜란 때 대부분 소실됐다.
임금이 떠난 도성에서는 약탈과 방화가 이어진다. 궁궐이 전소되고
그 안에 보관하던 세종대왕 등 조선 전기 임금들의 초상화도 전부

없어졌다. 다만, 태조 사당인 경주 집경전, 영흥 준원전, 전주 경기전에 보관한 태조 어진 3건과 세조 사당인 광릉 봉선사 봉선전에 봉안된 세조 어진 1건만이 화를 피해 오늘에 전해진다. 이후 숙종 대에 이르러 어진과 진전 제도의 정비가 본격화됐다. 선대 임금의 어진을 봉안하고 의례를 지냄으로써 왕권을 강화하고 군신 간의 위계질서를 재확인하려고 했다. 영·정조 대에 와서 매우 빈번하게 어진을 그린다. 영조 대에 도감을 둬 주기적으로 어진을 도사했으며 정조 대에도 규장각을 통해 어진을 그리게 했다. 고종은 화재 이후 도감을 설치해 선원전을 중건하고 영정을 모사하기 위한 작업을 진행한다.

고종은 "역대 임금들의 전해 내려오던 자취가 오늘에 이르러 모두 잿더미 속으로 들어갔다. 오직 나의 덕이 부족하고 조상을 받드는 효에 힘을 쏟지 못하여 이런 화재 사건이 일어났으니 망극하고 애통한 심정은 더욱 절실하다"면서 조칙을 통해 "영정을 이모移模하는 일과 건물을 중건하는 일은 매우 경건하고 중요한 일인 만큼 경비가 부족하다는 이유로 머뭇거리며 늑장을 부려서는 안 된다"고 독촉했다.

도감의 총책임자인 도제조는 의정부 의정 윤용선이 맡았으며 영정 모사는 광무 4년(1900) 12월에 본격 착수됐다. 7대 임금의 영정 제작은 소요되는 비용이 110만 1,960냥, 기간만 9개월이 넘는 유례없이 거대한 국가적 프로젝트로 진행됐다. 화원도 마흔 명 넘게 동원됐다.

이와 함께 영정 제작 전 과정을 담은 기록물을 펴냈는데 이 책이 바로 《영정모사도감의궤》다. 의궤는 여러 영정의궤 중에서 가장 정제된 형태를 보이고 있으며 진전 중건과 함께 동시에 진행된 영정모사와 관련된 각종 의례와 절차, 그 과정에서 사용되었던 의장과 물품에 대한 내용을 모두 망라하고 있다. 조선왕조 어진 모사의 마지막 표준 지침서인 셈이다. 의궤는 총 7질을 발간해 규장각, 시강원, 선원전, 비서원, 의정부, 장례원, 강화사고에 각각 1질씩 나눠 보관했다. 이 가운데 규장각 한국학연구원에서 4질, 한국학중앙연구원 장서각에서 2질을 보관하고 있다. 강화사고본은 일본이 본국으로 가져가 국내청에 보관하다가 2011년 되돌려줘 현재 국립고궁박물관이 소장 중이다.

태조 어진을 그리기 위해 조정에서 관리들을 파견해 함경남도 준원전에 봉안된 태조 어진을 경운궁 흥덕전으로 모셔왔다. 어진을 모셔오는 과정도 여간 번거로운 게 아니었다. 행렬은 호위단과 군악대를 갖춰 대규모로 꾸려졌고 어진이 지나는 도로와 교량을 정비했으며 길에는 황토를 깔았다. 과거에는 이런 행사가 있을 경우 대개 하급 관리들이 경유지에서 음식과 술을 대접받아 민폐를 끼치는 일이 빈번했다. 고종은 이 같은 행위를 철저하게 금하고 특별히 모든 비용은 도감에서 파악해 지불하도록 했다.

숙종과 순조 어진은 영희전에서, 영조는 냉천정에서, 정조와 문조, 헌종은 평락정에서 각각 모셔와 그렸다. 지금 서울중부경찰서

태조 이성계 어진을 모신 전주 경기전
문화재청.

수많은 전란과 화재에도 〈태조어진〉이 지금까지 보전
될 수 있었던 것은 경기전, 영흥 준원전, 평양 영숭전,
개성 목청전, 경주 집경전 등 다수의 태조 어진이 대궐
밖 사당에 모셔졌기 때문이다.

자리에 있었던 영희전은 태조, 세조, 원종, 숙종, 영조, 순조의 어진
을 모셨던 전각이다. 냉천정은 영조 어머니 숙빈 최 씨 사당에 속한
건물이며 평락정은 사도세자의 생모 영빈 이 씨 사당 내 건물이었
다. 이들 장소에서 어진이 도착할 때마다 황제가 친히 나가 극진한
예로 맞았다.

　고종이 이처럼 역대 선조의 어진 제작에 공을 들인 이유는 뭘까.

국새 황제지보
보물 제1618호,
국립고궁박물관 소장.

고종은 1897년 대한제국을 선포하고 황제에 등극했다. 그런데 3년 뒤 선원전이 불탄다. 고종은 황제국으로서 면모를 갖추기 위해 선원전 복원 및 영정 제작을 국가적 프로젝트로 진행한다.

선원전에 화재가 발생하기 3년 전인 고종 34년(1897) 10월 12일, 고종은 황제대관식을 올리고 대한제국을 공식 선포했다. 그리고 연호를 광무 원년으로 변경한다. 하지만 조선의 운명은 풍전등화나 다름없었다. 조선을 차지하기 위한 일본과 러시아의 대립이 일촉즉발로 치닫고 있었다. 이 와중에 역대 왕들의 초상화가 모조리 화재로 소실됐던 것이다.

　고종은 황제국으로서의 면모를 갖추기 위한 일련의 상징화 작업을 모색했다. 영정모사는 그 어떤 상징화보다 시급한 과제였다. 따라서 가장 성대하면서도 매우 엄중한 절차를 밟아 영정모사를 진행했다. 화재로 불타버린 기존 선원전 터가 협소하다며 광무 2년(1901) 7월 덕수궁 영성문 안 서쪽(옛 경기여고 터)에 새로 선원전을 짓고 완성된 어진은 모두 이곳으로 모셨다. 하지만 새로 지어진 덕수궁 선원전도 얼마 지나지 않아 빈 건물이 된다. 광무 11년(1907) 도성 안팎에 흩어져 있는 모든 어진을 한 곳에 모아 보관하라는 내용의 칙령에 의해 창덕궁 선원전으로 다시 옮겨지게 된 것이다. 그러나 한국전쟁이 발발하면서 창덕궁 선원전 어진은 부산으로 옮겨져 동광동 소재 부산국악원 창고에 다른 조선왕실 유물들과 함께 보관됐다. 그러다가 1954년 12월 26일 성탄절 다음 날 발생한 대형 화재로 안타깝게도 어진의 대부분이 불타버렸다. 잿더미 속에서 영조, 연잉군, 철종, 원종 어진만 겨우 수습했다. 망국의 어진이어서 그런지 그 운명도 참으로 얄궂다.

9장

이방인의
눈에 비친 조선

조선人을 말하다

"흔히 조선인은 게으르고 무디고 어리석고 느리고 열등한 민족이라고 말한다. 이는 겉모습만 본 사람들이 하는 말이다. 조선인은 아일랜드 사람들과 아주 비슷하다. 이들은 모두 낙천적이고 태평스럽고 감정적이고 인정이 많고 친절하고 너그럽다. 좀 더 나은 생활을 할 기회와 자기 밥벌이를 할 수 있다는 신념을 불어넣어라. 그러면 그들에게서 훌륭한 시민의 모습을 찾아낼 것이다. 외국 탄광회사 사람들과 하와이 미국인 농장주의 증언을 들어보라. 여태껏 고용했던 그 어떤 나라 사람보다 조선인들이 가장 훌륭한 노동자임을 내놓고 이야기한다."

기독청년회YMCA와 연세대를 설립한 선교사 호러스 그랜트 언더우드Horace Grant Underwood, 1859~1916의 부인이자 명성황후의 주치의였던 릴리어스 호턴 언더우드Lillas Horton Underwood, 1851~1921는 1904년 펴낸 《상투 튼 사람들과 함께한 15년》에서 조선인에 대해 무한한 애정을 드러낸다.

릴리어스 호턴 언더우드

1904년 발간한 《상투 튼 사람들과 함께한 15년》에서 언더우드는 조선인이 세계에서 가장 훌륭한 노동자라고 했다.

유럽인도 질투할 만한 조선인들의 외모

당시 조선은 가능성이라고는 단 1퍼센트도 없는 그야말로 구제불능의 국가였다. 하지만 그녀의 생각은 많이 달랐다. 조선인은 일본인 같은 경박성과 저돌적이고 충동적인 기질이 없고 중국인들의 무딘 보수성도 없다고 했다. 이들 세 민족 중 문자를 발명하고 입헌정부 형태를 발전시킨 나라는 조선뿐이라고 강조한다. 릴리어스 언더우드는 "20년 동안 도시와 시골의 갖가지 환경에서 날마다 조선인들을 가까이에서 접촉하고 살펴본 한 사람의 생각이다. 조선인들과 사귄 지 한 해 만에 했던 생각과는 정반대의 것이다."

조선에 통상을 요구했다가 거절당했던 유대계 독일인 오페르트 Ernst Jacob Oppert, 1832~1903는 1890년 발간된 《금단의 나라: 조선으로의 항해》라는 책에서 우리 민족이 멋진 외모를 갖고 있다고 했다. "조선인은 중국인이나 일본인보다 더 크고 건장하며 활달한 인상을 갖고 있다. 두 민족에 비해 훨씬 몽골이나 북아시아의 야만적인 유목민을 연상시키지만 습성은 온건하다. 일부 조선인에게서는 코카서스(유럽계)의 흔적도 발견된다. 유럽인처럼 콧부리가 치솟아 있는 반면, 코끝은 다소 처져 있다. 또 몽골족에서 볼 수 없는 얼굴 측면의 뚜렷한 선이 그들에게서 나타난다. 머리카락도 중국인이나 일본인처럼 완전히 검다고 할 수 없다. 두 민족에게서는 찾아보기 힘든 갈색이나 밤색, 심지어 황갈색의 머리색도 보인다. 수염도 풍성해 조선의 젊은이들은 유럽의 멋쟁이들이 질투할 만큼 독특하고 짙은 수염을 길게 날리며 거리를 활보한다."

오페르트는 "조선인에게서 유럽계의 흔적이 발견되는 것은 서남아시아(중동)에서 전쟁이나 내부 혁명으로 인해 밀려난 사람들이 한반도로 이주해 정착했기 때문"이라고 했다. 오페르트의 말대로 향가의 주인공 처용, 경주 괘릉의 무인상에서도 볼 수 있듯 개방적이던 신라에서는 국제 교류가 빈번했던 것이 사실이다. 고려시대까지도 한반도에서는 국제 교역이 활발히 이루어졌다. 하지만 조선시대에 임진왜란과 병자호란이라는 대재앙을 겪고 나서부터는 나라의 문을 닫아걸었다. 오페르트는 조선이 완고하게 쇄국정책을 고수하고 외국인을 홀대했기 때문에 당시 유럽인들이 조선에 관해 아는 것은 전부 17세기 이전, 그마저도 중국이나 일본을 통해 얻어진 자료들이었다고 설명한다. 오페르트는 이어서 자신이 마주친 당대 조선인들의 다양한 생활양식도 소개한다. 식기를 입에 대고 먹는 중국인, 일본인과 달리 숟가락으로 음식물을 떠서 입으로 가져가는 모습을 신기하게 여겼다. 오페르트는 이 모습이 우아하고 아름다웠다고 적었다. 반면 음주문화는 무절제했다. "틈만 나면 술자리를 만들고 독주로 폭음을 한다. 주량은 모두가 놀랄 만한 수준이었다."

오페르트 일행이 방문한 곳에 있던 관리와 수하 등 네 사람이 불과 30분 만에 샴페인 4병과 체리브랜디 4병을 비웠다. 그들은 술기운이 오르자 대범해져 대원군과 정부의 전제적인 강권 정치를 비판하기도 했다.

언더우드 부인도 조선에서는 술 마시기가 아주 보편적이라고 했다. 일본이나 중국에서처럼 차를 마시지 않으며 우유도 먹지 않는다. 그들은 걸핏하면 손수 담근 과실주나 아주 독한 술을 들이킨다. 평안도 강계에 갔을 때, 고을 원님이 술을 마시고 언더우드의 하인들을 관아로 끌고 가 매질을 했다가 이를 사과한다며 푸짐한 선물을 보내온 일이 있었다. 그런데 곧이어 숙소의 주인을 잡아다가 매를 치라고 지시했다. 잠시 후 이방이 찾아와 사또가 약주에 취해서 그런 것이라며 가벼운 장난이니 눈감아달라고 부탁했다.

유럽인의 눈에 비친
낯선 풍속의 조선인

《하멜표류기》를 통해 조선이라는 나라의 존재를 최초로 유럽에 소개한 하멜은 조선인의 민족성을 매우 부정적으로 묘사했다. "조선인은 훔치고 거짓말하며 속이는 경향이 아주 강하다. 믿을 만한 사람들이 되지 못한다. 남을 속여 넘기면 그걸 부끄럽게 생각하는 게 아니라 아주 잘한 일로 여긴다. 그렇지만 그들은 여자같이 나약한 백성이다. 타르타르(청나라)가 얼음을 건너와 이 나라를 점령했을 때 적과 죽기로 싸우기보다 산으로 도망해서 목매달아 죽은 병사가 더 많았다. 그들은 피를 싫어한다. 전투에서 누군가가 쓰러지면 곧 달아나고 만다." 조선에서 오랜 세월 구금 생활을 했기 때문에 하멜은 조선에 대한 이미지가 부정적일 수밖에 없었을 것으로 추정된다.

하멜은 조선의 인구가 매우 많다고 느꼈다. "남자는 이미 아이를 몇 낳은 아내라도 내보내고 다른 여자를 아내로 취할 수 있다. 처첩을 몇이라도 거느릴 수 있으며 그래도 흉이 아니다. 게다가 자기 여인을 여종보다 별로 나을 게 없이 취급한다. 사소한 일을 트집 잡아 아내를 내보낼 수 있으며 남자가 아이를 원치 않으면 쫓겨난 여자는 자신이 낳은 아이들을 데리고 나가야 한다. 이 나라에 인구가 그렇게 많은 것도 그리 놀랄 일은 아니다."

우리나라 사람들은 부모가 자식을 소중히 여기며 자식도 부모를

경북 경주 척화비 ●
유리건판, 국립중앙박물관 소장.

19세 후반 조선에는 서양인들이
몰려왔지만 조선은 척화비를 세워
그들의 발길을 막았다.

공경하지만 당시에는 어디까지나 양반 등 일부 계층에 국한되는 일
이었다. 종들은 자기 자식들을 거의 돌보지 않았다. 자식이 일할 수
있는 나이가 되면 주인이 데려가 버렸기 때문이다.

　조선인의 담배 사랑은 유별나다고 하멜은 말한다. 남자뿐만 아니
라 여자도 피우고 심지어는 네다섯 살 먹은 아이들도 피운다는 것이
다. 담배를 피우지 않는 사람은 발견하기 어려울 정도라고도 했다.

　언더우드 부인도 처음 조선을 밟았을 때는 낯선 풍속과 문화에
큰 충격을 받았다. 1888년 3월 처음 도착한 제물포 항구는 선창船艙
이 없었다. 해안은 돌투성이였고 나지막한 능선은 나무 한 그루 없

하멜 동상
하멜의 고향인 네덜란드 호르큼.

네덜란드 서원 핸드릭 하멜이
조선에서의 경험을 기록한 하멜표류기

하멜은 조선의 존재를 유럽에 처음 알렸지만 오랜 세월 구금
생활로 조선인의 민족성을 부정적으로 묘사했다.

이 헐벗은 모습이었다. 한양의 집들은 모두가 끔찍하게 비위생적이
고 벼룩이나 이 같은 해충이 득실거렸다. 모든 오폐수가 길 양쪽으
로 나 있는 도저히 말로 할 수 없을 만큼 더러운 시궁창으로 흘렀다.
여러 해 동안 버려뒀던 하수 도랑의 오물은 여름에 온 비에 쓸려 내
려간다. 그 비가 그나마 도시를 살려주고 있었다.

　조선인들의 긴 머리털은 빗질을 하지 않아 엉망이다. 목과 얼굴
언저리에 흘러내린 머리카락은 흉측하고 지저분해 보였다. 겉모습

은 중국인이나 일본인과 다를 바 없었으나 대체로 그들보다 키가 컸다. 그런데 여자들은 대체로 아름답지 못했다. 슬픔과 절망, 힘든 노동, 애정 결핍 등으로 스물다섯이 넘는 여자에게서는 아름다움 비슷한 걸 찾을 수 없었다.

언더우드 부인은 서른여덟의 늦은 나이에 조선에서 남편과 결혼했다. 신혼여행으로 북부 지방을 둘러보았다. 외국인이 지방을 자유롭게 여행하던 시절이 아니어서 불편함은 말로 표현하기 힘들었다. 열악한 숙박시설은 그중 으뜸이었다. 제일 큰 여인숙일지라도 객실이 다섯 또는 여섯 개에 지나지 않았다. 마당에는 개, 고양이, 닭, 돼지, 오리 따위가 그득했으며 황소와 조랑말이 한 지붕 아래에서 요란하게 여물을 먹어대는 통에 잠을 청하기 어려웠다. 겨울에는 온돌이 난방과 요리를 한꺼번에 해결할 수 있는 요긴한 구조이지만, 여름에는 얘기가 달라진다. 쌀과 콩 따위를 끓이려면 한여름에 펄펄 끓는 난로 위에서 잘 각오를 해야 한다. 그렇다고 노숙을 할 수도 없다. 호랑이와 표범이 수시로 출몰하기 때문이다. 이들 외국인의 눈에도 쉽게 띌 정도로 조선에는 호랑이가 흔했다. 언더우드 부인 역시 한양에 온 지 몇 달 만에 집 옆 러시아 공사관에 나타난 표범을 본 적이 있다.

조선인의 호기심은 광적인 수준이었다. 외국인 조선인들에게 여자는 어마어마한 흥밋거리였다. 여인숙에 들어서면 눈 깜짝할 사이에 사람들이 몰려들어 집 안을 꽉 메웠다. 문은 모조리 구멍이 났다.

황해도 순천에서는 한 사내가 그녀를 보려고 방문을 부수고 들어오려고도 했다. 가마꾼 중 덩치 큰 사내가 그의 상투를 잡고 내동댕이친 뒤 주먹으로 흠씬 두들겨 팼다. 이 일을 겪고 언더우드 부인은 상투가 편리하고 효과적인 손잡이 구실을 한다고 했다. 그녀는 "미국 남자들이 머리를 이런 식으로 묶지 않는 게 참 섭섭하다"고 너스레를 떨었다.

조선國을 말하다

　19세기 조선은 모든 분야에서 아시아 꼴찌였다. 오페르트는 억압적 정치 체제와 인접 국가들과의 교역마저 전면적으로 단절된 상황에서 조선의 산업이 무너진 것은 그리 놀랄 일이 아니라고 말했다. 오페르트는 조선의 면과 마 제품은 조잡하기 짝이 없으며 비단은 아예 만들지 못해 상류층만이 중국제를 구입해 입는다고 기술했다. 목기와 철기 제품도 중국이나 일본에서 만들어진 우수한 기호품과 사치품과 비교하면 매우 질이 떨어졌다. 다만 사대부들이 주로 썼던 종이는 세 나라 중 품질이 제일 좋아 잘 찢어지지 않았다.

　건축 양식도 마찬가지다. 도시에서조차 건물들은 대부분 단층에 진흙으로 지어졌으며 지붕도 연토나 짚을 이어서 올렸다. 유리가 생산되지 않아 창은 기름종이를 발랐다. 세간이라 해봤자 식기 외에

'한양 도성 위의 아이들' 사진
조지 로스, 1904.

도성 주변에 초가집이 무질서하게 난립해 있다. 오페르트는
서울에서도 흙이나 짚으로 지붕을 올렸다고 했다.

별 게 없다. 오페르트는 "식기도 자기와 질그릇이 전부였고 쟁반은 사용하지 않았다. 의자와 책상, 그 외의 가구들은 오직 상류층만이 구비하고 있었지만 역시 장식용에 불과했다"고 적고 있다.

제일 한심한 것은 군사력이었다. 상비군은 문서에만 존재했으며 병인양요 당시 무장한 병력이 전무해 1,000명의 포수를 모집하기도 했다. 병사들은 거의 칼을 차고 있지 않으며 장교와 고위 지휘관들만 일본도를 차고 다녔다. 오페르트는 임진왜란 때 일본군이 퇴각하면서 남겨놓은 것들인 듯하다고 추정했다. 임진왜란 때 동아시아 최강 전력을 자랑했던 해군력 역시 한양 인근에 노후한 배를 몇 척 정박시켜 놓은 게 전부였다. 오페르트는 "몇 차례 정조준해서 포격하면 한 시간 안에 조선의 전 함대를 격침시킬 수 있을 것"이라고도 했다.

오페르트는 관리들의 구조화된 부정부패도 꼬집었다. 지방관은 임기가 매우 짧았다. 한 임지에 머무는 기간이 2년도 안 됐다. 정부는 매관매직으로 부족한 국고를 채웠다. 특히 흥선대원군과 그의 충복들은 모든 관직과 서훈을 높은 값으로 매매했다. 지방관들은 관직을 사는 데 들어간 돈을 회수하기 위해 신속하게 납세금을 징수하고 뒷돈 챙기는 데 열중한다. 지역의 사정을 속속들이 파악하고 있던 아전들은 예외 없이 신임 상관들에게 이러한 뒷돈을 챙겨주며 자신들의 기득권과 영향력을 유지한다.

하멜도 조선은 세계를 인식하는 수준이 지극히 낮다고 평가했다.

'사냥꾼' 사진
허버트 폰팅,
《1890~1903 : 조용한 아침의 나라 조선》

오페르트는 조선의 군사력이 제일 한심하다고 평가했다. 병인양요 때에는 포수를 모집해 방어해야 할 정도였다.

하멜에 따르면, 17세기 조선인들은 12개 왕국밖에 없다고 알고 있었다. 이들 나라는 모두 중국 천자의 지배를 받으며 공물을 바치는 것으로 알고 있었다. 많은 나라가 있다며 이름을 말해 주어도 조선인들은 비웃으며 필시 고을이나 마을 이름일 거라고 반박했다. 하멜이 보기에 조선인들의 해외에 대한 지식은 태국을 벗어나지 못한다고 했다. 그들보다 더 먼 곳에서 온 외국인과 교류해본 경험이 거의 없어서다.

외국인의 눈에 비친 조선
가혹하고 무시무시한 나라

조선 국왕의 권위는 실로 절대적이었다. 국왕은 조정의 의견을 따르지 않고 자기 마음대로 나라를 통치한다. 양반들은 토지와 노예를 통해 수입을 얻는다. 하멜은 개중에 이삼천 명의 노예를 거느린 사람도 있다고 했다. 노예가 인구의 절반을 넘는다. 하멜은 일본과 조선 사이에 제주도와 대마도가 있다면서 대마도는 애초 조선 땅이었는데 일본과 전쟁에서 조약을 맺어 제주도와 교환했다고 조선인이 말한다고 했다. 이는 잘못된 사실로 공식적으로 제주는 신라에 복속됐으며 신라 멸망 후 독립했다가 고려 때 다시 우리 영토로 편입됐다. 대마도는 태종이 이종무를 시켜 완전히 정벌했지만 복속하지는 않았다. 조선과 일본을 모두 상국으로 모시던 대마도는 1868년 메이지유신 이후 완전히 일본에 편입되었다.

하멜은 조선의 형벌제도가 가혹하기 이를 데 없다고 했다. 국왕에게 세금을 제때 내지 못한 사람은 밀린 세금을 다 낼 때까지, 또는 죽을 때까지 한 달에 두세 차례씩 정강이뼈를 맞는다. 맞다가 죽으

함경남도 문천군의 관노비
일제강점기, 유리건판, 세로 16.4cm 가로 11.9cm,
국립중앙박물관 소장.

하멜은 조선의 인구 중 절반 이상이 노비라고 했다.
그는 3,000명이 넘는 노비를 소유한 양반도 있다고
적었다.

면 그의 일가친척이 밀린 세금을 내야 해 왕이 결코 자기 수입을 못
받는 경우는 없었다. 하멜 일행의 물품을 훔친 도둑은 1미터 길이의
팔뚝만 한 몽둥이로 발바닥 매질을 당했다. 각각 30~40대씩 맞았
는데 그중 일부는 발가락이 떨어져 나갔다고 한다. 그중에서도 남편
을 죽인 여인의 처벌은 무척 낯설다. 관아에서는 이 여인을 사람들
이 지나다니는 길가에 어깨까지 파묻었다. 그 여자 옆에는 나무 톱
을 놓아두었는데 이곳을 지나다니는 사람들은 양반을 제외하고 누

구나 그 톱으로 한 번씩 그녀가 죽을 때까지 목을 잘라야 했다고 하멜은 소개한다. 살인을 저지른 자를 사형에 처하는 절차도 처음 든는다. 피살자의 시체를 구석구석 닦아낸 식초와 더럽고 구역질 나는 물을 잘 섞은 다음 이 물을 살인자의 입에 깔대기로 배가 부풀어오를 때까지 들이붓고는 부어오른 배를 터질 때까지 매질을 했다. 아마 하멜이 일본의 형벌과 일부 혼동한 부분이 있는 듯하다. 우리 형벌과는 차이가 있으니 말이다.

하멜은 사찰에 대해서도 언급한다. 사찰은 주로 양반들의 놀이터로 활용됐는데, 양반들이 기생이나 다른 동반자를 데리고 절에 자주 놀러갔다고 전한다. 그가 보기에 절은 매음굴이나 선술집에 가까웠다고 했다.

오페르트는 19세기 후기 조선의 인구가 750~800만 명이며 이는 조선 정부가 산출한 공식 통계라고 밝혔다. 지방 관리들이 세금을 가로채기 위해 중앙정부에 가능한 실제 인구수를 감추어 신고해 실제보다 많이 축소됐다고 보았다. 본토에서 떨어져 있는 수백 개의 섬도 실사가 어려워 인구 추계에서 빠졌다고도 했다. "조선에서 취합된 신뢰할 만한 보고에 따르면 본토와 부속되어 있는 섬의 실제 주민은 1,500~1,600만 명에 이른다. 이러한 추계가 터무니없이 많이 잡혔다기보다는 도리어 적게 추산된 것이다."

조선史를 말하다

오페르트는 조선의 역사를 고대부터 근대까지 꽤 많은 분량을 할애해 정리한다. 중국과 일본, 조선의 역사서를 참고했는데 우리나라를 둘러싼 국제 정세의 역학 구도 속에서 전체 역사를 풀어갔다. 그러나 을지문덕과 연개소문, 이순신 등 우리의 전쟁 영웅은 단 한 명도 등장하지 않으며 의병 활동과 같은 외세에 대한 자주적 저항 노력도 언급되지 않는다.

임진왜란에서 연전연패하던 조선과 명나라 군대가 승리를 거둔 결정적인 계기는 뜻밖에도 1598년 도요토미 히데요시의 갑작스러운 죽음이었다고 평가한다. 호기를 잡은 중국이 원군을 급파했고 우두머리를 잃은 데다 본국으로부터의 원조마저 끊긴 왜군이 전의를 잃고 궤멸됐다는 것이다.

오페르트는 조선인들에게서 임진왜란 당시 수많은 왜군 탈영병들이 한반도 남쪽으로 달아나 정착했다고 전해 듣는다. 그들이 정착하면서 일본에서 유래한 표현들이 우리나라에 자연스럽게 동화됐는데 남부 지방의 방언에서 그러한 특징이 두드러지게 나타난다는 것이다.

임진왜란 당시 막대한 손실을 감수하면서까지 대규모 구원병을 파견한 명나라가 전적으로 손해만 본 것은 아니다. 중국은 조선의 영토라는 인식이 강했던 요동 지방의 완전한 양도를 요구해 복속시키는 실리를 챙겼다. 심지어 명나라는 황제가 자리를 찬탈당할 경우를 대비해 조선이 자국의 3도를 황제에게 넘긴다는 내용의 비밀 조약까지 있었다는 이야기를 덧붙인다. 오페르트는 당시까지도 그 조약이 유효한지, 아니면 당시의 통치자에게만 적용되는지는 애매하다고 기술했다.

조선의 쇄국정책은 대원군에 이르러 정점으로 치달았다. 오페르트는 대원군을 왕위 찬탈자로 표현하면서 강하게 비판했다. "대원군이 의심과 억측이 많아 백성들의 원성을 샀으며 개방이 자신의 통치를 약화시킨다며 외세의 영향력을 배척했다." 이로 인해 대원군 시기에 전제 정치에 익숙한 조선에서조차 일찍이 경험하지 못한 압제와 테러가 다반사로 자행됐다고 비난했다.

그는 조선이 들어와 있던 여러 열강들 중 러시아가 너무 늦기 전에 조선에 점령하고 지배해야 한다고 했다. "두만강은 물론 동해안

전체를 이미 장악하고 있는 러시아가 아직도 조선을 수중에 넣지 않아 세계적 놀림감이 되고 있다. 위선적 박애주의는 결국 분쟁과 전쟁을 불러일으킬 뿐이다."

오페르트의 책이 출간된 지 불과 14년 만에 한반도로 남하하려는 러시아와 한반도를 거쳐 중국 대륙으로 뻗어나가려던 일본이 동해에서 충돌하여 러일전쟁이 발발했다. 이 전쟁에서 승리한 일본은 조선과 만주를 점령하고 제국주의의 발판을 다진다.

조선도 미국처럼
자유롭고 힘이 있었으면

언더우드 부인은 자신이 모셨던 명성황후와 고종을 비롯한 여러 왕실 인물들의 비화를 소개한다. 어느 날 언더우드 부인은 왕비를 간호해달라는 명령을 받고 경복궁에 입궐한다. 언더우드 부인이 본 명성황후의 첫인상은 창백하고 바싹 마른 얼굴에 이목구비가 날카로운 느낌이었다. 사람을 꿰뚫어보는 것 같은 총명한 눈을 지녔지만, 아름답다는 인상을 주지는 않았다. 그러나 대화를 주고받으면서 평가는 달라졌다. 생기발랄함과 소박함, 재치 같은 것들이 그의 용모를 환히 비추었고 단순한 겉모습의 아름다움보다 훨씬 더 큰 매력을 느끼게 해주었다. 지식은 대개가 중국의 고전에서 얻은 것들이었지만, 지적 수준이 매우 높았다. 왕비는 많은 질문을 했고 자기가 들은 것들을 모두 기억했다.

왕비의 차림은 화려하지 않았다. 늘 머리에 첩지(왕실 여성이 가르마에 얹던 장신구)를 하고 있었으며 쪽진 머리에는 보석을 박은 황금 머리핀을 한두 개 꽂았다. 장신구에 신경을 쓰지 않아 한 번도 귀고리나 목걸이, 브로치, 팔찌를 찬 모습을 보이지 않았다. 왕비는 늘 언더우드 부인을 세심하게 배려했다. 왕과 왕비 외에는 아무도 대궐에서 말이나 가마를 탈 수 없었다. 언더우드 부인이 명성황후를 방문했다가 돌아가려는데 갑자기 비가 쏟아지자 왕비는 몸소 창가로 가서 대궐 밖에 대기 중인 가마를 대령시키라고 명했다. 그러자 주위에서 놀라 왕비의 명령을 사양하고 가마까지 걸어가 달라고 애원했다. 혼례 때 입었던 옷과 얇은 비단신이 흠뻑 젖었지만 왕비의 마음씨에 마음이 푸근해졌다고 언더우드 부인은 적었다. 겨울에는 언더

첩지 ●
국립민속박물관 소장.

명성황후는 첩지와 황금머리핀 등 머리
장식만 간단히 했을 뿐 귀고리, 목걸이,
팔찌를 차지 않았다.

우드 부인과 그 친구들을 모두 불러 대궐 뜰 안의 연못에서 스케이트를 타라고 일렀다. 왕비는 미국을 무척 궁금해했다. 명성황후는 "아! 조선도 미국처럼 행복하고 자유롭고 힘이 있다면…"이라고 탄식하면서 "전하와 세자, 내가 모두 그곳에 갈 수 있다면 얼마나 좋을까"라고 털어놓기도 했다고 언더우드 부인은 회고한다.

언더우드 부인은 조선에서 체험했던 무수한 정치적 사건도 낱낱이 써내려간다. 고종 31년(1894) 7월 청일전쟁이 발발해 일본군이 한성을 점령했다. 외국인들은 자국의 공관으로, 조선인들은 한성 밖으로 피란을 떠났다. 인파 속에 부모를 잃어버린 어린아이들이 숱하게 보였다. 전쟁이 무자비하게 휩쓸고 지나간 평양에는 길이가 수 킬로미터에 넓이가 몇 미터나 되는 만주군 기병대와 말의 사체가 전쟁이 끝나고도 3주가 넘게 그대로 방치돼 도시를 오염시켰다. 고종 32년(1895) 위세를 떨치던 콜레라가 잠잠해지던 10월 8일, 경복궁에서 엄청난 참극이 발생한다. 그날 새벽 언더우드 부인은 대궐에서 들리는 총소리에 불길한 징조를 느꼈다. 그리고 왕비가 죽었다. 공격 부대는 총을 쏜 뒤 아무런 저항 없이 대궐 안으로 쳐들어갔다. 의화군(의친왕)이 총소리를 듣고 도망치자고 왕비에게 간청했지만, 대비를 홀로 남겨두고 갈 수 없다면서 의화군의 청을 거절했다. 그러자 정병하가 "두 분 전하(고종, 명성황후)는 안전할 것"이라고 안심시켰다. 언더우드 부인은 정병하를 가리켜 "천한 사람이 왕비 덕에 출세하고 큰 은혜를 입었는데 의리라고는 눈곱만큼도 없어 암살자의 하

청일전쟁 서해해전 판화
안산어촌박물관 소장.

일본은 조선에서 청나라를 몰아내기 위해 청일전쟁을 일으켰다. 명
성황후의 주치의 언더우드 여사는 평양에서 일본과 청의 전쟁으로
발생한 시체가 3주 넘게 방치돼 도시를 오염시켰다고 증언했다.

수인이 됐던 것"이라고 했다. 적의 무리는 가련한 왕비를 찾아내 찔
러 죽였다. 궁녀들을 데려와 왕비의 시체를 보여주자 "중전마마, 중
전마마"라고 소리쳤다. 그들의 절규를 듣고 암살자들이 득의의 미소
를 흘렸다. 이 사건 이후 고종은 독살의 공포를 느껴 음식을 거의 들
지 않았고 언더우드 부인이 손수 음식을 만들어 남편 언더우드를 통
해 임금에게 보냈다. 언더우드는 그러던 중 흥선대원군을 만났다.

을미사변의 주모자인 흥선대원군은 "그 좋은 음식을 왜 전하에게

만 드리오. 늙은 내게 그 음식이 더 필요하오"라고 했다. 그리고 2년 뒤인 1897년 10월, 고종은 국호를 대한제국으로 바꾸고 스스로 황제의 칭호를 사용한다. 이어 11월 27일 중전의 장례식이 치른다. 황후의 예에 걸맞게 황제는 장례 의식에 돈을 물 쓰듯 썼다. 황후의 마지막 호사였다.

곁들여 읽기—
조선의 마지막 황제,
치료 불가능한 고자?

조선의 마지막 황제인 순종은 고종 19년(1882)에 민태호의 딸을 순명효황후로, 광무 10년(1906)에 다시 윤택영의 딸을 순정효황후로 맞이했지만 자식이 없었다. 순종은 성불구자였다고 전해진다. 조선 말의 학자이자 우국지사인 황현이 저술한 《매천야록》에는 순종이 타고난 고자敤子였는데 어린 시절 궁녀가 그의 생식기를 빨아서 그렇게 됐다고 씌어 있다. 장성했음에도 그의 생식기는 아주 작았고 시도 때도 없이 오줌을 지려 하루에 두 번씩 바지를 갈아입어야 했다.

혼례를 치른 지 수 년이 지났지만 제대로 부부 관계를 하지 못하자 어머니 명성왕후는 답답해 미칠 노릇이었다. 명성황후는 궁녀를 시켜 남녀가 관계하는 방법을 가르치게 했다. 황후는 문 밖에서 "되느냐 안 되느냐"고 궁녀를 다그쳤고 궁녀가 "안 된다"고 답하자 주저

1 순종 사진
국립고궁박물관 소장.

2 순종의 첫 번째 부인 순명효황후 민 씨의 사진
국립고궁박물관 소장.

3 순종과 계비인 순정효황후 윤 씨의 사진
한미사진미술관 소장.

첫 번째 부인 순명효황후가 사망하자 순종
은 순정효황후 윤씨를 계비로 맞는다. 그러
나 순종은 성불구였다고 전해진다.

앉아 한숨을 쉬면서 가슴을 쳤다고 전해진다.

명성황후는 순종을 금지옥엽으로 키웠다. 팔도강산을 두루 돌아다니며 원자가 잘되기를 비는 제사를 지냈다. 엄청난 비용을 지출됐고 결국 일 년도 안 돼 대원군이 비축해놓은 재물을 모조리 탕진했다. 《매천야록》은 고종 원년(1864)부터 경술국치를 당한 1910년까지 47년간의 정치, 경제, 사회, 문화 전반을 일목요연하게 나열하고 있다. 흥선대원군의 집정과 안동 김 씨 가문의 몰락, 명성황후와 대원군 간의 알력, 명성황후와 척족의 난정, 탐관오리들의 비행, 외세의 침투, 임오군란과 청국의 간섭, 개화당이 주도한 갑신정변, 청일전쟁의 발발, 갑오경장, 을미사변, 러시아와 일본의 각축, 을사늑약, 친일파의 매국 행위, 국권 수호를 위한 의병활동 및 지사들의 의거 등 개항부터 일제에 의한 합병까지의 국내 실상은 물론, 우리나라를 둘러싼 국제관계를 빼놓지 않고 기록해 근대사의 중요한 자료로 활용된다. 고종과 명성황후, 그리고 조선 말 국정을 농단한 민 씨 척족의 도덕적 해이를 비판하는 데 전반부의 상당 부분을 할애한다.

조선 후기에 접어들면서 매관매직이 성행했지만, 이때에는 고종마저 직접 나서 관직을 파는 지경에 이른다. 밀양 사람 박병인은 왕에게 35만 냥을 내고 경주군수 자리를 오른다. 그런데 돈독이 오른 왕은 수령을 자주 교체했다. 임기가 너무 짧아 낸 돈을 회수하지 못하는 지경에 이르자 관직을 사려는 사람이 점차 줄어드는 일도 발생했다. 청나라 공사 서수봉이 고종을 알현하면서 "중국은 벼슬을 팔아먹은 지 10년이 채 안 되었지만 종사가 몇 번이나 전복되었습니다. 그런데 조선은 벼슬을 팔아먹은 지 30년이 되어도 임금의 자리가 아직도 건재합니다. 어찌 나라의 운수가 좋고 풍속이 아름답다하지 않겠소"라고 비꼬는데도 왕은 부끄러운 줄 모르고 배를 잡고 웃었다. 서수봉은 "슬프도다, 조선 백성들이여!"라고 탄식했다.

망국의 길에 들다
비참했던 조선의 최후

고종 32년(1895) 명성황후가 일본 자객에게 시해당하는 전대미문의 사변이 일어난다. 대궐 밖에는 사건이 있기 며칠 전부터 명성황후를 죽이려는 음모가 있다는 소문이 퍼졌다. 명성황후가 불안해하자 정병하는 "신에게 방비책이 있으니 조금도 의심하고 근심할 것이 없다"고 안심시켰다. 그러나 정병하는 이미 일본 측에 붙어 있었다. 《매천야록》에 의하면 정병하는 사건 당일 대궐에 숙직을 하면서 낭인들이 궐내로 침입했을 때, 왕실을 보호하기 위한 것이라고 속여 달아나지 못하도록 했다. 결국 명성황후는 일본 낭인들에게 끌려나왔고 자신이 양녀로 데리고 있던 고무라에게 "살려달라"고 애걸하다가 죽었다. 황현은 "민비가 기지가 있고 영리하며 권모술수가 풍부해 정사에 간여한 지 20년 만에 나라를 망쳤다. 이로 인해 천고에 없었던 변을 당하고 말았다"고 개탄했다.

이때 고종의 심정은 어땠을까. 억누를 수 없는 큰 슬픔에 젖었을 것 같지만, 사건 이후 그가 가장 먼저 한 일은 옛 애첩을 대궐로 불러들이는 것이었다. 그는 명성왕후에 의해 출궁당했던 상궁 엄 씨를 그녀가 죽은 지 불과 5일 만에 데려왔다. 엄 씨가 대궐로 들어오자 장안 사람들은 모두 고종이 명성황후의 죽음을 슬퍼하지 않는다며 한스럽게 생각했다. 입궁한 엄 씨는 왕의 총애를 독차지하고 정사에 간여해 뇌물 챙기기에 급급했으니 그 정도가 명성황후 못지않았다.

명성황후의 외척으로 민 씨 가문의 우두머리였던 민겸호의 탐욕과 임오군란 이후 최후를 맞는 과정도 적나라하게 적혀 있다. 임오군란 당시 반란군들은 민겸호를 첫 번째 처단 대상으로 삼고 집을 습격했는데 창고에서 진귀한 물건이 산더미처럼 나왔다. 이를 마당에 쌓아놓고 불을 지르자 비단, 주옥, 패물들이 타면서 오색 불꽃이 나타났고 인삼, 녹용, 사향노루가 타면서 나는 향기가 수 리 밖에서도 맡을 수 있었다. 민겸호는 대궐로 도주했지만 곧 반란군에 붙잡힌다. 반란군을 따라온 흥선대원군을 쳐다보며 "좀 살려주시오"라고 간청했지만 흥선대원군은 쓴웃음을 지으며 "내 어찌 대감을 살릴 수 있겠소"라고 했다. 말이 채 끝나기도 전에 반란군이 달려들어 총칼로 민겸호를 난도질했다.

민겸호 시체는 민 씨 일파인 김보현 시체와 함께 궁궐 인근 개천에 수일 동안 버려졌다. 황현은 "살이 물에 불어서 하얗고 흐느적거

민영환
《1905년, 사진으로 본 백 년 전의 한국》.

민영환은 일제에 의해 강제로 을사늑약이
체결되자, 국민을 각성케 하려고 자결을
택한다.

렸으며 고기를 썰어놓은 것 같기도 하고 씻어놓은 것 같기도 했다"
고 전했다.

　고종을 협박해 을사늑약 체결과 서명을 주도한 이완용은 자신의
가정도 파탄에 이르게 한다. 그는 며느리와 간통했다. 이완용의 아
들 이명구는 정미칠적(1907년 7월에 체결된 한일신협약 조인에 찬성한 내각 대신

7인) 중 한 명인 임선준의 조카딸과 결혼했다. 이명구가 일본에 유학을 간 사이 이완용은 며느리 임 씨를 겁탈했다. 귀국한 이명구가 내실에 들어갔다가 이완용과 자신의 부인이 함께 누워 있는 것을 보고 "집과 나라가 모두 망했으니 살아서 뭣하겠는가"라며 스스로 목숨을 끊었다. 이완용은 그 후 세간의 지탄을 아랑곳하지 않고 며느리를 첩으로 삼았다.

나라가 어지러울수록 당하는 자는 늘 힘없는 백성이고 그중에서도 아이들의 희생이 가장 크다. 고종 19년(1882) 청나라 사람들이 임오군란을 진압하기 위해 원병 왔다가 장안에 걸식하던 어린이들을 붙잡아 중국에 팔아 넘겼다. 그 수는 1년 만에 수천, 수만이나 됐다. 서양인들은 더 많은 아이들을 데려갔다. 《매천야록》은 "서양 사람들은 영아원을 설치해 버려진 아이들을 보호하며 기른다고 빙자하면서 대대를 편성해 배에 가득 싣고 떠나갔다"며 "이것은 청나라 사람에 비해 거의 갑절이나 됐다"고 고발했다. 이렇게 자기 의사와 무관하게 낯선 외국으로 끌려갔던 아이들은 이후 타국에서 어떤 삶을 살았을까.

1. 《용재총화慵齋叢話》

중종 20년(1525) 처음 간행됐다. 총 10권으로 구성돼 있으며 고려로부터 조선 성종 대에 이르기까지의 인물뿐만 아니라 역사, 문학, 제도, 풍속, 설화 등 문화 전반에 걸쳐 다룬다. 조선 전기에 집중 출간된 잡록필기의 대표작이다.

성현(成俔, 1439~1504) 서울 출생. 호는 용재. 스물넷이던 세조 8년(1462) 문과에 급제한 뒤 예조판서, 한성부 판윤, 공조판서, 대제학을 지냈다. 명문가 출신에 고급 관료였지만 다방면에 조예가 깊었다. 그는 시문을 1,000여 편이나 남긴 대문장가였다. 음악이론가로서도 명성이 높았는데 쉰다섯이던 성종 24년(1493) 《악학궤범》을 편찬하기도 했다.

2. 《매천야록梅泉野錄》

총 6권으로 구성돼 있으며 고종 1년(1864)부터 1910년까지 47년간의 정치, 경제, 사회, 문화 전반을 일목요연하게 나열하고 있다. 문호 개방 이후 일제에 의해 합병될 때까지의 국내 실상은 물론 우리나라를 둘러싼 국제관계를 면밀히 기록했다.

황현(黃玹, 1855~1910) 호는 매천梅泉이며 고종 22년(1885) 생원진사시에서 장원을 했으나 과거장의 폐해를 목격하고 전남 구례로 낙향해 은거했다. 그러면서도 강위 등 서울의 개화사상가와 다양하게 교유했다. 1910년 나라가 일본에 병합되자 울분을 참지 못하고 4편의 절명시를 남긴 뒤 다량의 아편을 복용하고 자결했다.

3. 《하멜표류기》

네덜란드인 하멜이 일본 나가사키로 항해하던 중 태풍을 만나 조선 제주도에 표착한 뒤 탈출하기까지 1653년부터 1666년까지 조선에 억류된 생활을 기록하고 있다. 이 기간 제주도, 한양, 강진, 여수에 끌려다니며 겪은 고된 생활을 자세하게 적었으며 그 과정에서 접촉한 조선 사람에게 들은 여러 지방의 풍속과 사정도 담고 있다. 하멜이 조선에 당도했을 때 네덜란드는 최고 황금기를 맞았다. 경제적 번영과 함께 문화 부흥도 최고조에 이르렀다. 하멜 일행이 무려 13년이나 조선에 머물렀는데도 조선은 이런 시대의 변화를 전혀 읽어내지 못했다.

헨드릭 하멜(Hendrik Hamel, 1630~1692) 네덜란드 호린험에서 태어났으며 23세이던 1653년 동인도회사 소속 선박 선원으로 일본 나가사키로 가던 도중 일행 36명과 함께 제주도에 표착했다. 1666년까지 조선에 억류되었다가 탈출하여 1668년 귀국했다. 고국에 돌아간 하멜은 조선에서의 억류 기간 중 받지 못한 임금을 청구하려고 보고서를 썼다. 1668년 이 보고서를 정리해서 쓴 《하멜표류기》가 암스테르담과 로테르담에서 출판됐다. 그때까지 전혀 알려지지 않았던 조선에서의 표류기가 유럽인들의 큰 관심을 끌었다. 그 후 동인도회사 회계사로 일하다가 1692년 사망했다.

4. 《고려도경高麗圖經》

송나라 사신 서긍이 한 달 남짓한 체류 기간 동안 보고 들은 고려의 역사, 정치, 경제, 문화, 종교, 인물 등 광범위한 부분을 글과 그림으로 빠짐없이 정리했다. 고려도경은 고려사나 고려사절요 등 한정된 고려시대 사료에서 찾아볼 수 없는 역사적 사실을 전한다.

서긍(徐兢, 생몰미상) 송나라 문신으로 고려 인종원년 6월 고려에 왔다. 승하한 고려 예종을 조문하고 송나라 휘종 황제의 국서를 전달하는 임무를 받았다. 귀국 이듬해 《고려도경》을 지어 송나라 휘종에게 바친 서긍은 한 부를 따로 작성해 집에 보관했다. 서긍 집안에 보관된 책이 남아 전해져 20세기 들어 그 존재가 세상에 알려졌다.

5. 《한사경韓史綮》

조선 말 사관을 지낸 김택영이 1918년에 조선의 건국에서 한일합병까지의 역사를 순한문체로 기록한 역사서다. 각종 당대 문헌을 참고했지만 평가에 있어서는 자신의 독자적 시각을 반영했다. 전체 6권으로 구성돼 있다. 조선 건국을 찬탈에 의한 역성혁명으로 규정했으며 군주의 실정과 부도덕성을 신랄하고 노골적으로 비판해 출판 이후 유림들로부터 사적史賊으로 매도됐다.

김택영(金澤榮, 1850~1927) 이건창, 황현과 함께 '한말 3대 문장가'로 꼽힌다. 개성에서 출생했으며 42세에 진사가 됐고 46세에는 중추원 서기관을 지내면서 사관으로서 업적과 재능을 공인받았다. 고종 40년(1903)에 《증보문헌비고》를 편찬하고 정3품 통정대부에 임명됐다. 을사늑약이 체결된 1905년 중국으로 망명해 《한사경》 등 국권회복과 민족혼 각성을 촉구하기 위한 다양한 역사서를 집필했다.

6.《북학의北學議》

조선 후기 개혁사상가 박제가의 대표작.《맹자孟子》에서 인용한 말로 문화가 뒤처진 남방이 중국 북방의 선진 문물을 배워야 한다는 뜻을 담고 있다. 박제가는 네 차례나 청나라 연경을 다녀왔다. 이 과정에서 조선의 현실에 관한 객관적 시각을 얻는다. 그의 목표는 배고픈 이상주의가 아니라 물질적으로도 풍요하며 정신적으로도 윤택한 삶이었다. 북학의에서 다루는 내용의 폭은 매우 넓다. 상업과 유통에 대한 중시, 수레와 배, 벽돌의 이용, 도로망의 확충, 기술과 기계의 도입 강조, 도량형의 표준화, 사회의 개방화 등이다. 이를 통해 부국강병과 문명국가 건설을 지향한다.

박제가(朴齊家, 1750~1805) 우부승지를 지낸 박평의 서자로 태어났다. 문인, 화가, 서예가로서 뛰어난 능력은 국내뿐만 아니라 중국에도 널리 알려졌다. 정조 3년(1779) 정조는 규장각을 설치하고 검서관이라는 직책을 신설해 서얼 신분의 학자에 문호를 개방하는데 이때 박제가는 이덕무, 유득공, 서리수 등의 서얼들과 함께 검서가 됐다. 정조 22년(1798) 그의 개혁 구상을 모두 정리해 《북학의》를 지어 정조에게 바쳤다.

7.《택리지擇里志》

실학자 이중환이 전국을 답사하면서 각 지역의 인심과 풍속, 물화의 생산지 및 집산지 등을 낱낱이 파악해 영조 27년(1751)에 쓴 지리서. 지리·생리·인심·산수의 4가지 관점에서 입지조건을 설명했다. 상업적 농업을 중시했으며 그의 주장은 박지원, 박제가 등의 북학파 학자들에게 계승됐다.

이중환(李重煥, 1690~1756) 호는 청담淸潭이다. 스물넷 되던 숙종 39년(1713) 증광 문과에 병과로 급제해 정5품 병조정랑을 지냈다. 남인 출신으로 경종 재위 당시 국왕시해사건을 고변해 다수의 노론 인사를 숙청했던 목호룡과 친분이 깊었다. 영조 즉위 후 노론이 집권하면서 목호룡과 함께 처벌받았다. 목효룡은 옥중에서 죽어 효수됐고 이중환은 유배형을 받았다. 유배형에 풀려난 뒤 30년 동안 전국을 정처 없이 떠돈다. 그의 대표 저서《택리지》는 이런 방랑의 결과로 나온 것이다.

8.《주영편晝永編》

정조 대 학자 정동유가 조선 23대 순조 5년(1805) 여름부터 이듬해 사이에 지은 만필집(일정한 형식이나 체계 없이 느끼거나 생각나는 대로 쓴 글)이다. 주영은 낮이 긴 여름날의 무료함을 달랜다는 뜻을 담고 있다. 우리나라의 문자, 지리, 역사, 풍속, 언어, 제도 등 여러 분야를 고증하고 비판한다.

정동유(鄭東愈, 1744~1808) 정조 원년(1777) 서른넷의 나이로 생원시에 합격한 뒤 음서로 벼슬길에 올랐다. 명문가 출신으로 학식이 높았지만 정치가로서 역량을 펴지 못한 채 직책이 낮은 벼슬을 전전했다. 풍부한 학식에도 평생《주영편》과 2책의 작은 문집《현동실유고玄同室遺稿》만을 남겼다.

9. 《해유록海遊錄》

조선 후기의 문장가이자 숙종 45년(1719) 조선통신사의 제술관(시문과 학문 토론을 담당하던 관리)으로 일본을 다녀온 신유한이 지리, 인습, 풍속, 제도 등에 대해 일본에서 보고 들은 내용을 적은 견문록. 문학성이 뛰어나 기행문학의 백미로 평가받는다.

신유한(申維翰, 1681~1752) 숙종 39년(1713) 서른셋의 나이로 문과에 장원급제했다. 김창흡, 정선 등 당대 명사들과 친분을 쌓았지만 서얼이라는 신분적 한계로 인해 연천 현감, 평해군수 등 지방관직을 전전해야만 했다. 빼어난 시문을 많이 남겼는데, 특히 《해유록》은 일본에 관심이 있는 사람이나 통신사에게는 필독서로 꼽혔다.

10. 《자저실기自著實紀》

정조와 순조 시대 학자이자 문인인 심노숭이 1830년 완성했다. 책은 지배계층인 사대부들의 다양한 관심사를 인물 중심으로 전개하고 있는데 이 저작에만 보이는 이야기가 적지 않다. 저자가 한평생 목도한 양반 사회의 이면을 폭로하는 데 적잖은 지면을 할애한다.

심노숭(沈魯崇, 1762~1837) 명문가 집안 출신으로 정조 14년(1790) 진사시에 급제했지만 문과에 오르지는 못했다. 정조 21년 정조의 배려로 영희전 참봉에 임명됐으나 정조가 사망하고 벽파정권이 성립되면서 순조 원년(1801) 기장으로 유배됐다. 유배에서 풀린 후 친구인 김조순의 배려로 의금부도사에 임명됐고 뒤이어 형조정랑, 논산현감, 천안군수, 임천군수 등을 지냈다. 노론 시파의 핵심 인물이었던 부친을 계승해 강경한 정치관을 가졌다. 자신이 체험한 일과 당대 정치 실태 등을 담은 다양한 기록을 남겼다.

11.《간양록看羊錄》

재침한 왜군에 포로로 잡혀간 형조좌랑 강항의 2년 9개월간의 일본 생활을 기록한 책. '간양'은 양을 친다는 뜻으로 한나라 충신 소무蘇武가 유배지에서 쓸모없는 숫양 몇 마리를 키우며 충절을 지켰다는 고사에서 유래한다. 책은 적국에서 당하고 목격한 포로들의 참상과 그곳에서 보고 들은 실정을 빠짐없이 적고 있다. 전란 대비책 등 국내 정책제언도 낱낱이 언급한다.

강항(姜沆, 1567~1618) 선조 26년(1593) 별시문과에 병과(3등급 중 3등급)로 급제했다. 선조 30년(1597) 정유재란 때 남원에서 군량보급에 힘썼으며 남원이 함락된 후 가족들과 함께 통제사 이순신 휘하에 들어가려다가 왜군에 붙잡혔다. 1958년 교토 후시미성으로 끌려가 승려들과 교유하면서 유학을 가르쳤는데 일본 주자학의 선구자 후지와라 세이카(藤原惺窩, 1561~1619)가 그의 제자다. 《수은집睡隱集》, 《운제록雲堤錄》, 《건거록巾車錄》 등 다수의 저서를 남겼다.

12.《성호사설星湖僿說》

조선 후기 실학자인 이익의 저서. 성호는 이익의 호이다. 사설은 '소소한 이야기'를 뜻한다. 성호 이익이 40대 전후부터 40여 년간 독서를 하거나 보고 듣거나 사색을 통해 터득한 것을 적은 비망록을 말년에 묶어 펴낸 것이다. △천문, 지리 △복식, 음식, 가축, 화폐 등 인간의 일상생활과 관련된 온갖 사물 △정치, 경제, 사회, 인물, 사건 △경전과 역사 △시와 문 등 광범위한 분야의 주제를 섭렵한다. 경세치용의 실학사상과 백성을 위한 위민사상이 깔려 있다. 역사 해석에 있어 중화주의에서

탈피해 독자적 관점을 확립하도 있다.

이익(李瀷, 1681~1763) 남인계 명문가 출신이었지만 숙종 6년(1680) 서인이 집권한 이후 경신대출척으로 가세가 기울었다. 고향인 경기도 안산에서 주로 살았으며 과거에 나가지 않고 후진 양성과 학문 연구로 일생을 보냈다. 경선 재해석과 사회제도 개혁을 위한 실학에서부터 예설, 시문, 악부, 언해에 이르기까지 다양한 분야에서 69권, 95책의 방대한 저술을 남겼다.

13.《지봉유설芝峰類說》

우리나라 최초의 백과사전. 지봉 이수광이 세 차례 중국에 사신으로 가서 얻은 국제적 견문과 폭넓은 학식을 바탕으로 광해군 6년(1614)에 간행했다. 천문, 지리, 제국, 경서, 문자, 문장, 인물, 언어, 잡사, 식물, 조류 및 곤충 등에 대한 다양한 지식과 비평을 소개하면서 17세기 동아시아를 아우르는 교양을 집대성했다.

이수광(李睟光, 1563~1628) 호는 지봉, 경기도 장단에서 출생했으며 스물셋 때 과거에 급제해 벼슬길에 올랐다. 스물여덟, 서른다섯, 마흔아홉에 사신단 일행으로 북경을 다녀왔다. 우리나라 최초로 가톨릭과 각종 서양 문물을 소개해 실학의 선구자가 됐다. 도승지, 예조참판 등을 지내다가 광해군 5년(1613) 계축옥사(대북파가 영창대군과 반대파 세력을 제거하기 위하여 일으킨 옥사)가 일어나자 벼슬에서 물러나《지봉유설》을 간행했다. 인조 5년(1627) 정묘호란 때 왕을 호종해 이조판서가 됐다.

14.《고금소총古今笑叢》

19세기 편찬된 작자 미상의 설화집. 조선 전기부터 후기까지 유행했던 소화집笑話集을 한데 묶은 것으로 총 825편의 이야기가 담겨 있다. 남녀노소와 빈부귀천 모두가 풍자와 해학의 주인공으로 등장하며 윤리적, 교훈적 측면도 드러나지만 과감하면서 노골적인 외설담이 주를 이룬다.

15.《연려실기술燃藜室記述》

조선 후기 실학자 이긍익이 저술한 역사서. 400종이 넘는 야사, 일기, 문집류 등 방대한 자료를 분류하고 분석해 실록 등 정사에서 언급되지 않는 역사의 이면과 새로운 관점의 인물 묘사를 소개한 조선 역사서의 명저. '연려실'은 부친 이광사가 쓰던 서재의 이름이다. 아버지의 유배지인 완도군 신지도에서 42세에 저술을 시작해 30년에 걸쳐 완성했다.

이긍익(李肯翊, 1736~1806) 소론에 속했던 가문은 경종대의 신임무옥사건과 영조 4년 (1728) 이인좌의 난을 겪으면서 큰 화를 당한다. 그의 아버지 이광사도 나주괘서사건에 연루돼 유배형을 받고 유배지에서 죽었다. 이긍익 역시 벼슬길에 나가지 못한 채 평생을 역경과 빈곤 속에서 보냈다. 조선사 연구의 선구자로 실학을 바탕으로 한 고증학적 역사서술을 지향했다. 사실성과 공정성을 추구해 남인, 북인, 노론 인사를 가리지 않고 자료들을 두루 섭렵했다. 글씨에도 뛰어났다.

16. 《산림경제山林經濟》

조선 숙종 때 실학자 홍만선의 저서. 농림축잠업은 물론 주택, 건강, 의료, 취미, 흉년 대비 등 농촌생활과 관련된 내용이 총망라된 농가경제 백과사전. 당대 농업기술 수준과 함께 농가생활의 모습, 민속 등 생활상을 살필 수 있다. 당시의 실학사상을 엿볼 수 있으며 농업사연구, 생물학사, 의학사, 약학사 연구에도 참고가 된다.

홍만선(洪萬選, 1643~1715) 현종 7년(1666) 진사시에 합격하고 40세였던 숙종 8년(1682) 음보로 벼슬길에 올랐다. 인천부평부사, 상주목사를 지냈다. 농업 문제에 큰 관심을 보여 중농적 실학자의 선구자로 꼽힌다.

17. 《필원잡기筆苑雜記》

조선 전기 대학자인 서거정이 쓴 한문수필집. 책은 고금을 통달한 저자의 해박한 지식과 탁월한 식견을 바탕으로 역사에서 누락된 사실과 시중에 떠돌던 한담閑譚 등을 수집해 담았다. 조선 초기 인물과 세태를 파악하는 데 귀중한 자료가 되며 수준 높은 문장으로 우리나라 설화 문학을 대표하는 작품으로 평가받는다. 2권 1책으로 구성돼 있으며 성종 18년(1487) 발간됐다.

서거정(徐居正, 1420~1488) 세종 26년(1444)에 문과에 급제했다. 문장으로 한시대를 풍미했으며 중국에까지 그의 명성을 떨쳤다. 관직의 절반 이상을 학문 분야에서 종사했으며 《경국대전經國大典》, 《삼국사절요三國史節要》, 《동문선東文選》, 《동국통감東國通鑑》, 《동국여지승람東國輿地勝覽》등 조선 초기 국가서적이 모두 그의 손을 거쳐 나왔다.

18.《상투 튼 사람들과 함께한 15년 _Fifteen Years Among the Top-knots_》

기독청년회YMCA와 연세대를 설립한 선교사 호러스 그랜트 언더우드의 부인이자 명성황후의 주치의였던 릴리어스 호턴 언더우드가 1904년 펴냈다. 책은 기독교 선교활동을 위해 격동기 조선에서 살면서 겪었던 경험과 느낌을 자신의 시각으로 꾸미지 않고 솔직하게 전달한다.

릴리어스 호턴 언더우드(Lillias Horton Underwood, 1851~1921) 미국 뉴욕 주 올버니에서 출생했으며 노스웨스턴대학교 의학교에서 약학을 전공했다. 북장로교 선교부의 요청으로 1888년 내한한 뒤 제중원(한국 최초의 근대식 병원)의 부인과장을 지냈으며 명성황후의 마음을 사 그녀의 주치의가 됐다. 1889년 선교사였던 호러스 그랜트 언더우드Horace Grant Underwood와 결혼. 격동기의 조선 땅에 살면서 기독교 선교 활동과 의료, 교육, 사회사업 등에 전력하다가 1921년 서울에서 사망해 양화진 외국인 묘지에 묻혔다.

19.《청성잡기 靑城雜記》

교훈이 될 만한 야사 또는 민담, 격언이 될 만한 문구 등을 주로 수록하고 있다. 성리학적인 담론에서 벗어나 다양한 주제를 자유롭게 풀어낸다.

성대중(成大中, 1732~1809) 서얼이었지만 서얼에게도 벼슬을 줘야 한다는 영조의 방침에 따라 영조 32년(1756) 정시문과에 병과(3등급 중 3등급)로 급제. 영조 39년(1763)에 통신사 조엄을 수행해 일본을 다녀왔다. 노론 성리학파(낙론계)와 북학파의 중간적 입장을 견지했다. 신분적인 한계를 극복하지 못하고 벼슬은 부사에 그쳤다.

20. 《패관잡기稗官雜記》

어숙권이 중종과 명종 시기 민간에 떠돌던 패관 문학작품들을 모아 수록한 수필집. 조선 초·중기에 집중적으로 만들어진 여러 잡록집 중 하나로 설화적 소재가 풍부하며 서술 방식이 간결하면서도 진솔하다.

어숙권(魚叔權, 생몰미상) 조선 중종 대 서얼 출신의 문인이다. 중종 36년(1541) 문과의 일종인 한리과漢吏科에 합격했지만 출신 성분 때문에 높은 관직에 오르지는 못했다. 문장과 시평론에 탁월한 실력을 보였다. 중국어에도 능숙해 사신단의 일행으로 중국을 수차례 다녀왔다. 저서로 패관잡기와 함께 백과사전인 《고사촬요》가 전해진다.

21. 《오산설림초고五山說林草藁》

고려 말 조선 초의 시화나 야담을 기술하고 있다. 여러 종류의 시를 소개하면서 해석상 논란이 되는 부분을 열거하고 자신의 해석을 시도한다. 우리나라 고시가의 하나인 공후인을 싣고 있어 가치가 높다. 다양한 계층의 사람과 얽힌 일화와 전설도 함께 들려준다.

차천로(車天輅, 1556~1615) 호는 오산. 선조 10년(1577) 문과에 급제해 벼슬을 시작했지만 선조 20년 고향 사람의 답안을 대신 작성해 장원급제 시켜준 일이 발각돼 유배됐다. 문장과 글씨가 독보적이었다. 명나라에 보내는 외교문서의 대부분을 작성해 명나라에서 '동방문사'라는 칭호를 받았다. 저서로 《오산설림초고》 외 《오산집》, 《강촌별곡》이 있다.

22.《어우야담於于野談》

한국 최초의 야담집. 조선 중기 설화문학의 정수로 평가받는다. 왕실, 사대부 등 상류층에서 상인, 승려, 천민, 기녀에 이르기까지 다양한 인간의 삶은 물론 시문, 종교, 귀신, 풍속, 성 등 방대한 부분에 관한 이야기를 생동감 넘치게 기록하고 있다.

유몽인(柳夢寅, 1559~1623) 호는 어우당. 선조 22년(1589) 문과에 장원급제했다. 임진왜란이 발발하자 선조를 평양까지 호종했으며 세자의 분조(세자를 중심으로 한 임시조정)에도 따라가 활약했다. 도승지, 대사간 등의 버슬을 지냈으며 조정의 명을 받아 중국을 여러 차례 다녀왔다. 인목대비 폐모론에 가담하지 않아 광해군 15년(1623) 인조반정 때 화를 면했다. 하지만 그해 7월 광해군 복위 음모를 꾸민다는 모함을 받고 아들과 함께 사사됐다가 정조 때 복권됐다.

23.《역옹패설櫟翁稗說》

고려 말 대학자인 이제현이 쓴 수필집. 역사, 인물일화, 시화, 민담 등을 형식에 구애받지 않고 자유자재로 적은 것이 특징이다. 승자의 역사인 고려사와 다른 내용이 많아 사료로서의 가치가 높다.

이제현(李齊賢, 1287~1367) 호는 익재, 역옹. 경주에서 출생했으며 열다섯 살에 성균시에 장원하고 곧이어 과거에 합격. 스물두 살에 예문춘추관에 뽑혀 문명을 떨쳤다. 공민왕 즉위 후 정승에 임명돼 국정을 총괄. 중국에서 주자학을 배워 우리나라 성리학의 선구자적 공적을 남겼다. 또 다른 저서로《익재난고》가 있다.

24.《심리록審理錄》

정조가 대리청정하던 영조 51년(1775)부터 정조 23년(1799)까지 정조가 판결한 주요 형사사건을 다룬다. 총 1850건의 기록이 수록돼 각 사건은 어느 지역의 누구 옥사라는 것을 밝혀 표제를 달았고 사건의 경과, 직접적 원인 등 사건의 개요와 각 관서·형조의 보고 및 판단, 정조의 판부 등을 기재한다. 18세기 말 각종 범죄에 반영된 서울과 지방의 사회상을 생생히 전달해 당시 시대를 이해하는 데 중요.

25.《음식디미방飲食知味方》

경북 북부의 안동과 영양 일대에서 살았던 정부인 안동 장 씨가 쓴 최초의 한글 조리서. 조선 중기 우리 조상들의 식생활 실상을 잘 알려주는 문헌이다. 여기서 디미는 지미知味의 당대 표기법으로 이해된다. 즉 음식디미방은 '좋은 음식 맛을 내는 방법'으로 풀이할 수 있다. 책에는 총 146가지(면·떡류 18가지, 어육류 74가지, 술 51가지, 식초 3가지) 음식 조리법을 설명한다.

정부인 안동 장씨(장계향, 1598~1680) 안동 서후면 금계리에서 출생. 아버지는 참봉을 지낸 장흥효이고 어머니는 첨지 권사온의 딸이다. 열아홉에 출가해 이시명의 두 번째 부인이 됐다. 6남2녀를 뒀으며 둘째 아들 현일이 이조판서를 지냈다. 현일이 쓴 '정부인 안동 장 씨 실기'에 따르면 장씨는 행실과 덕이 높아 굶주린 사람들을 구휼하고 노인과 고아를 돌봤으며 서화와 문자에도 뛰어나 훌륭한 필적을 다수 남겼다. 영양군 석보면 원리동에서 말년을 보내다가 여든셋을 일기로 세상을 떠났다.

26.《금단의 나라, 조선으로의 항해*Ein Verschlossenes Land : Reisen nach Korea*》

흥선대원군 이하응의 아버지인 남연군 묘를 도굴하려다 실패하고 도망간 파렴치범으로 각인돼 있는 독일 상인 어네스트 J. 오페르트가 1890년 발간했다. 그는 세 번에 걸친 조선 탐사의 경험을 바탕으로 책을 썼다. 19세기 말 조선의 인문, 지리, 정치, 역사, 풍습, 언어 및 문자, 산업 등을 사실적이면서도 상세하게 서술한다.

E. J. 오페르트(Ernst Jacob Oppert, 1832~1903) 독일 함부르크의 유대인 가정에서 태어났다. 십 대 후반에 상인 신분으로 홍콩에 왔으며 무역업으로 어느 정도 성공을 거두면서 조선에 진출하려는 계획을 세운다. 1866년 2월 흑산도 일대를, 같은 해 6월 해미를 방문해 현감을 만나고 덕적도, 강화도를 둘러보면서 통상을 요구했다. 이를 거절당하자 통상협상에 볼모로 활용할 유물을 도굴하기 위해 1868년 6월 대원군의 생부인 남연군 무덤을 판다. 그러나 이 일은 오히려 대원군의 쇄국정책과 천주교 탄압을 더욱 강화하게 만든다.

27.《석담일기石潭日記》

율곡 이이의 저서로 명종 20년(1565)부터 선조 14년(1581)까지 조정의 시정을 담고 있다. 임금에게 경서 등을 강연한 내용과 함께 당시의 인물, 주요 사건 등을 상세히 서술하고 있는데 각 사안별로 율곡의 견해가 매우 상세히 드러난다.

이이(李珥, 1536~1584) 호는 율곡, 석담 등이며 어머니가 사임당 신 씨이다. 아홉 번이나 과거에서 장원을 해 '구도장원공九度壯元公'으로 불렸다. 《성학집요》, 《기자실기》, 《동호문답》, 《격몽요결》, 《만언봉사》 등 수많은 철학사상 및 사회개혁 저술을 집필했다. 주기론적 성리학을 집대성했으며 그의 사상은 수제자인 김장생을 거쳐 송시열, 권상하 등으로 이어져 조선 후기 주류학풍인 기호학파를 형성했다.

28. 《송와잡설松窩雜說》

기자조선에서 조선 선조 연간에 이르는 시기의 일 가운데 저자가 듣고 본 것을 총 130여 장에 걸쳐 차례 없이 뒤섞어서 기록한 시화잡록집이다.

이기(李墍, 1522~1600) 호는 송와松窩. 명종 10년(1555) 식년문과에 을과(3등급 중 2등급)로 급제했다. 강원도 관찰사, 대사간 등을 지냈으며 임진왜란 때 순화군 이보를 보필했다. 전쟁 중 대사헌, 이조판서 등을 역임했고 정2품 지돈녕부사를 지내고 벼슬에서 물러났다.

29. 《근역서화징槿域書畵徵》

고대부터 근대에 이르는 한국서화가에 관한 기록을 총정리했다. '근역'은 우리나라를 말한다. 책은 위창 오세창이 1917년 편찬했으며 화가 392명, 서가 576명, 서화가 149명 등 총 1117명의 방대한 인명을 수록했다. 《삼국사기》 등 274종의 서적이 인용되어 있다.

오세창(吳世昌, 1864~1953) 서울에서 역관이자 서화 수집가인 오경석의 장남으로 태어났다. 호는 위창. 한말 개화관료와 애국계명지사로 활동했으며 3·1운동 당시 민족 대표 33인에 참여했다. 우리나라 최초의 근대적 미술가 단체인 서화협회 발기인으로 서화계의 정신적 지주 역할을 했다.

30. 《한중록閑中錄》

혜경궁이 환갑 때부터 일흔두 살까지 쓴 '나의 일생', '내 남편 사도
세자', '친정을 위한 변명' 등 세 차례에 걸친 회고가 합쳐진 책. 글은 친
정 식구 또는 손자인 순조에게 보일 목적으로 집필했다. 영조와 남편 사
도세자 등 여러 인물들의 생각과 행태를 적나라하게 드러내고 있으며
실록에서 언급되지 않는 사실도 다수 담고 있다. 인현왕후전, 계축일기
와 함께 궁중문학을 대표하는 작품으로 평가된다.

혜경궁 홍 씨(惠慶宮 洪氏, 1735~1815) 영조 11년 태어나 손자인 순조 15년에 81세로 사망.
대표적 노론 명문가인 남양 홍 씨 집안에서 태어났으며 아버지는 홍봉한이다. 열 살 때
동갑인 사도세자와 가례를 올렸으며 사도세자와의 사이에서 정조를 포함해 2남2녀를
뒀다. 남편이 뒤주에서 죽을 때는 그녀의 나이가 고작 스물여덟이었다.

31. 《영정모사도감의궤影幀模寫都監儀軌》
고종 38년(1901) 발간된 조선 최후의 영정모사도감의궤다.

32. 《호산청일기護産廳日記》

왕실에서는 대체로 출산예정일 두 달 전 왕비나 빈궁은 산실청, 후궁
은 호산청을 각각 설치해 출산을 도왔다. 호산청에서 벌어지는 일을 시
간 단위로 일기에 담은 것을 '호산청일기'라고 한다. 숙빈 최 씨의 영조
를 포함한 세 아들 출산 과정을 서술한《호산청일기》, 고종의 후궁인 귀
인 엄 씨가 영친왕을 낳는 과정을 쓴《정유년 호산청소일기》가 있다.

33.《징비록懲毖錄》

임진왜란을 전면에서 지휘하고 수습한 서애 유성룡이 저술한 전쟁 백서. 임란 전 국내외 정세부터 전쟁의 실상, 전후 상황까지 체계적이고 종합적으로 기술한다.

유성룡(柳成龍, 1542~1607) 경상도 의성 사촌리에서 관찰사 유중영의 아들로 출생했다. 1566년(중종 22) 별시문과에 급제해 벼슬길을 시작했으며 선조 원년(1568) 성절사(황제·황후의 생일을 축하하기 위해 파견한 사절) 서장관으로 명나라에 다녀왔고 선조 25년(1582) 대사헌을 지냈다. 임진왜란이 발발하자 도체찰사가 되고 이어 영의정에 올라 선조를 호종했으며 전쟁 기간 내내 전란 수습을 총괄. 선조 31년 (1598) 북인의 탄핵으로 삭탈관직된 후 고향에 은거해 저술에 힘썼다.

34.《임하필기林下筆記》

경經·전典·금석金石·풍속·제도·고적·역사·지리·산물·서화·전적·시문 등 방대한 분야에 걸쳐 수집한 자료를 한데 모아 완성한 잡저다. 한국학 분야 연구에서는 중요한 비중을 차지한다.

이유원(李裕元, 1814~1888) 헌종 7년(1841) 정시문과에 합격했으며 헌종 11년(1845) 동지사의 서장관으로 청나라에 다녀왔다. 의주부윤·함경도관찰사를 거쳐 고종 초에 좌의정에 발탁, 흥선대원군 이하응과 반목했다. 고종 10년(1873) 대원군이 실각하자 영의정으로 승진. 개화를 주도해 고종 19년(1882) 전권대신 자격으로 일본과 제물포조약에 조인했다.

35. 《월정만필月汀漫筆》

우리나라와 중국의 고사故事, 명인의 일화, 시화詩話 등을 수록하고
있다.

윤근수(尹根壽, 1537~1616) 호는 월정. 선조 대에 영의정을 지낸 윤두수의 동생. 명종 13
년(1558) 문과에 급제했으며 중국통으로 여러 차례 중국에 가서 종계무사(명나라 법전인 대
명회전에 이성계가 이인임의 아들이며 고려의 4왕을 시해했다고 오기한 것)를 해명했으며 임진왜란
때에는 요동을 왕복하면서 구원병을 요청. 벼슬은 종1품 판의금부사에 이르렀고 임금
을 호종한 공로로 호성공신을 받았다.

36. 《서포만필西浦漫筆》

한글 소설 《구운몽》과 《사씨남정기》의 저자로 유명한 서포 김만중이
숙종 13년(1687) 지은 수필 시화평론집이다. 불가, 유가, 도가를 포괄하
는 사상적 편력과 음악, 천문, 지리, 셈법 등을 망라한 박학한 지식을 잘
보여준다.

김만중(金萬重, 1637~1692) 증조부가 예학의 거두 사계 김장생이다. 광성부원군 김만기의
아우이자 숙종의 첫 번째 왕비인 인경왕후의 숙부이다. 스물아홉이던 현종 6년(1665) 정
시 문과에서 장원급제했으며 공조판서, 대사헌, 대제학을 역임했다. 노론강경파에 속해
남인의 공격을 받아 귀양과 관직 복귀를 거듭하다가 남해의 유배지에서 사망한다. 사상
적으로는 진보적 입장에 속해 주희의 논리를 비판하고 불교를 옹호하기도 했으며 우리
문학은 한글로 쓰여야 한다는 국자의식을 가지고 있었다.

37. 《기재잡기寄齋雜記》

선조에게서 "영창대군(선조의 14남)을 잘 보호하라"는 부탁을 받은 '유교遺敎 7신' 중 한 명인 박동량이 쓴 역사서다. 조선 초기부터 명종에 이르는 역대 일화를 담았다. 정사에 빠진 채 구전되는 역사를 포함해 명인들의 전기, 시사 등도 다룬다.

박동량(朴東亮, 1569~1635) 선조 23년(1590) 문과에 병과로 급제했으며 임진왜란 때 왕을 의주로 호종. 훗날 그의 아들(박미)이 선조의 5녀인 정안옹주와 혼인해 금양위에 봉해졌다. 형조판서와 종1품 의금부판사를 지냈다. 영창대군을 잘 보호하라는 선조의 부탁을 받았다. 광해군 5년(1613) 계축옥사(대북파가 영창대군·반대파를 제거하려고 일으킨 역모사건) 때 모반에 연루된 혐의로 심문을 받았으며 유릉저주사건(대북파가 영창대군 친모 인목대비의 궁녀들이 광해군의 양모인 의인왕후 능에서 저주를 퍼부었다고 조작한 사건)을 시인해 폐모의 구실을 줬다. 인조반정 후 유배형을 받았다.

38. 《미암일기眉巖日記》

선조 때 문신 유희춘이 선조 원년(1567) 10월 1일부터 선조 10년(1577) 5월 13일 죽기 전날까지 10년에 걸쳐 친필로 쓴 일기다. 명종 말 선조 초 고위직을 역임하면서 경험한 사건을 비롯해 당대 정치, 사회, 경제 상황과 풍속 등이 상세히 묘사되어 있다. 아내와의 애정, 집안 경제, 건강 등 개인 생활사도 사실적으로 담고 있다. 조선시대의 개인 일기로는 가장 방대한 것으로 사료로서 가치가 매우 높아 보물 260호로 지정되었다.

유희춘(柳希春, 1513~1577) 전라도 해남에서 태어나 스물여섯에 과거에 급제했고 홍문관 수찬(정 5품), 사간원 정언(정 6품) 등을 역임했다. 훈구파가 사림의 잔당을 제거하기 위해 일으킨 양재역 벽서 사건에 연루돼 1547년부터 20년간 제주도·함경도 종성·충청도 은진 등지에서 유배생활. 1567년 선조즉위와 동시에 3정승의 상소로 석방됐다. 대사성, 부제학, 전라도 감사, 예조·공조·이조참판을 지냈다. 선조에게 학문을 가르쳤다.

39. 《해동역사海東繹史》

조선과 중국, 일본의 사서 550종에서 단군에서 고려까지 우리나라 역대 왕조 관련 내용을 발췌해 편찬했다. 객관적이고 실증적 관점을 견지하며 저자의 시각에서 역사 해석과 고증도 시도하고 있다.

한치윤(韓致奫, 1765~1814) 조선 후기의 실학자다. 시문에 능했지만 집안이 남인에 속해 벼슬에 뜻을 버렸다. 정조 13년(1789) 진사시만 합격했을 뿐 문과에 응시하지 않았다. 정조 14년(1799) 사행단을 따라 북경에 가 2개월간 머무르면서 청나라의 선진 문물을 살폈다. 이후 역사 연구에 전념했다.

40. 《일득록日得錄》

규장각 학자들이 정조의 언행을 수록한 수상록이다. 순조 14년(1814) 간행된 정조의 문집《홍재전서》에 실려 있다. 정조 자신의 학문관, 국가 운영의 문제점, 태조에서 당대까지의 인물평 등을 섭렵한다. 한 인간으로서, 학자로서, 정치가로서 정조의 면모가 고스란히 담겨 있다.

41. 《퇴계선생언행록退溪先生言行錄》

퇴계 제자들의 각종 기록물에 산재해 있던 퇴계의 언행을 모아 도산 서원에서 영조 49년(1883) 간행되었다. 학문과 교육, 예절에 대한 평소 생각뿐만 아니라 퇴계의 생활태도와 성격, 관직 생활 등이 담겨 있어 퇴계의 진면목을 엿볼 수 있다.

42. 《앙엽기盎葉記》

조선 후기 실학자 이덕무가 지었다. 항아리 속에 넣어둔 감잎에 그때 그때 떠오른 생각을 적어뒀다는 중국 고사를 본뜬 메모집이자 소백과사전이다. 그런 만큼 잡다한 지식으로 가득하다.

이덕무(李德懋, 1741~1793) 박학다식하고 문장에 뛰어났지만 서자여서 차별을 받았다. 박지원, 홍대용, 박제가, 유득공 등 북학파 실학자들과 깊이 교유했다. 정조 2년(1778) 사신단의 서장관으로 연경에 가 청나라 석학들과 사귀었다. 정조의 신임이 두터워 규장각 검서관에 발탁되면서 규장각 도서 정리와 편찬에 참여했다. 《이목구심서》, 《영처시고》 등 다수의 저서를 남겼다.

43. 《죽창한화竹窓閑話》

인조 때 우찬성을 지낸 죽천 이덕형이 지은 수필집이다. 오성과 한음 이야기의 주인공 중 한 명인 한음 이덕형과는 다른 인물이다. 책은 저자 자신이 겪은 풍속, 제도, 당쟁, 인재, 풍수 등을 주제에 제약 없이 기술한다.

> **이덕형**(李德洞, 1566~1645) 호는 죽천이며 1596년 정시문과에 을과로 급제. 도승지, 전라·황해감사, 예조판서, 판의금부사, 우찬성을 지냈다. 인조반정 때 인목대비에게 반정을 보고했고 한성부판윤으로 이괄의 난을 진압했다.

44.《청파극담靑坡劇談》

조선 전기 문신인 이륙이 펴낸 잡록집이다. 고려 말, 조선 초 유명 인물의 행적과 세태, 복식 등을 서술한다.

> **이륙**(李陸, 1438~1498) 호는 청파. 세조 10년(1464) 별시문과에 장원. 경기도 관찰사, 병조·형조참판, 대사헌 등을 지냈으며 명나라에 정조사, 부고사로 2차례 다녀왔다.《성종실록》편수에 참여했다.

45.《목민심서牧民心書》

정약용의 대표작으로 순조 18년(1818)에 완성되었다. 지방 수령의 자세, 정책 등 목민관이 지켜야 할 지침을 제시한다. 농민의 생활 실태, 서리·토호의 부정 등 조선후기 지방의 실정도 폭로하고 있다.

> **정약용**(丁若鏞, 1762~1836) 호는 다산이며 경기도 남양주에서 태어났다. 열다섯에 상경해서 성호 이익에게 학문을 배웠다. 정조 13년(1789) 스물여덟의 나이에 식년 문과에서 장원. 십 년 남짓 관직생활을 하면서 벼슬이 정3품 형조참의에 이르렀다. 정조 사후인 순조 원년(1801) 일어난 신유박해 때 젊은 시절 서학에 심취한 이력이 빌미가 돼 전라도 강진으로 유배를 가 18년간 귀양살이를 한다.《목민심서》,《흠흠신서》,《경세유표》등 사회개혁을 담은 방대한 저서를 남겼다.

46. 《하재일기荷齋日記》

궁궐과 관청에 각종 그릇을 납품하는 공인 지규식이 고종 28년(1891)부터 1911년까지 20년간 쓴 개인 기록. 서울과 양평 분원(사용원에서 사용하는 사기그릇을 제작하던 곳)을 오가면서 활동한 내용을 담고 있으며 당시 물가와 생활 풍속, 세태 등을 매우 사실적으로 묘사한다.

47. 《좌계부담左溪裒談》

18세기 후반 저술된 작자 미상의 전기. 좌계는 지은이의 호로 짐작되며 부담은 끌어모은 이야기란 뜻이다. 광해군 대부터 영조 대까지 250여 년 동안 관료 및 문인, 학자들의 일화, 시화를 기록.

48. 《고대일록孤臺日錄》

시골 선비 정경운이 선조 25년(1592)부터 광해군 원년(1609)까지 경상도 초유사 김성일의 소모유사, 의병장 김면의 소모종사관 등의 직책으로 의병활동을 하면서 겪은 일들을 기록한 일기다. 임진왜란 당시의 상황과 전후 수습대책 등 전쟁의 모습을 기존 사료들보다 더 방대하고 낱낱이 담고 있다.

정경운(鄭慶雲, 1556~?) 호는 고대, 경남 함양 출신으로 스물여섯에 대북의 영수 정인홍의 문하에서 학문을 배웠다. 임진왜란이 일어나자 고향에서 의병 1,000명을 모집해 김성일, 김면 휘하에서 활약하면서 경상도 지역의 왜적을 격퇴하는 데 기여했다. 광해군 9년(1617) 남계서원 원장을 지낸다.

장제목 쪽의 이미지 목록

1장

〈화성능행도병풍〉, 비단에 채색, 세로 216.8cm 가로 77.5cm, 국립고궁박물관 소장.

2장

김홍도필, 〈안릉신영도〉, 종이에 채색, 세로 25.3cm 가로 633cm, 국립중앙박물관 소장.

3장

신윤복필, 〈거문고 줄 고르는 여인〉, 견에 채색, 세로 29.7cm 가로 24.5cm, 국립중앙박물관 소장.

4장

작자미상, 〈풍속도〉, 견에 채색, 세로76cm 가로 39cm, 국립중앙박물관 소장.

5장

〈수군조련도 병풍〉, 종이에 채색, 세로 186.2cm 가로 46.3cm, 국립고궁박물관 소장.

6장

신윤복등필, 〈산수인물풍속영모화첩〉, 견에 채색, 국립중앙박물관 소장.

7장

김홍도, 〈풍속도첩〉 중 '점심', 종이에 채색, 세로 28cm 가로 23.9cm, 국립중앙박물관 소장.

8장

김홍도, 〈평안감사향연도〉 중 '월야선유도', 세로 71.2㎝ 가로 196.9㎝, 국립중앙박물관 소장.

9장

엘리자베스 키스, 〈장례를 치르고 돌아오며〉, 목판화, 국립민속박물관 소장.

역사, 선비의 서재에 들다

초판 1쇄 2019년 3월 1일
초판 2쇄 2019년 6월 1일

지은이 배한철
펴낸이 전호림
책임편집 박병규
마케팅 박종욱 김선미 김혜원

펴낸곳 매경출판㈜
등록 2003년 4월 24일(No. 2-3759)
주소 (04557) 서울시 중구 충무로 2 (필동1가) 매일경제 별관 2층 매경출판㈜
홈페이지 www.mkbook.co.kr
전화 02)2000-2612(기획편집) 02)2000-2636(마케팅) 02)2000-2606(구입 문의)
팩스 02)2000-2609 **이메일** publish@mk.co.kr
인쇄·제본 ㈜M-print 031)8071-0961
ISBN 979-11-5542-957-0(03910)

책값은 뒤표지에 있습니다.
파본은 구입하신 서점에서 교환해 드립니다.

이 도서의 국립중앙도서관 출판예정도서목록(CIP)은 서지정보유통지원시스템 홈페이지(http://seoji.nl.go.kr)와
국가자료공동목록시스템(http://www.nl.go.kr/kolisnet)에서 이용하실 수 있습니다.
(CIP제어번호: CIP2019003965)